SV

Richard Kuhns
Psychoanalytische Theorie der Kunst

Übersetzt von Klaus Laermann

Suhrkamp

Titel der Originalausgabe:
Psychoanalytic Theory of Art. A Philosophy of Art on Developmental Principles

CIP-Kurztitelaufnahme der Deutschen Bibliothek
Kuhns, Richard:
Psychoanalytische Theorie der Kunst /
Richard Kuhns. Übers. von Klaus Laermann. –
1. Aufl. - Frankfurt am Main : Suhrkamp, 1986.
Einheitssacht.: Psychoanalytic
theory of art ⟨dt.⟩
ISBN 3-518-57754-9

Erste Auflage 1986

Satz und Druck: H. Mühlberger, Augsburg
Printed in Germany

Inhalt

Vorwort

Wie man weiß, enthält die psychoanalytische Theorie seit den frühesten Schriften Freuds eine (wenn auch unvollständige) Philosophie der Kunst. Die folgende Untersuchung stützt sich auf diese frühe Affinität der Theorie zu Werken der Kunst und stellt eine Philosophie der Kunst auf entwicklungsgeschichtlicher Grundlage dar. Sie bezieht sich damit auf jene Prinzipien, denen die psychoanalytische Theorie seit ihren ersten Versuchen bis hin zu ihrer zeitgenössischen und noch weiter wachsenden Ausarbeitung und Anwendung ihre Struktur verdankt. Ich vertrete die Auffassung, daß die psychoanalytische Theorie in einem sehr viel weitergehenden Sinn, als Freud und seine engsten Mitarbeiter meinten, zu einer brauchbaren Philosophie der Kunst ausgearbeitet werden kann. Als solche ist die psychoanalytische Theorie der Kunst in der Lage, eine Kritik an verschiedenen grundsätzlichen Annahmen zu formulieren, die in der Vergangenheit wesentlich zur Stützung von Philosophien der Kunst in der westlichen Tradition gedient haben. Auf den folgenden Seiten wird das psychoanalytische Denken daher in zweifacher Hinsicht dargestellt: als eine erklärende Theorie ebenso wie als eine fundierte Kritik der modernen Philosophie der Kunst.

Ich verfolge vor allen Dingen zwei Themen: das eine bezieht sich auf *Deutungen* oder *Interpretationen*, also auf jene Methode, durch die die psychoanalytische Theorie zu ihren Entdeckungen über Kunst und Künstler, Personen und Kulturen gelangt; das andere hängt mit den *Objekten* selbst zusammen, welche die Theorie zu interpretieren sucht. In ihrer Gesamtheit bezeichne ich diese Objekte als »kulturell verpflichtende Darstellungen« *[enactments]*. Darunter verstehe ich die ganze Vielfalt von Gegenständen, die unser Leben als Kulturwesen ausmachen. Aus diesem größeren Bereich werde ich diejenigen sprachlichen und stofflichen Objekte zur Interpretation auswählen, die wir gewöhnlich zwanglos als »Kunst« bezeichnen. Obwohl Freud recht häufig über kulturelle Gegenstände und ihre Bedeutung für menschliches Handeln nachgedacht hat, enthalten seine eigenen Schriften nur wenige Essays, die sich mit der Kultur als solcher befassen. Sie sind jedoch von weitreichender Bedeutung und bilden einen Teil der Grundlagen, auf die sich meine Ausführungen stützen können. Diese Grundlagen aber wurden während Freuds eigener Entwicklung nicht auf eine Theorie der Objekte bezogen, und die beiden Seiten der psychoanalytischen Theorie – ihre spekulativen Überlegungen zur Kultur sowie die klinischen Beobachtungen und Deutungen von Gegenständen der Kunst – wurden erst von jenen Anhängern Freuds zusammengeführt und ausgearbeitet, die in England und den Vereinigten Staaten tätig waren.

Da mein Interesse stärker als das vieler anderer Theoretiker philosophisch orientiert ist, verfolge ich die Implikationen einer psychoanalytischen Theorie der Kultur in Richtung auf eine Philosophie der Kunst. Nach meiner Überzeugung hat heute die Philosophie in der anglo-amerikanischen Tradition viele jener Ideen nötig, die die psychoanalytische Theorie vertritt. Für die Zwecke einer Philosophie der Kunst erscheint mir ein *entwicklungsgeschichtlicher* Ansatz am fruchtbarsten. Daher gehen die Untersuchungen in den folgenden Kapiteln davon aus, daß die kulturelle Funktion der Kunst durch einen individuellen Reifungsprozeß ebenso wie durch eine historische Abfolge bestimmt wird. Der entwicklungsgeschichtliche Ansatz versetzt die Philosophie der Kunst zugleich in die Lage, die bedeutendsten Aspekte der Fähigkeit von Individuen zu begreifen, Kunst herzustellen, zu verwenden und auf sie zu reagieren. Der Begriff der Entwicklungsgeschichte, wie ich ihn verwende, hat zwei Dimensionen. Er bezieht sich auf die Entwicklung der Persönlichkeit wie auf die Geschichte der verschiedenen Künste. Weil meine Behandlung der Philosophie der Kunst sich auf eine Theorie *kulturell verpflichtender Darstellungen* stützt und weil ich die Bedeutung der geschichtlichen Entwicklung für den Umgang mit Objekten hervorhebe, betrachte ich das materielle Substrat kultureller Gegenstände als ein wesentliches Problem einer psychoanalytischen Theorie der Kunst. Ich klassifiziere daher die Künste nach ihren Ausdrucksmedien als stoffliche (Malerei, Bildhauerei, Architektur, zum Teil Tanz), als tonale (Musik, Gesang, zum Teil Tanz) sowie als sprachliche Kunst (mündliche ebenso wie schriftliche Erzählungen).

Entwicklungsstufen in der Geschichte der Künste, die von

bestimmten Künstlern erreicht werden, und Entwicklungsstufen im Leben eines einzelnen Künstlers hängen voneinander ab. Während es Aufgabe der Kunstgeschichte ist, deren wechselseitige Beziehungen nachzuzeichnen, obliegt es einer Philosophie der Kunst, derartige Verbindungen theoretisch zu rechtfertigen. Selbstverständlich findet der Reifungsprozeß eines Individuums in der Geschichte statt, und die Tendenz der psychoanalytischen Theorie, die Geschichte zu ignorieren, muß als eine Beschränkung angesehen werden, die jedoch überwunden werden kann. Wenn ich von Entwicklung und Reifung spreche, so meine ich damit nicht, daß spätere Stadien besser seien als frühere. Ich gehe lediglich davon aus, daß sowohl bei Personen wie in der Geschichte das Spätere von seiner Entwicklung her mit dem in Beziehung steht, was ihm voraufgegangen ist. Bemerkenswert bleibt, daß eine entwicklungsgeschichtliche Betrachtungsweise im psychologischen Sinn kein Kennzeichen der modernen Philosophie ist.

Die Geschichte, die ich hier erzählen werde, handelt im wesentlichen von der psychologischen Entwicklung von Personen und kulturellen Objekten. Die Wechselbeziehungen zwischen ihnen treten weithin innerhalb jenes Prozesses auf, der Bedeutungen, Eigenschaften und Folgen vermittels dessen festlegt, was wir gewöhnlich als »Deutung« oder »Interpretation« bezeichnen. In ihrer historischen Verwendung bieten diese eine Möglichkeit, die Elemente und die kausale Vielgestaltigkeit einer *Tradition* zu entdecken. Denn Personen und Objekte kommen nicht in einem atomistischen Universum vor, sondern teilen miteinander eine kulturelle Welt, deren Struktur und Richtung durch Interpretation und Deutungen zu entdecken sind. Wenn diese Welt sich als Wirklichkeit eindeutig etabliert hat – ein Kulturbildungsprozeß, der sich über Generationen hin erstreckt –, dann behauptet sich eine Tradition. Die Suche nach einer Tradition und die Verfügung über deren Gegenstände ist das Werk einer Kultur. *Kultur ist eine Tradition verpflichtender Darstellungen.*

Die Untersuchung beginnt mit einer kurzen Schilderung der Verwandtschaft zwischen der psychoanalytischen Theorie der Kunst und ihren philosophischen Vorläufern. Ich vertrete die Auffassung, daß Freuds Gedanken zur Kunst und zu deren Deutung in den positivistischen und idealistischen Theorien des 19. Jahrhunderts, insbesondere in Hegels Philosophie der Kunst verwurzelt sind. Deutlich unterscheidet sich jedoch Freuds Interesse an der Kultur von den philosophischen Interpretationen des Idealismus.

Um den Weg zu einer psychoanalytischen Theorie der Kultur – jenseits der Grenzen, die Freud seinem eigenen Denken setzte – freizulegen, schließt das zweite Kapitel an die Darstellung der philosophischen Vorläufer mit einer gedrängten und selektiven Zusammenfassung der Grundbegriffe der psychoanalytischen Theorie in ihren unterschiedlichen Ausprägungen an. Ich gebe keine detaillierte Darstellung des psychoanalytischen Denkens, sondern setze eine gewisse Bekanntschaft mit ihm voraus. Umfassende Darstellungen der psychoanalytischen Theorie sind über die in der Bibliographie aufgeführten Bücher zugänglich.

Das dritte Kapitel entwickelt eine psychoanalytische Theorie der Kultur, indem auf *Totem und Tabu* sowie auf *Der Mann Moses und die monotheistische Religion* Interpretationsmethoden einer philosophischen Analyse angewandt werden. Ich betrachte Freuds Schriften zur Kultur, als wären sie (was sie in der Tat sind) hinsichtlich ihrer Einsichten und Methoden philosophische Texte. Wieweit Freud selbst dies erkannte, vermag ich nicht zu sagen. In dem Maße, in dem sich die Theorie zu einer Philosophie der Kunst entfaltet, werde ich mich über Freuds Denken hinaus auf englische und amerikanische Beiträge zu einer weiterentwikkelten Theorie kultureller Gegenstände beziehen.

Das vierte Kapitel zeigt, wie die psychoanalytische Theorie bei ihrer Anwendung auf die Kunst vorgeht. Es stellt einige der Schwierigkeiten dar, auf die diese Theorie gestoßen ist, und zeigt, wie sie durch die im dritten Kapitel eingeführten begrifflichen Umstrukturierungen zu überwinden sind.

Im letzten Kapitel wird erörtert, wie sich psychoanalytische Theorie und Kunstgeschichte beeinflussen und wechselseitig bestärken. Um deutlich werden zu lassen, wie sie sich gegenseitig ergänzen, bietet dieses (wie das vorige) Kapitel Interpretationen, um die Kunsttheorie in einer Weise zu veranschaulichen, die ihr nach meiner Auffassung einen Erklärungswert verleiht.

Insgesamt sind die fünf Kapitel für einen Gegenstand von derartiger Komplexität kurz und anschaulich gehalten. Mein Ziel ist es, Arbeiten der Kunstgeschichte, Literaturkritik und philosophischen Anthropologie sinnvoll zu ergänzen. Eine psychoanalytische Theorie der Kunst in philosophischer Absicht sollte wohl in einer Kurzfassung verfügbar sein, um einen Zugang zu umfangreicheren, detaillierteren und spezialisierteren Studien zu ermöglichen.

Ich halte mich in meinen Darlegungen eng an Freuds klinische Arbeiten und Theorien; denn nach meiner Auffassung muß sich eine psychoanalytische Theorie der Kunst auf dessen so überaus klares und eindringliches Denken stützen. In der neueren Literatur zu diesem Thema wird die Begriffsbildung häufig zugunsten eines gewissen theoretischen Leerlaufs vernachlässigt. Wo die zeitgenössische Theorie systematisch auf Freuds Denken aufbaut, beziehe ich mich auf sie; so stützt sich das dritte Kapitel auf neuere Theorien der Ich-Psychologie und auf Überlegungen zu Objektbeziehungen, um das für eine Philosophie der Kunst unerläßliche Gegenstandskonzept zu erarbeiten. Zahlreiche neuere Schulen und Theorien habe ich außer acht gelassen. Obwohl ich ihre Bedeutung anerkenne, ist die im folgenden dargestellte entwicklungsgeschichtliche Philosophie der Kunst vor allem darin »freudianisch«, daß sie sich in die Tradition der Schriften Freuds stellt. Da sie durchweg philosophisch beeinflußt ist, kommt Freuds Theorie häufig direkt den Bedürfnissen einer Philosophie der Kunst entgegen. Ich weiß mich dieser mächtigen und weithin anerkannten Tradition verpflichtet.

Mit dieser Darstellung der psychoanalytischen Kunsttheorie und dem Versuch, sie über die ihr selbst bewußten Grenzen hin auszudehnen, beende ich eine Reihe ähnlicher Darstellungen, die jenen Denkern gewidmet waren, die nach meiner Auffassung einen revolutionären Beitrag zur Philosophie der Kunst geleistet haben.

Danksagungen

Für Anregungen, Kritik und Unterstützung während der Abfassung dieses Buches möchte ich folgenden Freunden und Kollegen danken: Robert Austerlitz, Helen Bacon, Bernard Beckerman, Robert Belknap, Arthur Collins, Linda Collins, Robert Cumming, Arthur Danto, Stanley Eveling, Ruth Gay, Martin Greenberg, Howard Hibbard, Norman Holland, David Hoy, Robert Liebert, David Sidorsky. Zu besonderem Dank verpflichtet bin ich Peter Gay, Dieter Henrich, Eric Marcus, die das Manuskript während seiner Abfassung gelesen und kommentiert haben. Ich habe versucht, ihre Änderungsvorschläge und ihre fruchtbringende Kritik aufzugreifen. Dieter Henrich schulde ich darüber hinaus Dank für seinen Vorschlag, einen Essay über die psychoanalytische Theorie der Kunst zu schreiben, der den Kern dieses Buches bildet. Vor allem aber möchte ich meiner Frau, Margaret Kuhns, für ihre unablässige Unterstützung und Ermutigung sowie für die vielen Gespräche danken, die wir über die Themen dieses Buches geführt haben.

Otto Kernberg möchte ich für seine Erlaubnis danken, aus einer unveröffentlichten Arbeit zu zitieren, die er auf einem Symposion über »Modern Concepts of the Unconscious« vorgetragen hat.

Die Arbeit an diesem Buch wurde zum großen Teil durch ein Stipendium des »National Endowment for the Humanities« gefördert.

»In den Ferien des Jahres 189* machte ich einen Ausflug in die Hohen Tauern, um eine Weile die Medizin und besonders die Neurosen zu vergessen. Es war mir fast gelungen, als ich eines Tages von der Hauptstraße abwich, um einen abseits gelegenen Berg zu besteigen, der als Aussichtspunkt und wegen seines gutgehaltenen Schutzhauses gerühmt wurde. Nach anstrengender Wanderung oben angelangt, gestärkt und ausgeruht, saß ich dann, in die Betrachtung einer entzückenden Fernsicht versunken, so selbstvergessen da, daß ich es erst nicht auf mich beziehen wollte, als ich die Frage hörte: ›Ist der Herr ein Doktor?‹ Die Frage galt aber mir und kam von dem etwa achtzehnjährigen Mädchen, das mich mit ziemlich mürrischer Miene zur Mahlzeit bedient hatte und von der Wirtin ›Katharina‹ gerufen worden war. Nach ihrer Kleidung und ihrem Betragen konnte sie keine Magd, sondern mußte wohl eine Tochter oder Verwandte der Wirtin sein.
Ich antwortete, zur Selbstbesinnung gelangt: ›Ja, ich bin ein Doktor. Woher wissen Sie das?‹
›Der Herr hat sich ins Fremdenbuch eingeschrieben, und da hab ich mir gedacht, wenn der Herr Doktor jetzt ein bißchen Zeit hätte –, ich bin nämlich nervenkrank und war schon einmal bei einem Doktor in L . . ., der hat mir auch etwas gegeben, aber gut ist mir noch nicht geworden.‹
Da war ich also wieder in den Neurosen, denn um etwas anderes konnte es sich bei dem großen und kräftigen Mädchen mit der vergrämten Miene kaum handeln. Es interessierte mich, daß Neurosen in der Höhe von über 2000 Metern so wohl gedeihen sollten, ich fragte also weiter.
Die Unterredung, die jetzt zwischen uns vorfiel, gebe ich so wieder, wie sie sich meinem Gedächtnisse eingeprägt hat, und lasse der Patientin ihren Dialekt.«

S. Freud, *Studien über Hysterie. GW* I, S. 184f.

I

Einleitung
Der Ort der psychoanalytischen Theorie in einer Philosophie der Kunst

In jeder kulturellen Tradition setzt Kunst eine Theorie voraus, ohne deren Kenntnis sie selbst nur unzureichend verstanden und genossen werden kann. In manchen Traditionen – etwa in der, die wir als »primitive Kunst« bezeichnen – liegt diese Theorie zwar nicht in schriftlicher Form vor, ist aber genau bestimmbar und im Besitz eines allgemein anerkannten Spezialisten. In anderen kulturellen Traditionen, so zum Beispiel in der neuesten programmatischen Architektur, stellt sich die Theorie als notwendiger Bestandteil der gebauten Objekte zur Schau, und in der zeitgenössischen Malerei des Westens hat sie sich mit jedem Stil und jeder Schule verändert. Wie die Theorie heutzutage alles Geschaffene durchdringt, so steht ihre Bedeutung und ihr Einfluß auf die Kunst schon seit der griechischen Antike fest. Oft fand die Kunst ihre theoretische Formulierung durch die Arbeit von Philosophen. Aber obwohl es viele Philosophien der Kunst gibt, sind doch nur wenige von ihnen als »revolutionär« zu bezeichnen. Denn »revolutionär« sind nach meiner Auffassung allenfalls die wenigen Theorien, welche die Art und Weise, in der Kunst hergestellt, verwendet und verstanden wird, von Grund auf verändert haben. Um die abendländische Kunst zu verstehen, ist es unerläßlich, mit den Theorien der wenigen revolutionären Denker vertraut zu sein, die sich in ernstzunehmender Weise mit der Kunst beschäftigt und jene Gedanken formuliert haben, die in den Künsten selbst lebendig sind.

Folgende Autoren gehören nach meiner Meinung zum exklusiven Kreis revolutionärer Theoretiker: Platon, Aristoteles, St. Augustinus, Kant, Hegel und Freud. Es mag eigenartig erscheinen, daß diese Zusammenstellung mit einem Arzt und Psychiater schließt. Aber ohne Zweifel hatte Freuds Theorie des Seelenlebens und seine Deutung psychischer Ereignisse eine grundlegende, ja revolutionäre Wirkung auf die Schaffung, die Verwen-

dung und Wertschätzung von Werken der Kunst. Und dies gilt nicht nur für jene Werke, die seit der Zeit Freuds geschaffen worden sind, sondern auch für Werke der Vergangenheit, die im Lichte seiner Theorie eine Neubewertung erfahren haben.
Jede revolutionäre Theorie der Kunst zwingt uns, die gesamte Tradition, zu der sie einen Beitrag leistet, neu zu überdenken. Man vergegenwärtige sich nur die theoretischen und praktischen Veränderungen, die infolge von Hegels Philosophie der Kunst eingetreten sind. Deren Verdienst ist es, daß wir die gesamte Geschichte der Kunst neu sehen; denn es gab in der Tat vor Hegel keine Geschichte der Kunst im heutigen Sinne. Auch das Denken des Augustinus führte zu einer radikalen Neubewertung der traditionell kritischen Einstellung gegenüber der klassischen Kunst. Seine ausführlichen Kommentare zu Texten der Klassik und seine methodologischen Abhandlungen wie etwa *De Doctrina Christiana* enthüllten die Macht der Kunst als symbolischen Ausdruck und führten zu einem tieferen Verständnis ihrer Werke. Durch Augustins Philosophie der Sprache, des Symbols und der Musik erfuhr die Kunst seiner Zeit ebenso wie die späterer Epochen eine umfassende und schlüssige Deutung.
Derartige Erneuerungen als Folge theoretischer Innovationen sind kennzeichnend für die Geschichte der Kunst und für ihre Philosophie in der abendländischen Tradition. Gewöhnlich entwickelt sich eine Philosophie der Kunst aus allgemeinen philosophischen Überlegungen, die notwendig erkenntnistheoretische und ontologische Probleme mit einschließen. Freuds Theorie der Kunst dagegen entfaltete sich aus einer Reihe andersartiger Untersuchungen. In erster Linie ergab sie sich aus seiner Entdekkung, daß bedeutende Werke der Kunst sich mit den grundlegenden psychologischen Problemen beschäftigten, auf die er während seiner klinischen Arbeit gestoßen war. Ferner hatte Freud ein Interesse an der Sprache, insbesondere an deren literarischer Verwendung, sowie am symbolischen Gehalt der bildenden Kunst. Als weitere Quelle seiner Theorie der Kunst sollte sein eigenes Talent als Erzähler gelten; denn eines der hervorstechenden Merkmale von Freuds Schriften besteht darin, daß sie strukturiert sind wie Geschichten. Von den frühesten Fallstudien, die gemeinsam mit Breuer veröffentlicht wurden, bis hin zu seiner letzten Arbeit *Der Mann Moses und die monotheistische Religion*

schrieb Freud »Geschichten« – die Abenteuer von Personen, die unter Seelenqualen nach etwas suchen. Liest man die Fallgeschichten als Dokumente, ohne sich um ihre literarische Qualität zu kümmern, dann bieten sie eine umfassende und eindringliche Darstellung des Lebens, der Charaktere und gesellschaftlichen Institutionen der europäischen Mittelschicht um die Jahrhundertwende. Die Erzählungen haben aber darüber hinaus die Spannung und die geistige Wirkung von großer Literatur.[1]

Man könnte Freuds Schriften als Ausarbeitungen eines Genres des späten 19. Jahrhunderts betrachten, des klinischen Berichts. Freud lernte diese Art von Erzählungen während seiner Zusammenarbeit mit Josef Breuer kennen. Er machte sie sich rasch zu eigen und entwickelte sie zu einer komplexen literarischen Form, deren Handlungsführung von theoretischen Überlegungen und Charakteranalysen durchsetzt ist. Die Ereignisse, die im Behandlungszimmer stattfanden, wurden so dargestellt, daß sie auf die umfassenderen Konflikte des öffentlichen Lebens verwiesen. Bezieht man Freuds Schriften auf den Bereich des Klinischen, in dem sie entstanden, so entsprechen sie in vieler Hinsicht anderen kulturellen Produktionen ihrer Zeit. In den Fallgeschichten liegt (um einen Ausdruck Mannheims zu verwenden) »ein dokumentarischer Sinn«, der eine Weltanschauung erkennen läßt. Obwohl Freud nicht der Auffassung war, daß die Psychoanalyse eine eigene Weltanschauung zum Ausdruck bringe, sehen wir doch, daß bestimmte Aspekte seines Werks mit anderen Tendenzen seiner Zeit übereinstimmen. Eine derartige Affinität und Kontinuität wird bei der Ausarbeitung der psychoanalytischen Theorie als Philosophie der Kunst von Nutzen sein.[2] Freud war sich selbstverständlich der Affinität zwischen den Künsten und der klinischen Praxis durchaus bewußt. Zur Begründung seiner eigenen Entdekkungen stützte er sich auf Beispiele aus der zeitgenössischen Literatur und den verschiedenen Künsten der Vergangenheit. Sein großes Interesse an der Kunst und seine Bereitschaft, sie für seine eigenen Theorien fruchtbar zu machen, stellen jene Aufsätze unter Beweis, die er über Werke der Kunst und über einzelne Künstler schrieb.

Freud beschäftigte sich mit den Künstlern und ihren Werken nicht zuletzt deshalb, weil er ihren psychologischen Scharfsinn erkannte. Die Künstler wußten in mancher Hinsicht sehr viel von dem, was er selbst herauszufinden suchte. Sie nahmen seine

Erkenntnisse vorweg und waren sich doch des Reichtums ihrer eigenen Gedanken nicht voll bewußt. Freud nahm sich vor, die zahllosen Einsichten der Schriftsteller und Maler zu verdeutlichen und theoretisch vertretbar zu machen. Dieses Vorhaben formulierte er bereits in seinen Briefen an Wilhelm Fliess, dem er schrieb, im *Hamlet* seien viele jener Einsichten enthalten, um deren Klärung er sich bemühe.[3] Seine Aufdeckung der Geheimnisse des *Hamlet* bestätigte ihn in der Annahme, viele Werke der Kunst seien von Einsichten der Psychoanalyse durchdrungen, und er könne darum die Entdeckungen der Künstler als Belege für seine eigenen verwenden. In dieser Hinsicht enthält Freuds Theorie der Kunst ebenso enge Verbindungen zu bestimmten Kunstwerken wie die Theorien von Platon oder Hegel.

Merkwürdigerweise aber begnügte sich Freud mit einer relativ spärlichen Anwendung seiner Theorien auf dem Gebiet einer Philosophie der Kunst. Er hatte eine Reihe von Lieblingsthemen, bevorzugte bestimmte Charaktere und geniale Künstler, die er immer wieder als Beispiele heranzog. Doch abgesehen von einigen Aufsätzen, vielen verstreuten Hinweisen auf Werke der Kunst, einer kurzen Abhandlung über Märchenstoffe sowie einem Essay über einen zu jener Zeit vielgelesenen Roman (Jensens *Gradiva*) wendete Freud seine Theorien nie ausführlich und zusammenhängend auf eine Untersuchung zur Kunst an. Viele seiner theoretischen Erkenntnisse, die für die Ausarbeitung einer Philosophie der Kunst überaus nützlich gewesen wären, fanden bei ihm keine weitere Verwendung.

Es tat sich also gerade dort eine Lücke auf, wo wir überaus fruchtbringende Erörterungen erwartet hätten. Selbst spätere psychoanalytisch orientierte Autoren, die sich mit Problemen der Kunst beschäftigten, haben nicht die Gesamtheit dessen erfaßt, was an Freuds Theorien von Nutzen ist. Wenn wir also eine psychoanalytische Theorie der Kunst zu begründen suchen, sehen wir uns Problemen konfrontiert, die bei der Darstellung anderer philosophischer Systeme nicht auftreten. Da ist zuerst einmal Freuds Versäumnis, einige seiner eigenen Gedanken in ihrer Bedeutung für die Kunst auszuarbeiten. Zweitens wäre die unvollständige und unbefriedigende Weiterentwicklung einiger Ideen Freuds in den Schriften von Philosophen und Psychoanalytikern zu nennen. Drittens fehlt eine systematische Darstellung einer explizit

psychoanalytischen Theorie der Kunst. Mit der vorliegenden Arbeit unternehme ich den Versuch, eine solche Theorie zu entwickeln und die genannten Schwierigkeiten zu überwinden.
Bei der Darstellung einer psychoanalytischen Theorie der Kunst sollte der historische Ort von Freuds Denken berücksichtigt werden. Obwohl die Konzepte der Psychoanalyse ihre Ursprünge in physikalischen, entwicklungsgeschichtlichen, physiologischen und chemischen Theorien des 19. Jahrhunderts haben, können Freuds Ansichten über die Kunst als in einem spezifischen Sinn *philosophisch* bezeichnet werden. Sie stimmen mit der idealistischen Philosophie Hegels überein und sind vielleicht sogar teilweise von ihr entlehnt. Das soll nun nicht heißen, daß Freud Hegel gelesen habe oder sich für ihn als Denker interessierte, obwohl Freud zweifellos an der Universität Gelegenheit hatte, Vorlesungen zu hören, in denen eine idealistische Auffassung der Geschichte, der Kunst und der Kultur zum Ausdruck kam. In Freuds Studentenzeit war die Philosophie Hegels nicht mehr jene mächtige Kraft, die sie in den ersten Jahren des 19. Jahrhunderts gewesen war. Dennoch gab es auch zu jener Zeit das Vermächtnis einer ausdrucksorientierten Theorie der Kunst, an dem Freuds eigenes Interesse an den entwicklungsgeschichtlichen Veränderungen des menschlichen Bewußtseins ansetzen konnte. Trotz seiner deutlichen Absage an die Philosophie entfaltete Freud eine ausdrucksorientierte Philosophie der Kunst, die in mehrfacher Hinsicht den postum veröffentlichten *Vorlesungen über die Ästhetik* von Hegel gleicht.[4] In ihnen vertrat Hegel die Auffassung, daß die Kunstwerke Ideen »ausdrücken«, die sich sowohl als historischer wie als begrifflicher Fortschritt zu einer immer größeren Erweiterung des Selbstbewußtseins auffassen lassen. Werden Werke der Kunst nach Hegels Methode interpretiert (die im emphatischen Sinne seine Philosophie als System *ist*), dann ergeben sich aus ihnen bestimmte Weltanschauungen. Aufgabe des Philosophen ist es, diese Teilaspekte des Geistes in ihrer Totalität als Bestandteile einer umfassenden Kulturgeschichte zu sehen. Die Philosophie ist jene Methode, mit der diese beständige Interpretation vollzogen wird. Hegel bezeichnete seine Methode als Wissenschaft. Sein geistiges Ziel sah er in einer vollständigen Durcharbeitung aller Gestalten des Bewußtseins in ihrer ständigen Veränderung und Entwicklung, die von seiner Philosophie

als Aspekte einer umfassenderen Evolution des Geistes beschrieben wurden. Diese Evolution war nach seiner Auffassung durch und durch historischer Natur, so daß seine Methode Raum ließ für die Kunstgeschichte, wie wir sie kennen. Zugleich aber sollte sie eine komplexere Geschichte der Kunst umfassen, deren Entfaltung und Erklärung niemals abzuschließen war.
Trotz der Faszination, die der Ausblick über die Gestalten des Geistes im ganzen für ihn hat, bleibt Hegel in erster Linie doch ein Historiker des Bewußtseins und seiner Deutungen. Freud dagegen ist ein Psychologe des Unbewußten und beschreibt dessen Weg ins Bewußtsein. Hegel siedelt die von ihm analysierte Kunst in einer idealen historischen Typologie an und ordnet alle kulturellen Gegenstände der symbolischen, klassischen oder romantischen Kunst zu. Freud beschäftigt sich nicht mit dem historischen Standort der Kunst, da die Themen, mit denen sich die Psychologie befaßt, stets gegenwärtige, wiederkehrende Motive sind, die bereits in der frühesten uns bekannten Kunst auftreten und sich in der einen oder anderen Form bis in unsere Zeit hinein fortsetzen. Gegen die Annahme einer Zeitlosigkeit von Themen der Kunst hätte sich Hegel für eine Konzeption ausgesprochen, welche die Kunst als ein wachsendes, sich entwickelndes und immer umfassenderes Produkt betrachtet, auf das ein noch vollständigerer und angemessenerer Ausdruck des Bewußtseins folgt. Arnold Hauser hat Hegels Auffassung der Kunstgeschichte als »Geschichte der Kunst ohne Namen« bezeichnet. Freuds Theorie der Kunst ließe sich dagegen als eine von »Namen ohne Geschichte« beschreiben; denn die Kunst und die Künstler bringen ihr zufolge innere Konflikte zum Ausdruck, die in allen historischen Epochen gleich bleiben.
Obwohl Freud Hegel darin zugestimmt hätte, daß kulturelle Hervorbringungen gedeutet werden müssen, stellen beide (wie wir in den folgenden Kapiteln sehen werden) die innere oder wahre Bedeutung eines Ereignisses in jeweils anderen Kategorien oder Formulierungen dar, um die Ursprünge von Konflikten und die Mittel zu ihrer Lösung zu erläutern. Beide Theorien stimmen jedoch in bezug darauf überein, was es heißt, eine Deutung auszuarbeiten, und welche Mittel zur Verfügung stehen, um ein sich selbst durchsichtiges Bewußtsein als solches zu erkennen. Darum gehe ich davon aus, daß eine psychoanalytische Theorie der

Kunst sowohl historisch wie methodologisch in der Tradition eines ausdrucksorientierten Idealismus steht, und ich werde die Affinität zwischen beiden an den angeführten Beispielen untersuchen.

Freuds Auffassung kultureller Konflikte konzentriert sich auf eine Reihe unvermeidlicher und überall auftretender psychosexueller Probleme sowie auf den Aggressionstrieb. Hegels Auffassung beruht auf moralischen, politischen, epistemologischen und ontologischen Begriffen, die sich mit der Kraft und Entschiedenheit eines dialektischen Prozesses unablässig fortentwickeln, der die Geschichte des menschlichen Bewußtseins in dessen kulturellen Ausdrucksmöglichkeiten begründet. In beiden Theorien ist die Zeit eine notwendige Vorbedingung für die Entscheidung von Konflikten. Bei Hegel ist es die Zeit der großen Bewegungen in der Geschichte; bei Freud die Zeit des Reifungsprozesses von der Kindheit zum Erwachsenenalter. Freuds Theorie kultureller Hervorbringungen ist (wie seine Theorie der Persönlichkeit) entwicklungsgeschichtlich in einem psychologischen Sinn, Hegels Theorie dagegen in einem historischen. Beide verwenden die Idee der Verdrängung, obwohl diese in Hegels Schriften als Gedanke nur aufgrund einer Analogie zwischen der Psychoanalyse und der idealistischen Philosophie erkennbar ist. In den Personen wie in der Geschichte werden Gefühle, Ansichten, Gedanken, Erwartungen, Träume und Phantasien verdrängt. Jede Deutung von Produkten des Menschen entdeckt einen unbewußten Bereich, der eine notwendige Voraussetzung und eine unerläßliche Begleiterscheinung jenes Bereichs darstellt, der dem Bewußtsein zugänglich ist. Die für die Verdrängung verantwortlichen Kräfte werden in jeder der beiden Theorien kenntlich gemacht und beschrieben.

Beide werden mit der Verdrängung auf jeweils andere Art und Weise fertig. Bei Hegel werden Ideen, Ansichten, Einstellungen und Weltorientierungen, welche die Mitglieder vergangener Kulturen nicht hätten erkennen können, durch eine philosophische Untersuchung offengelegt und zu Bewußtsein gebracht. Die Geschichte der Philosophie besteht zu einem Teil aus Deutungen, welche die Verdrängungen der Vergangenheit dem gegenwärtigen Bewußtsein zugänglich machen. Bei Freud, der sich in erster Linie mit klinischen und therapeutischen Problemen beschäftigte, bezieht sich die Verdrängung auf die unbewußten Aspekte im Seelenleben eines Individuums. Der psychoanalytischen Theorie geht es um Konflikte, die unbewußtem Material den Zutritt zum Bewußtsein verwehren. Sie betrachtet die Verdrängung folglich als eine Veränderung der triebhaften Anteile des menschlichen Seelenlebens. Die Verdrängung ist eine Kraft in der Seele, die eine Vorstellung vom Bewußtsein abhält. Und diese im Künstler wirkende Kraft wird ebenso in Werken der Kunst zum Ausdruck gebracht und repräsentiert, wie sie im Betrachter der Kunst wirksam ist und dessen bewußte Reaktionen formt. Das Deutungsunternehmen der psychoanalytischen Theorie verläuft begrifflich parallel zu dem des Hegelschen Idealismus, ist aber auf das Individuum mit seinen psychosexuellen Konflikten gerichtet, die für das Heranwachsen in einer Kultur charakteristisch sind. Darum erkennt die psychoanalytische Theorie der Kunst die Kraft und die Leistung der Verdrängung in jedem Aspekt der Schaffung und Verwendung von Kunst. Wie wir sehen werden, erzählt die psychoanalytische Deutung (eines Künstlers, eines Kunstwerks sowie der kritischen Reaktion auf dieses Werk) eine Geschichte, die sich wesentlich von jener Geschichte unterscheidet, die in der Philosophie Hegels erscheint. Dies bedeutet jedoch nicht, daß beide Erzählungen einander widersprächen oder miteinander unvereinbar wären. Sie ergänzen sich häufig in einer Art und Weise, die uns hilft, die Werke der Kunst zu verstehen und nachdrücklich auf sie zu reagieren.

Mit dem Hinweis auf Ähnlichkeiten und Unterschiede in der Betrachtung der Kunst bei Hegel und Freud möchte ich die philosophischen Implikationen dieses Vergleichs betonen. Freuds psychoanalytische Abwandlung eines von Grund auf idealistischen Verständnisses der Kultur und ihrer Hervorbringungen ist eine von mehreren möglichen und tatsächlich verwirklichten Varianten, die die Kunstphilosophie des 19. und 20. Jahrhunderts einer langen Tradition gegenüber ungemein reich erscheinen lassen. In der Tat hat Hegel eine bemerkenswerte Vorahnung gehabt, als er Formen der Kunst und Kunsttheorien antizipierte, die nach seiner Vermutung in den Köpfen von Künstlern und Philosophen Bedeutung gewinnen würden. Jene Passagen in Hegels *Ästhetik*, in denen er den wachsenden Narzißmus des modernen Künstlers und dessen zunehmende Beschäftigung mit seiner Innerlichkeit beschreibt, finden, wie wir mittlerweile zu erkennen vermögen, in der psychoanalytischen Theorie eine richtige und angemessene Entsprechung.[5]

Es sollte daran erinnert werden, daß im Gefolge von Schelling und Hegel andere Versionen einer ausdrucksorientierten Theorie der Kunst formuliert worden sind. In ihren Reflexionen über die Kunst bleiben Marx, Nietzsche, Husserl, Heidegger, Collingwood und Sartre insgesamt Hegel verpflichtet. Auf unterschiedlichen Wegen suchen sie eine Theorie des künstlerischen Ausdrucks zu entwickeln. In dieser Hinsicht gehört die Psychoanalyse zu einer ganzen Gruppe von Theorien, die für das geistige Klima des westlichen Denkens im 19. und 20. Jahrhundert in besonderer Weise charakteristisch sind. Die revolutionäre Wende der Kunsttheorie zu einer stärkeren Orientierung am künstlerischen Ausdruck ergab sich aus Entwicklungen in den Künsten selbst und hatte ihrerseits wesentlichen Einfluß darauf, wie die Künste geschaffen, interpretiert und aufgefaßt wurden. Obwohl die psychoanalytische Theorie der Kunst von ihren philosophischen Kritikern oft als Irrtum verunglimpft wurde, leistete sie doch einen wesentlichen Beitrag zu einer Bewegung im Denken des 19. und 20. Jahrhunderts, deren Implikationen wir noch immer entdecken und ausarbeiten. Unsere Sammelleidenschaft, unser Hang zu kritischer Deutung und unsere wissenschaftliche Verpflichtung auf die Kunst- und Kulturgeschichte stützen sich auf die Kraft und Vielfalt der idealistischen Theorien der Kunst.

Obwohl die Neigungen unserer Epoche in eben diese Richtung gehen, sind die Affinitäten zwischen der psychoanalytischen Theorie der Kunst und den von Schelling und Hegel formulierten idealistischen Theorien von Freuds Zeitgenossen nicht bemerkt worden. Die starken philosophischen Strömungen in Freuds Denken treten in den Spekulationen seiner Nachfolger über die Kunst zumeist nicht hervor. Es gibt keinen Grund, warum sie philosophisch ähnlich ambitioniert sein sollten wie Freud. Aber die Abnahme philosophischer Interessen hat sich in der neueren Forschung ausgewirkt. Deren Beiträge neigen zu streng psychologischen Interpretationen von Malerei und Literatur. Nach meiner Meinung ist es jedoch notwendig, über die philosophischen Grenzen in Freuds Werk hinauszugehen, weil damit der Weg frei wird zu originelleren und vielfältigeren psychoanalytischen Deutungen. Die bisherige Tradition drohte zur Routine zu werden und auf der Stelle zu treten. Ein Zweck der vorliegenden Untersuchung besteht also darin, die in Freuds Denken (oft latent) vorhandenen philosophischen Themen auszuweiten und bei Philosophen wie bei Psychoanalytikern nach Beiträgen zu suchen, die innerhalb der psychoanalytischen Theorie all das einzuholen helfen, was in ihr angelegt ist.

Hierbei wird ein breites Spektrum von Schriften zur Kunst und zu ihrer Theorie von Nutzen sein. In den folgenden Kapiteln werden jene Arbeiten berücksichtigt, die sich an Freuds ursprüngliche Untersuchungen anschließen. Manche dieser Arbeiten stammen von Kunsthistorikern und Literaturkritikern, andere von Philosophen und viele aus psychoanalytischen Theorien, die den Versuch unternehmen, die Bedeutung und Reichweite der Psychoanalyse als Darstellung des menschlichen Seelenlebens zu vergrößern. Ich interessiere mich jedoch eher für die Theorie als für deren zahllose bisher vorgenommene Anwendungen auf Werke der Kunst und einzelne Künstler. Während ich einige eigene Deutungen vortrage, werde ich die Interpretationen anderer im wesentlichen der Bibliographie vorbehalten. Ich hoffe damit die Aufmerksamkeit des Lesers auf Untersuchungen zu einzelnen Biographien, Epochen und Problemen zu lenken.

Wenn wir uns nach vielversprechenden neueren Beiträgen zur psychoanalytischen Theorie umsehen, so finden wir eine große Zahl von Arbeiten, die sich mit einer Revision unserer Auffassung von der Psychologie des Ich und der frühkindlichen Entwicklung befassen. Viele von ihnen sind klinisch ausgerichtet und für eine Philosophie der Kunst nur schwer zu verallgemeinern. Ich meine jedoch, daß einige der grundlegenden theoretischen Arbeiten von Anna Freud, Melanie Klein, Heinz Hartmann, D. W. Winnicott, Kurt Eissler, Edith Jacobson, Margaret Mahler, Otto Kernberg und anderen für eine Ausweitung der Theorie, wie ich sie anstrebe, relevant sind. Wo die Vorstellungen dieser Autoren nach meiner Ansicht weiterführen, werde ich sie erörtern.

II

Die theoretische Struktur einer Philosophie der Kunst

Die europäische Philosophie im weiteren Sinne bildete die Grundlage für die Entwicklung der psychoanalytischen Theorie. Direkter und unmittelbarer wurde sie von den Naturwissenschaften und der Medizin beeinflußt. Den tiefsten und nachhaltigsten Einfluß auf Freuds Denken hatte jedoch die Newtonsche Vorstellung eines Universums, das durch den Glauben an eine außerhalb der Reichweite menschlicher Sinne liegende verborgene Wirklichkeit hervorgebracht und aufrechterhalten wurde, aber letztlich durch die Beweiskraft der Mathematik und die Gesetze der Naturwissenschaften zugänglich war. Die psychoanalytische Theorie teilte die Newtonsche Weltanschauung und machte sich (entsprechend Freuds Auffassung vom Seelenleben) ganz ebenso auf die Suche nach dem geheimen Inneren der Erfahrung, wie die Physik das Äußere der Ordnung der Natur erforscht hatte. Newton und Freud wiesen der menschlichen Erfahrung ihren Ort zwischen zwei unbekannten Bereichen an, zwischen dem Reich der Erscheinungen einer begrenzten Sinneserkenntnis und dem eines begrenzten inneren Bewußtseins. Durch diese Beschränkungen wurde der Menschheit die harte Arbeit aufgegeben, mit verschiedenen Methoden des logischen Folgerns ihre äußere und innere Wirklichkeit zu entdecken. Freud betrachtete seine Suche nach einer Enthüllung der inneren Wirklichkeit als etwas, was im Bereich der äußeren Natur von den Naturwissenschaftlern jener Tradition, der er sich verpflichtet fühlte, bereits erfolgreich geleistet worden war.

Die medizinische Naturwissenschaft, der Freud zum Durchbruch verhelfen wollte, mußte sich jedoch in eine ganz andere Richtung als die Newtonsche Physik bewegen, welche die Trennung zwischen einer wahrgenommenen Unmittelbarkeit und der Konstruktion einer verborgenen äußeren Realität durch die Theorie ohne weiteres akzeptieren konnte. Die psychoanalytische Theorie wandte sich der Aufdeckung einer *inneren* psychischen Wirklichkeit zu und unterschied zu diesem Zweck zwischen Bewußtem und Unbewußtem. Ihre Suche nach einer bisher unerforschten und darum unbekannten inneren Wirklichkeit richtete sich auf etwas, das den Nachforschungen sowohl der Naturwissenschaftler wie der Philosophen entgangen war. Freud machte mit beträchtlichem Stolz darauf aufmerksam, daß seine Ergebnisse die wissenschaftliche Darstellung der Natur und des menschlichen Seelenlebens in einer Weise vervollständigten, wie es der Aufklärung und dem Positivismus des 19. Jahrhunderts nicht gelungen war.

Die Theorie der Psychoanalyse wurde nach dem Vorbild sowohl des philosophischen wie des naturwissenschaftlichen Denkens der Moderne entwickelt. Die neuzeitliche Philosophie hatte jedoch nach Freuds Überzeugung, obwohl sie in ihrer Anwendung des Newtonschen Dualismus auf die Natur erfolgreich war, bei der Erforschung des Seelenlebens versagt. Und die besondere Leistung der Psychoanalyse sollte in der Vollendung dessen bestehen, was die Philosophie nicht hatte verwirklichen können. Die Methode der neuzeitlichen Philosophie, die zwischen wahrgenommenen Gegenständen und Objekten unterschied, war nach Freuds Auffassung die genaue Entsprechung zu der Notwendigkeit, zwischen bewußtem und unbewußtem Seelenleben zu unterscheiden.

Die durchgehende Anerkennung eines notwendigen Dualismus sollte zu einer umfassenden wissenschaftlichen Begründung der medizinischen Analyse des Seelenlebens führen. Das Selbstbewußtsein, mit dem Freud eine Parallele zwischen der physikalischen Naturwissenschaft und der Psychoanalyse konstruierte, sowie der Nachdruck, mit dem er darauf bestand, daß die Psychoanalyse die Lücken auffülle, welche die Philosophie gelassen habe, zeigen uns, wie er seine eigenen Entdeckungen betrachtete und bewertete. Im Lichte dieser Methode deutete er dann auch kulturelle Gegenstände, etwa Werke der Kunst.

I

In der *Traumdeutung* vertrat Freud die Auffassung, seine Methode habe zu einer Gründlichkeit und theoretischen Genauigkeit im Verständnis des Seelenlebens geführt, welche die Philosophie mit ihrem traditionellen Interesse für das Bewußtsein nicht erreicht habe. Scharf kritisierte er die von Hegel und dem nachhegelschen Idealismus vorgetragenen Bewußtseinstheorien. Obwohl Freud nie ausdrücklich sagt, wen er angreift, macht er doch deutlich, daß er der Auffassung ist, die Theorie der Psychoanalyse befinde sich mit der Philosophie im Wettbewerb.

»Vielleicht werden wir hier von der Ahnung erfaßt, daß die Traumdeutung imstande sei, uns Aufschlüsse über den Bau unseres seelischen Apparats zu geben, welche wir von der Philosophie bisher vergebens erwartet haben.«[1]

In einem späteren Teil des Buches schreibt er:

»Solange die Psychologie diese Frage durch die Worterklärung erledigte, das ›Psychische‹ sei eben das ›Bewußte‹, und ›unbewußte psychische Vorgänge‹ ein greifbarer Widersinn, blieb eine psychologische Verwertung der Beobachtungen, welche ein Arzt an abnormen Seelenzuständen gewinnen konnte, ausgeschlossen. Erst dann treffen der Arzt und der Philosoph zusammen, wenn beide anerkennen, unbewußte psychische Vorgänge seien ›der zweckmäßige und wohlberechtigte Ausdruck für eine feststehende Tatsache‹.«[2]

Freud behauptet, daß sich die Philosophie nie bei der klinischen Medizin um eine Antwort auf die Frage nach der Natur des Bewußtseins bemüht habe. Die Philosophie habe sich daher nie klargemacht, daß sich der Arzt bei der medizinischen Behandlung des Seelenlebens üblicherweise das Recht vorbehält, »durch einen *Schlußprozeß* vom Bewußtseinseffekt zum unbewußten psychischen Vorgang vorzudringen; er erfährt auf diesem Wege, daß der Bewußtseinseffekt nur eine entfernte psychische Wirkung des unbewußten Vorgangs ist ..., daß er bestanden und gewirkt hat, ohne sich noch dem Bewußtsein irgendwie zu verraten«.[3] Die Philosophie also hat ihre Argumentationen immer irrigerweise aus einer Beobachtung der Gedanken entwickelt, wie sie bei Philosophen im Vorgang des Denkens *bewußt* gebildet werden. Die isolierte Stellung des Philosophen erschwert eine

Betrachtung des Seelenlebens (oder macht sie gar gefährlich), wie sie Freud bei der Arbeit mit seinen Patienten zu begreifen lernte. Aus dieser Arbeit zog Freud den Schluß, den er mit folgenden Zeilen als die Quintessenz seiner Kritik an der Philosophie formulierte:

»Das Unbewußte ist der größere Kreis, der den kleineren des Bewußten in sich einschließt; alles Bewußte hat eine unbewußte Vorstufe, während das Unbewußte auf dieser Stufe stehen bleiben und doch den vollen Wert einer psychischen Leistung beanspruchen kann. Das Unbewußte ist das eigentlich reale Psychische, *uns nach seiner inneren Natur so unbekannt wie das Reale der Außenwelt, und uns durch die Daten des Bewußtseins ebenso unvollständig gegeben wie die Außenwelt durch die Angaben unserer Sinnesorgane.«*[4]

Ich zitiere diese Passagen ausführlich, weil die hier dargelegten Auffassungen grundlegend für Freuds Denken sind und weil sie die Herausforderung der Psychoanalyse gegenüber den Annahmen des philosophischen Denkens formulieren, wie sie Freud kannte. Freud schuf teils als Reaktion auf bestimmte idealistische Anschauungen der Philosophie, teils als Kritik an empiristischen Ansichten der Erkenntnistheorie eine Epistemologie, die – in Analogie zu dem aus der philosophischen Tradition geläufigen Unbekannten in der Außenwelt – auf ein inneres Unbekanntes schließt. Diese Herausforderung der traditionellen Epistemologie sowie der Annahme eines klaren und sich selbst verständlichen Bewußtseins bildet den Rahmen für Freuds Analyse psychischer Ereignisse, zu denen er auch Werke der Kunst zählt. Der Psychoanalytiker des 19. Jahrhunderts betrieb die Suche nach einer inneren Wirklichkeit mit derselben Intensität, mit der der Philosoph des 18. Jahrhunderts nach der äußeren Realität suchte.
Die Erforschung der inneren Wirklichkeit des Seelenlebens warf unweigerlich die Frage auf, warum eine innere verborgene Wirklichkeit so schwer offenzulegen sei. Anders als die Unzugänglichkeit der gegenständlichen Außenwelt schien die psychische Wirklichkeit durch die Wünsche der Person heftig verteidigt und für unerreichbar gehalten zu werden. Eine Entdeckung hing hier nicht wie in der Physik einfach von besseren »Maschinen« und einer noch raffinierteren »wissenschaftlichen Methode« ab, sondern vielmehr von der Durchbrechung einer vorsätzlichen, obwohl

unbewußten Abwehr. Der verborgene Teil des Seelenlebens war (auf eine zunächst schwer zu verstehende Art und Weise) irgendwie gefährlich oder wurde unbewußt als bedrohlich wahrgenommen. Zu ihm vorzudringen, setzte eine Methode voraus, die sich als äußerst originell erweisen sollte und zudem fähig schien, sich sowohl neuen Erfahrungen als auch den Individuen anzupassen, die eine Behandlung in Anspruch nahmen. Während Freud sein klinisches Vorgehen ausarbeitete, bemerkte er, daß eine verborgene psychische Wirklichkeit in den allen Menschen zugänglichen Hervorbringungen der Kultur in Erscheinung trat. Auf eine Art und Weise, die vielleicht der Abwehr seiner Patienten nicht unähnlich war, konnten kulturelle Phänomene wie Romane und Gemälde gerade das zugleich enthüllen und verbergen, was im privaten Handeln zu Neurosen und Psychosen führte.

Bei seinen Bemühungen, die für die Verdrängung verantwortlichen Kräfte zu verstehen und den Inhalt des Unbewußten aufzuklären, gelangte Freud zu der Erkenntnis, daß die Suche nach der Wirklichkeit des Psychischen eine doppelte Vorgehensweise erforderlich machte. Einerseits mußten unbewußte Vorgänge entdeckt und in ihrer Dynamik beschrieben werden, andererseits mußten die Ergebnisse unbewußter Vorgänge untersucht werden. Die am leichtesten verfügbaren und zugleich interessantesten Produkte des Unbewußten waren die Träume.

Freud sah sich mit der Aufgabe konfrontiert, festzustellen, was beim Träumen »wirklich« vor sich ging, und er gelangte zu Schlußfolgerungen, die auch heute noch überraschen, obwohl seine Ansichten während der letzten sechzig Jahre immer wieder überprüft worden sind.

»Der Traum ist im Grunde nichts anderes als eine besondere *Form* unseres Denkens, die durch die Bedingungen des Schlafzustandes ermöglicht wird. Die *Traumarbeit* ist es, die diese Form herstellt, und sie allein ist das Wesentliche am Traum, die Erklärung seiner Besonderheit ... Daß der Traum sich mit den Lösungsversuchen der unserem Seelenleben vorliegenden Aufgaben beschäftigt, ist nicht merkwürdiger, als daß unser bewußtes Wachleben sich so beschäftigt, und fügt nur hiezu, daß diese Arbeit auch im Vorbewußten vor sich gehen kann, was uns ja bereits bekannt ist.«[5]

Entgegen früheren Annahmen über die Unordnung und Irrationalität der Träume und des Unbewußten hat der Traum eine Struktur und eine interpretierbare Reihe von Symbolen, denen (obwohl sie nicht in allen Fällen sprachlich sind) dennoch eine Bedeutung gegeben werden kann.

»Die Traumgedanken sind völlig korrekt und mit allem psychischen Aufwand, dessen wir fähig sind, gebildet; sie gehören unserem nicht bewußt gewordenen Denken an, aus dem durch eine gewisse Umsetzung auch die bewußten Gedanken hervorgehen.«[6]

Auf dieser grundlegenden Beobachtung beruht die Theorie; sie taucht immer wieder als Teil jenes theoretischen Instrumentariums auf, das zur Deutung von Hervorbringungen des Seelenlebens, wie etwa von Werken der Kunst, verwendet wird. Die Unterscheidung zwischen »unserem nicht bewußt gewordenen Denken« und »bewußten Gedanken« bietet die Grundlage für die wichtige Unterscheidung zwischen latentem und manifestem Inhalt. Auf diesen für Freuds Erklärung des Seelenlebens so wesentlichen Dualismus werde ich weiter unten eingehen.
Freuds Dualismus von manifestem und latentem Inhalt impliziert eine weitreichende Kritik philosophischer Annahmen; denn in der Philosophie wurde traditionell zwischen »Erscheinung« und »Wirklichkeit« zu unterscheiden gesucht, wobei allerdings unterstellt wurde, daß in gewisser Hinsicht beide »erkannt« werden können. Freud dagegen denkt die Wirklichkeit so, daß sie psychologisch einen erscheinenden und einen wirklichen Bereich umfaßt, obwohl er die Schlüsse auf das Unbewußte als Parallele zu jenen Schlußfolgerungen ansieht, welche die Philosophie von der Wahrnehmung auf eine zugrundeliegende Wirklichkeit trifft. Und er nimmt nicht an, daß die »Wirklichkeit« psychologisch voll erkannt werden kann. Obwohl Freud seine Ansichten als Gegenstück zu einer philosophischen Tradition präsentiert, sind sie begrifflich weit revolutionärer, als er selbst bemerkte. Sie versetzen ihn in die Lage, die »Traumarbeit« (also das, was wir als Traum erleben) von den »Traumgedanken« zu unterscheiden (also von dem Traum, der bei richtiger Deutung seiner unbewußten Aspekte als eine sinnvolle Aussage erscheint).
Obwohl die Rede von dem »Traum und seinen unbewußten Aspekten« für die herkömmliche Philosophie verwirrend ist,

müssen wir uns daran erinnern, daß Freud »die Wirklichkeit des Seelenlebens« untersucht und sie begrifflich so faßt, daß sie die Struktur eines größeren Kreises besitzt, der den kleineren des Bewußtseins in sich einschließt, durch den wir uns mit uns selbst identifizieren und der uns die Grundlage und den Ausgangspunkt für eine Erforschung der umfassenderen unbewußten Wirklichkeit bietet. Die »Wirklichkeit« umschließt sowohl manifeste wie latente psychische Ereignisse. Wenn wir vom Manifesten auf das Latente schlußfolgern, bewegen wir uns von der Traumarbeit zu den Traumgedanken. Wichtig ist dabei die Umkehrung der philosophischen Terminologie. Die Philosophen schließen vom »Gedanken« auf etwas, das jenseits des Gedankens liegt, während sich die psychoanalytische Methode von Beweisstücken des Bewußtseins zum *Gedanken* bewegt. Die Suche der Psychoanalyse setzt also an bei Beweisfragmenten und schließt ab mit dem, was man *wirklich* meint und denkt. Obwohl die Traumgedanken rational und letztlich genau verstehbar sind, erscheint die Traumarbeit ganz anders:

»Die Traumarbeit ist nicht etwa nachlässiger, inkorrekter, vergeßlicher, unvollständiger als das wache Denken; sie ist etwas davon qualitativ völlig Verschiedenes und darum zunächst nicht mit ihm vergleichbar. Sie denkt, rechnet, urteilt überhaupt nicht, sondern sie beschränkt sich darauf, umzuformen ... Dieses Produkt, der Traum, soll vor allem der *Zensur* entzogen werden und zu diesem Zwecke bedient sich die Traumarbeit der *Verschiebung der psychischen Intensitäten* bis zur Umwertung aller psychischen Werte.«[7]

Träume können also gedeutet und letztlich durch ihren manifesten (d. h. gegebenen und erinnerten) sowie durch ihren latenten (d. h. verborgenen und erschlossenen) Inhalt als Äußerungen verstanden werden. Diese Unterscheidung zieht sich (ebenso wie die zwischen bewußtem und unbewußtem Seelenleben) durch alle psychoanalytischen Deutungen. Der manifeste Inhalt eines Traums ist bewußt, sein latenter Inhalt ist wahrscheinlich, aber nicht notwendig unbewußt. Unbewußt ist er gewiß, solange er noch nicht in den Mittelpunkt des Bewußtseins gerückt worden ist. Der Terminus »unbewußt« bezeichnet verschiedene Grade der Zugänglichkeit. Was unbewußt ist, mag in einigen Fällen leicht zugänglich, in anderen unzugänglich sein. Die veränderbare Verfügbarkeit der nicht unmittelbar im Bewußtsein enthaltenen Materialien veranlaßte Freud, eine Struktur zwischen dem Bewußten und dem Unbewußten anzunehmen, das Vorbewußte, dessen Inhalte er für willkürlich abrufbar hielt. Obwohl die Unterscheidungen zwischen Bewußtem, Vorbewußtem und Unbewußtem, die Freud in seinen frühen Erörterungen psychischer Prozesse getroffen hat, heute oft übergangen werden, rechtfertigen es die Ziele der vorliegenden Untersuchung, diese frühe Begriffsbildung zu erwähnen. Die Nützlichkeit des Konzepts des Vorbewußten erweist sich, sobald wir den Vorgang der Deutung analysieren, wie er als Reaktion auf Werke der Kunst auftritt. Manche Materialien sind nur durch eine ausführliche Rekonstruktion zugänglich, und andere erscheinen bereitwillig, weil sie entweder nicht bedrohlich sind oder weil sie (und dies ist besonders interessant) mit etablierten Strukturen zusammenhängen, die der künstlerischen Tradition eigen sind. Die Erfahrungen, die wir mit der Kunst machen, sind deshalb überraschend, weil sie oft unverfügbaren Gedanken gestatten, sich plötzlich in unserem Bewußtsein auszubreiten. Es ist, als hätten Werke der Kunst die Macht, gewisse Gedanken aus dem Unbewußten ins Vorbewußte zu befördern, indem sie sozusagen »ästhetisiert« werden. Die komplexen Tätigkeiten der Herstellung und Verwertung von Kunst können insgesamt als eine kulturelle Lockerung der gewöhnlich rigiden Trennung von Unbewußtem und Bewußtem aufgefaßt werden. Wenn die psychoanalytische Theorie behauptet, daß der Inhalt eines Traums, ein Versprecher oder ein Kunstwerk unbewußtes Material ausdrücken, dann nimmt sie im allgemeinen an, daß die unbewußten oder latenten Inhalte nicht ohne Deutung zugänglich sind.

Das Wort »Deutung«, ein Sammelbegriff für eine Vielzahl von Verfahren zum Verständnis von Texten und kulturellen Hervorbringungen im allgemeinen, erhält in seiner psychoanalytischen Verwendung einen spezifischen Sinn. Es bezieht sich auf Methoden, durch die unbewußtes Material vermöge einer Aufhebung von Verdrängungen zum Bewußtsein gebracht wird. (Die Verdrängung werde ich weiter unten erörtern, vgl. S. 39 ff.) Auch hier wird die psychische Realität in einer Weise begriffen, die parallel verläuft zur begrifflichen Darstellung der Natur im 19. Jahrhundert. Die physikalische oder psychologische Wirklichkeit wird aus zwei unterschiedlichen Perspektiven betrachtet, die sich entsprechend dem Untersuchungsansatz und den Interessen der Beobachter unterscheiden. Die physikalischen Wissenschaften unterschieden eine Natur, wie sie einer naiven, uneinsichtigen Person erscheint, die einfach ihren animalischen Antrieben und Voraussetzungen gehorcht, von der verfeinerten Interpretation der Wirklichkeit, wie sie ein Naturwissenschaftler vornimmt, der über die bloße Erscheinungsweise von Phänomenen zu der Erkenntnis vordringt, wie die Dinge *wirklich sind.* In der therapeutischen Situation sind es die Perspektiven und Interessen des Patienten und des Therapeuten, die gemeinsam die Erscheinungen (d. h. bewußte psychische Prozesse) zu durchdringen und unbewußte psychische Vorgänge aufzudecken und zu verstehen suchen. In dieser Situation haben Deutungen das Ziel, unbewußtes Material zum Bewußtsein zu bringen und beides so miteinander zu integrieren, daß sich daraus Kontinuitäten, Widersprüche und eine »Bedeutung« im weitesten Sinn ergeben können. Der Parallele zur naturwissenschaftlichen Untersuchung folgend, beginnt der Patient als naiver Beobachter und endet wahrscheinlich als raffinierter Kenner. Doch auf dem Wege zu diesem angestrebten Ergebnis gibt es Grade von Bewußtheit und Integration, die wir untersuchen müssen, um die psychoanalytische Theorie für eine Deutung von Werken der Kunst voll auszuschöpfen.

II

Die Beziehung zwischen Therapeut und Patient, mit der die psychoanalytische Theorie beginnt und von der aus sie eine Vielzahl von Beziehungen, Objekten und Dingen in den Griff bekam, bringt Unterschiede in der Deutung von Ereignissen durch die je verschiedenen Blickwinkel des Therapeuten und des Patienten zum Ausdruck. Es besteht eine Kontinuität zwischen der therapeutischen Analyse und kulturellen Deutungen, denn die unterschiedlichen Gesichtspunkte der therapeutischen Situation finden sich auch in der psychoanalytischen Untersuchung kultureller Gegenstände wieder. Die je verschiedene Perspektive des Therapeuten und des Patienten ist mit dem Terminus »Übertragung« charakterisiert worden. Ich werde dieses Konzept über die thera-

peutische Situation hinaus auf die Deutung kultureller Gegenstände ausdehnen.
Freud verwendete den Begriff »Übertragung« in einem sehr viel eingeschränkteren Sinn, als er seither in der psychoanalytischen Theorie verwendet worden ist. Für Freud bezog sich die »Übertragung« auf etwas, das im therapeutischen Austausch zwischen Patient und Analytiker geschieht, auf ein erneutes Erleben von Entwicklungsstufen, die zu früheren Zeiten des psychosexuellen Entwicklungsprozesses durchlaufen worden sind. Die therapeutische Verwendung der Übertragung sollte darin bestehen, frühere Entwicklungsstadien zu deuten, sie wieder zugänglich zu machen und zu verstehen, um eine Heilung *dadurch* zu erreichen, daß sie nunmehr ein Teil der bewußten, vom Ich kontrollierten Inhalte des Seelenlebens werden. Um diesen Grad von Bewußtheit zu erreichen, mußten sich Patient und Therapeut auf eine komplexe Wechselbeziehung einlassen, in deren Verlauf der Therapeut mit vielen Kräften, Attributen, Wünschen und Eigenarten jener Figuren begabt wurde, die in der Vergangenheit des Patienten aufgetreten waren. Die therapeutische Situation wiederholte und repräsentierte, kurz gesagt, viele frühere Entwicklungsstufen und besonderen Ereignisse aus der psychischen Geschichte des Patienten. Und von daher war jede therapeutische Situation etwas Einzigartiges und Besonderes.
Gegenwärtig wird der Begriff breiter und therapeutisch differenzierter gebraucht, als dies bisher dargestellt worden ist. »Übertragung« umfaßt zwar alles oben Genannte, darüber hinaus aber auch jeden Aspekt perzeptiver und affektiver Projektionen des Patienten auf den Therapeuten. Die entgegengesetzten Projektionen vom Therapeuten auf den Patienten sind als »Gegenübertragung« bezeichnet worden. Es sollte darauf hingewiesen werden, daß in der heutigen psychoanalytischen Theorie sowie in der neueren klinischen Praxis »Übertragung« und »Gegenübertragung« eine ganze Reihe von Anwendungen erfahren haben, die jenseits dessen liegen, was Freud unter seiner engeren Fassung des Begriffs »Übertragung« verstand.[8] Von den vielen Anwendungen des Begriffs in der neueren Theorie ist eine für die vorliegende Untersuchung von besonderem Interesse. »Übertragung« kann sich auf das Verhältnis von Patienten zu Objekten beziehen, die eine entscheidende Bedeutung für ihre psychische Entwick-

lung gehabt haben. Das Wesen dieser Objektbeziehungen wird in der Übertragungssituation zwischen Patient und Therapeut sowie in der darauf folgenden Durcharbeitung dieser Situation deutlich, so daß ein tieferes Verständnis der Objekte und Kräfte im bewußten und unbewußten Seelenleben eines Patienten aus dem therapeutischen Prozeß zwischen Individuen entsteht.
Wenn wir das psychoanalytische Konzept der Übertragung auf den Bereich kultureller Gegenstände ausdehnen, müssen wir Entwicklungsprozesse und -sequenzen einführen, die über das Psychosexuelle hinausgehen, mit dem sich Freud in seiner klinischen Praxis beschäftigte. Der Vorgang der Übertragung ist bei kulturellen Gegenständen komplex; denn diese repräsentieren selbst etwas, d. h. sie bringen selbst Übertragungen zum Ausdruck, auf die eine Person, welche sie betrachtet, dann ihrerseits reagiert. Wir haben es hier mit einem Vorgang zu tun, der einer »Spiegelung« gleicht, die mehrere Bewußtseinsschichten durchdringt: das »Bewußtsein« eines Objekts; das eines Künstlers, der seine Identität sozusagen durch ein Objekt oder in einem Objekt präsentiert; sowie das des Betrachters, der auf all diese Schichten mit einer Anhäufung bewußter und unbewußter Assoziationen reagiert, die zutiefst persönliche Knotenpunkte seiner besonderen entwicklungsgeschichtlichen Erfahrungen einschließen, die bei anderen ähnlich, aber nicht gleich sein werden. Die Übertragung besitzt also in bezug auf kulturelle Gegenstände eine historische ebenso wie eine psychosexuelle Dimension. Wie vorteilhaft es für die Theorie ist, diese beiden Aspekte kultureller Erfahrungen gegeneinander abzuwägen, wird an den unten angeführten Beispielen deutlich.
Diese Ausweitung der Konnotationen des Übertragungsbegriffs hat unter anderem zur Folge, daß sich die theoretische Reflexion leichter einer Eigenschaft der Kunst anzugleichen vermag, die bei der Konzentration der Psychoanalyse auf ein einzelnes Objekt vernachlässigt worden ist. Wie Personen eine Vergangenheit besitzen, aufgrund deren Übertragung und Gegenübertragung in der therapeutischen Situation besondere Formen und Inhalte annehmen, so etabliert die Beziehung zwischen Person und Objekt in der kulturellen Tradition die Objekt-Vergangenheit der Gegenstände als eine *Tradition von Objekten,* deren Wechselbeziehung zu einem gegenwärtigen, wahrgenommenen Objekt den Hintergrund von Bezügen und Assoziationen bildet. Es gibt von daher in

der Weise, wie sich eine Person und ein Objekt sozusagen »gegenseitig sehen«, eine Verdoppelung der historischen Gegenwart: es gibt die Geschichte des Objekts und es gibt die Geschichte des Individuums.

Freud konzentrierte sich auf die Geschichte des Individuums; ein Kunsthistoriker konzentriert sich dagegen auf die Geschichte des Objekts. Bei der vorliegenden Untersuchung besteht mein Ziel darin, beide Ansätze so gegeneinander abzuwägen, daß Individuum und Objekt von einem klaren und umfassenden psychoanalytischen Erklärungsmodell aus gemeinsam betrachtet werden. Das Grundmodell psychoanalytischer Erklärung bestand in seiner klassischen Formulierung im klinischen Austausch zwischen Patient und Therapeut. Und es wurde angenommen, daß dieses Modell auf den Künstler und sein Publikum ausgeweitet werden könne. Um eine solche Erklärung zu liefern, mußte das Modell, wie ich es jetzt bei der Überprüfung des Begriffs der Übertragung vorschlage, erweitert und neu verortet werden. (Eine weitere Erörterung der Übertragung wird in Kapitel 4, Abschnitt II gegeben.)

Bei der Lektüre von Freuds Schriften zur Kultur entsteht immer wieder die Frage, wie weit er selbst die Mängel seiner Theorie in ihrer breiteren Anwendung auf kulturelle Gegenstände erkannte. Mir scheint, daß Freud zunächst die Beziehung zwischen Individuen und kulturellen Gegenständen ähnlich auffaßte wie die zwischen dem Patienten und den Träumen, den Phantasien, seinen Eltern und dem Therapeuten. Während er sich eng an diese Analogie hielt, wurde deutlich, daß eine angemessene Deutung kultureller Gegenstände so nicht zu erreichen war. Bei späteren Ausführungen und nach erneuter Überlegung bemerkte Freud jedoch sehr wohl die Bedeutung der Tradition für das Verständnis kultureller Gegenstände, so daß bei zunehmender Vertrautheit und Beachtung psychoanalytischer Deutungen ein Prozeß eingeleitet wurde, der dem therapeutischen Vorgang in mancher Hinsicht ähnelt, sich aber in grundlegender Hinsicht von ihm unterscheidet. Eine »kulturelle Übertragung«, wenn ich so sagen darf, entstand, als psychoanalytische Deutungen dazu beitrugen, daß kulturelle Objekte immer vollständiger in das Bewußtsein der Individuen integriert wurden.[9]

Wenn das Konzept der Übertragung in den größeren historischen

Rahmen einer Tradition kultureller Gegenstände gestellt wird, können wir die psychoanalytische Idee der Übertragung in Richtung auf Kultur und Geschichte ausweiten, aber an der grundlegenden Vorstellung einer Beziehung zwischen zwei aufeinander wirkenden, bewußten und unbewußten Repräsentationen festhalten. Die »Übertragung« bezieht sich dann auf die Art und Weise, in der ein Künstler auf die Tradition, in der seine Arbeit ausgeführt wird, reagiert, wie er sich ihrer bedient, sie neu interpretiert und ästhetisch umstrukturiert. Auch der Begriff der Gegenübertragung kann selbstverständlich auf den Künstler angewendet werden, aber ich würde es vorziehen, als »Gegenübertragung« das Verhältnis zwischen dem Publikum und dem individuell präsentierten Werk zu bezeichnen; denn ein Betrachter reagiert seinerseits auf die Übertragungssituation zwischen Künstler und Tradition. Wenn wir uns nun dem Objekt zuwenden, so können wir es uns als kulturellen Brennpunkt von Reaktionen und Deutungen, von Übertragungen und Gegenübertragungen über Generationen von Betrachtern hinweg vorstellen. Die Implikationen dieser Auffassung der Übertragung binden eine psychoanalytische Theorie um so enger an die Tradition idealistischer Kunsttheorien, als diese Theorie, wie ich im vorigen Kapitel zeigte, jener Tradition selber angehört. Der Vorschlag, Übertragung und Gegenübertragung für die Erfahrung kultureller Gegenstände als zentral anzusehen, setzt die psychoanalytische Theorie der Deutung mit der von ihr vorgebrachten Deutung gleich, so daß Freuds Methode der Deutung die Theorie selbst ausmacht (bei Hegel ist es ebenso). Die philosophische Methode fällt, kurz gesagt, mit ihrem Resultat zusammen.

Wenn wir die psychoanalytische Theorie und die idealistischen Theorien derselben Klasse zurechnen, können wir erkennen, wie es zu dieser Gleichsetzung von Methode und Resultat kam. Nachdem die Theorie ausgearbeitet worden war, wandte Freud sie so an, als sei sie selbst im Besitz von Voraussetzungen zum Verständnis der Kultur, die sie durch ihre eigenen Deutungen zu Bewußtsein gebracht hatte. Wie die Theorie in der therapeutischen Situation der besonderen, von seiner jeweiligen Entwicklung geprägten Beziehung des Patienten zu Objekten einen Sinn zu verleihen vermochte, sollte die Theorie in der kulturellen Situation auf jene historische Vergangenheit ein Licht werfen, deren Darstellungen in Kunst, Mythen und Märchen eine Entwicklungsgeschichte aufbewahrten, die als Besitz der Kultur gedeutet werden konnte.

Diese Analogie verweist auf die komplexe und vielgestaltige Art und Weise, in der im Vorgang der Deutung ein Sinn erscheint, je nachdem, ob die Aufmerksamkeit auf ein Individuum oder auf die Tradition im größeren Zusammenhang gerichtet ist. Freud war generell der Auffassung, daß sowohl in einem enger umgrenzten als auch im weiteren Zusammenhang ein unbewußter Gedanke im Bewußtsein durch Symbole repräsentiert wird, die aufgrund starker Verdichtung und weitreichender Verschiebung produziert werden. In Träumen ebenso wie in der Kunst muß das Manifeste lediglich als Ausgangspunkt einer Deutung genommen werden. Auch wenn wir kulturelle Gegenstände verstehen wollen, müssen wir mit unseren Deutungen einen ähnlichen Weg vom Manifesten zum Latenten finden, und dieser Weg führt über die Symbole, die Repräsentationen unbewußten Materials sind. Repräsentationen, wie Freud sie bezeichnete, sind wie zusammengedrängte Elemente unbewußten Materials, die auf nicht leicht zugängliche oder klar verständliche Weise im manifesten Inhalt von Objekten auftreten. Aufgabe der Deutung ist es, von den geringsten Hinweisen im bewußten Traum oder Objekt zu den unbewußten Traumgedanken oder (mit meinen Worten) den Objekt-Gedanken zu gelangen, welche den manifesten Inhalt hervorgerufen und mit einem Sinn versehen haben, der in weiten Teilen erst wieder rekonstruiert werden muß.

Werke der Kunst sind wie alle kulturellen Hervorbringungen manifest und bewußt, aber auch latent und unbewußt gestaltet. Um ihre unbewußten, latenten Inhalte zu entdecken, müssen wir erkennen lernen, wie ihr manifester Inhalt jene anzeigt, symbolisiert und sich indirekt auf sie bezieht. Ein derartiges Prinzip und eine solche Methode sind charakteristisch für die Theorien der Kunst, die ich als *ausdrucksorientierte* Theorien eingestuft habe. Sowohl Hegel wie Freud entwickelten Methoden der Deutung, um das Manifeste ins Latente übersetzen zu können. Beide fragten nach der Bedeutung kultureller Hervorbringungen, und beide gaben zur Antwort, daß diese Bedeutungen sich bei Anwendung der richtigen Deutungsmethode erschließen würden. Obwohl beide Methoden sich in ihren Voraussetzungen unterscheiden, wird ihr Verfahren vom Grundprinzip des Manifesten und des Latenten beherrscht. Sie nehmen an, daß an der schöpferischen Arbeit eines Künstlers sowohl bewußte wie auch unbewußte Elemente seiner eigenen psychischen Organisation beteiligt sein müssen. Beide versuchen nachzuweisen, daß die Reaktion von Menschen auf kulturelle Hervorbringungen ebenfalls auf bewußte und unbewußte Weise vor sich geht.

Die Spannung zwischen bewußten und unbewußten Reaktionen im Betrachter, die sich in Gefühlen der Neugier, Angst und Unvollkommenheit ausdrückt, bildet die affektive Grundlage für die immer weiter fortgesetzte Bemühung um eine Deutung. Für Hegel wie für Freud unterlagen kulturelle Gegenstände unaufhörlich einer Analyse, obwohl sich beide Autoren, wie gesagt, in ihrem Interesse für die größeren historischen Zusammenhänge, die das menschliche Bewußtsein prägen, voneinander unterscheiden. Für Freud allerdings war ein Widerstand gegen die Kräfte des Unbewußten nicht möglich.

III

Die psychoanalytische Theorie sieht zwei Kräfte als verantwortlich für die Hindernisse und Schwierigkeiten an, auf die wir stoßen, wenn wir vom manifesten zum latenten Inhalt menschlicher Hervorbringungen wie etwa den Träumen und Werken der Kunst vorzudringen versuchen. Die immer wieder auftretenden Widerstände gegen die Herstellung semantischer und syntaktischer Beziehungen im vorliegenden Objekt sind (metaphorisch gesprochen) nicht einfach eine Funktion von dessen Fremdartigkeit und Unvollständigkeit. Zuweilen wird das, was manifest vorliegt, als fragmentarisch und unvollständig, zuweilen aber auch mit intensiver Lust und freudigem Überschwang erlebt. Meiner Meinung nach sollte hervorgehoben werden, daß die beiden Kräfte, die Freud für die Schwierigkeit verantwortlich machte, vom Manifesten zum Latenten vorzudringen, sowohl bei Objekten vorliegen, die mit uns selbst im Einklang scheinen (die also, psychonanalytisch gesprochen, »ich-synton« sind) als auch bei Objekten, die zusammenhanglos und unvereinbar erscheinen (die also nach psychoanalytischer Terminologie »ich-dyston«) sind. Die beiden

Kräfte, die bei jeder Art von Deutung am Werk sind, bezeichnete Freud als »Verdrängung« und »Überdeterminierung«. Es sollte sich bei ihnen um psychische Kräfte handeln, deren Dynamik dafür verantwortlich ist, daß die Bedeutung menschlicher Schöpfungen unzugänglich, verborgen und oftmals allzu komplex erscheint. Wenn sich eine vom Ich kontrollierte Bedeutung als Folge einer Deutung herausbilden soll, müssen die Mechanismen und irreführenden Komplikationen dieser Kräfte verstanden werden. Freud gelangte bei seinen Bemühungen um eine verläßliche Deutung, kurz gesagt, zu folgenden Schlüssen.

Die Verdrängung äußert sich in verschiedener Hinsicht, sowohl strukturell als auch entwicklungsgeschichtlich. Für den Verlauf der individuellen Evolution nimmt Freud eine ursprüngliche, frühe Verdrängung an. Er schreibt:

»Wir haben also Grund, eine *Urverdrängung* anzunehmen, eine erste Phase der Verdrängung, die darin besteht, daß der psychischen (Vorstellungs-)Repräsentanz des Triebes die Übernahme ins Bewußte versagt wird. Mit dieser ist eine *Fixierung* gegeben; die betreffende Repräsentanz bleibt von da an unveränderlicher bestehen und der Trieb an sie gebunden.«[10]

Freud setzt also in der Frühgeschichte des Individuums Verdrängungen voraus, die eine Vorstellung, ein spezifisches Bewußtsein an die Stelle jener angemessenen Vorstellung setzen, die aufgrund der Verdrängung vom Bewußtsein ausgeschlossen blieb. Zutritt zum Bewußtsein erhielt nur ein Ersatz, dessen triebhafter Affekt ursprünglich an jene Vorstellung gebunden war, deren Surrogat er ist.

Die Theorie der Urverdrängung verweist auf eine Interpretation dieser Reifungsphase, die für unser Verständnis der Kunst von Interesse ist. Jedes Kunstverständnis hat wesentlich damit zu tun, wie die Werke der Kunst für einen Betrachter Sinn erlangen. Die »Repräsentanz« und der »an sie gebundene Trieb« lassen sich *ästhetisch* interpretieren, denn Werke der Kunst haben Teil an der psychischen Wirklichkeit einer Entwicklung. In ihnen zeigt sich gerade das Nachleben jener Elemente und Affekte, auf die sich die Urverdrängung bezieht.

Die Urverdrängungen schafft »Fixierungen«, also die jeder seelischen Entwicklung eigentümlichen Objekte und Worte, an die sich starke, langlebige Affekte binden, die fortbestehen und zum Mittelpunkt von Wiederholungen werden. Jeder künstlerische Stil und jede persönliche künstlerische Lebensgeschichte besitzt einen Zusammenhang bedeutungsvoller Elemente, der auf die Urverdrängung zurückgeht. Unklar aber ist, wie sich diese Fixierungen entwickeln. Ihre Ausrichtung wird jedoch in jenen Elementen deutlich, die als wichtige Knotenpunkte im Netz einer künstlerischen Struktur während der gesamten Laufbahn eines Künstlers fungieren. Charakteristischerweise lassen sich die tiefsten Elemente, welche die Urverdrängung fixiert, aus jedem besonderen Kontext lösen und in andere versetzen. Dies begründet die metaphorische Verfassung der Künste. Ich schlage also folgende Verallgemeinerung vor: Metaphorische Elemente und metaphorische Schlußfolgerungen lassen sich häufig bis auf eine ebenso frühe wie tiefe Urverdrängung zurückverfolgen. Daher erhalten jene Elemente eine besondere Kraft im Werk eines einzelnen Künstlers.

Bei der Rekonstruktion des Konzepts der Urverdrängung zum Zwecke einer psychoanalytischen Theorie der Kunst möchte ich jedoch nicht unterstellen, daß sich die Kunst damit auf ein Symptom reduzieren ließe. Diese Art von Reduktion ist der psychoanalytischen Theorie häufig vorgeworfen worden. Die Urverdrängung tritt während der lebenslangen Tätigkeit eines Künstlers vielmehr in seinem Charakter (nicht als Symptom) zutage, der vom Publikum in der Entwicklung und Veränderung des *Stils* seiner Werke wahrgenommen wird. Es ist der Stil, der tieferen Einblick in die Werke ermöglicht.

Auf der Grundlage dieser Interpretation der Urverdrängung läßt sich das Konzept der *Ikonographie* erweitern. Blieben traditionell die ikonographischen Elemente der Kunst auf einzelne Objekte beschränkt, denen in einer Tradition künstlerischer Verweise besondere Bedeutung verliehen worden war, so dehnt die Rede von einer »Ikonographie des Mediums« den Sinn des Ikonographischen aus. Die »Ikonographie des Mediums« bezieht sich auf stilistische Organisation und Wiederholung, Farben, Linien, phonetische und phonemische Muster, tonale Organisation und all jene Elemente der verschiedenen Medien in ihrer rein ästhetischen Unmittelbarkeit. Das Medium selbst fungiert als ein strukturiertes Objekt, dessen Elemente ikonographische Bedeu-

tung besitzen. Während wir häufig die Ikonographie des Mediums nicht in Behauptungen übersetzen können, die einen Gedanken explizieren, können wir doch die für ein Kunstwerk wesentlichen Strukturen erkennen. Und zuweilen gelingt es uns, nach sorgfältiger Prüfung zahlreicher Werke und aufgrund von Informationen über den Künstler das Konzept der Urverdrängung anzuwenden.
Die Urverdrängung wird also zu einem Konzept in der psychoanalytischen Theorie der *Kunst.* Ein ursprünglich zur Erklärung von Entwicklungsphasen der frühen Kindheit vorgeschlagenes Konzept wurde ausgeweitet, um zur Interpretation von Elementen in jenen Objekten beizutragen, die Künstler verfertigen. Ich will damit nicht sagen, daß die Elemente nur vor dem Hintergrund der Entwicklung eines Künstlers zu verstehen wären, denn die Psychodynamik dieses Vorgangs kann verlorengehen oder sich nur unzulänglich aus den fragmentierten und zuweilen selbst unzusammenhängenden Elementen in den Objekten rekonstruieren lassen. Häufig aber werden wir uns jener Anstrengungen eines Künstlers bewußt, durch die er im Kampf um die Einheit seiner Entwicklungsgeschichte seinem Charakter zum Ausdruck verhelfen will. Ich meine, daß (wie immer die Dinge im Einzelfall liegen mögen) die affektive Kraft, die wir in ästhetischen, insbesondere stilistischen Elementen entdecken, ihre Stärke und Insistenz aus einer frühen Urverdrängung bezieht. In einigen wenigen Fällen ist die ursprüngliche, verdrängte Vorstellung wiederzuentdecken.[11]

Das Wort »Verdrängung« hat eine zweite, allgemeinere und offensichtlichere Bedeutung, in der wir es heute gemeinhin verwenden, um jene vom Ich mobilisierte psychische Kraft zu beschreiben, die gefährliche Gedanken vom Bewußtsein fernhält. Gefährlich sind diese Gedanken, weil sie für das Ich und das Über-Ich eine Bedrohung darstellen. Im normalen Verlauf der psychischen Entwicklung muß eine Abwehr gegen bedrohliche Wünsche und Vorstellungen errichtet werden, weil ein ihnen entsprechendes Handeln Bestrafungen, ja, wichtiger noch, Liebesverlust und Verlust des Selbstwertgefühls zur Folge haben könnte. Während die Person heranwächst, werden Triebregungen und Wünsche verdrängt. Obwohl diese anderswo Ausdruck finden werden, können sie nicht ohne Angst und Schmerz direkt und unmittelbar ausgedrückt werden.

Die Verdrängung, ein psychischer Mechanismus und ein Konzept, das in der psychoanalytischen Theorie eine zentrale Rolle spielt, war nach Freuds Auffassung »der Grundpfeiler, auf dem das Gebäude der Psychoanalyse ruht«.[12] Daraus folgt also, daß dieser Mechanismus als wesentliche Grundlage der Verfertigung und Verwendung kulturell verbindlicher Darstellungen zu entdecken ist. Objekte, die von Menschen geschaffen sind und auf die Menschen reagieren, zeigen die Kraft der Verdrängung sowohl an ihrem Inhalt wie an den Reaktionen auf sie. Im allgemeinen bedeutet dies, daß solche Objekte einen latenten Inhalt besitzen, dessen Übersetzung in einen manifesten zugleich angestrebt und durch Widerstände verhindert wird. Die Weise, in der die Spannung zwischen einem Drang nach Wiedererlangung des Verdrängten und der Kraft der Verdrängung selbst sichtbar wird, war Gegenstand einiger bemerkenswerter Beobachtungen. Freud bezeichnete die »Verdrängung« in dem gleichnamigen Essay als eine »Vorstufe der Verurteilung«.[13] Die Vorstellung, daß die Verdrängung eine Art Werturteil darstellt, welches die Person zutiefst betrifft, wurde in dem späteren Aufsatz über »Die Verneinung« ausgearbeitet, dessen Beobachtungen für ein Verständnis kultureller Gegenstände von zentraler Bedeutung sind.

In diesem Aufsatz verbindet Freud klinische Beobachtungen mit rhetorischen Strukturen. Wenn ein Patient nein sagt, die Wichtigkeit einer Erinnerung leugnet, sich weigert, die Wahrheit einer Behauptung anzuerkennen, liegen Gründe vor, die eine Verdrängung vermuten lassen.[14] Ein negatives Urteil ist in manchen Fällen ein intellektueller Ersatz der Verdrängung und zeigt an, daß diese als Abwehr am Werk ist. Diese Beobachtung hat interessante Implikationen für eine Interpretation kultureller Gegenstände; denn die Verneinung und ihre metaphorischen Repräsentationen werden auf subtile und mächtige Weise verwendet, um die Bedeutung von Objekten zu strukturieren.

Bei der Erörterung von Negationen traf Freud eine (wenn auch nicht hinreichend bestimmte) Unterscheidung zwischen Verneinung und Verleugnung. Diese Unterscheidung ist wichtig sowohl für die Einschätzung von Äußerungen eines Patienten wie auch für die Interpretation der Sätze eines Texts. Bedient sich ein Patient während der Analyse einer Negation, so kann es sich dabei um eine Verleugnung handeln. Ein Satz kann einfach als unwahr beurteilt werden oder aber Angst hervorrufen, so daß sich der Patient von ihm lossagen muß. Die Verwendung der Negation legt nicht schon an sich fest, ob die in ihr enthaltene Behauptung eine Verneinung oder eine Verleugnung darstellt. Es ist Sache des Analytikers, festzustellen, ob ein Patient einfach ein Urteil fällt oder ob er eine besondere Position einnimmt, die Folgen für die Therapie hat.

Mit einem ähnlichen Problem sieht sich der Leser eines Textes konfrontiert, in dem problematische Negationen vorkommen. Verneinung sowohl wie Verleugnung funktionieren in einer komplexen Art und Weise, wenn die Einstellung eines Textes oder eines Sprechers im Text nicht offensichtlich ist. So beginnt ein Roman wie *The Confidence Man* von Herman Melville mit einer Erzähltechnik, die an das Paradox vom Lügner erinnert. Ein Sprecher äußert (oder schreibt vielmehr) Sätze, deren Wahrheitswert unbestimmt ist, da es sich bei ihnen um Aussagen eines Lügners handelt, der behauptet, er sage die Wahrheit. Da er ein Lügner ist, verdächtigen wir ihn der Unaufrichtigkeit, wenn er einen Anspruch auf Wahrhaftigkeit geltend macht. Wenn er unaufrichtig zu sein behauptet, vermuten wir, daß er die Wahrheit sagt. Die Folgen für den Roman sind verheerend. Jede Behauptung, die darin erhoben wird, müssen wir in Zweifel stellen und für unentscheidbar erklären. Wir sind nicht in der Lage, den Sätzen einen Wahrheitswert zuzusprechen. Obwohl *The Confidence Man* als Text von narrativer Unbestimmtheit ist, bietet eine längere und genauere Kenntnis des Buches durchaus eine Grundlage für die Interpretation und die Trennung von Wahrheiten und Unaufrichtigkeiten. Aber alle Äußerungen müssen hier (wie im Behandlungszimmer eines Analytikers) sorgfältig analysiert und Negationen in all ihren Erscheinungsformen müssen gedeutet werden.

Freud machte eine Reihe weiterer Beobachtungen über die Arbeitsweise der Verdrängung: Die Kraft der Verdrängung tendiert dazu, sich auszubreiten, Ereignisse, Überzeugungen, Wünsche und Bedürfnisse zu erfassen, die mit dem ursprünglichen Kern der Verdrängung in Beziehung stehen. Die Verdrängung vergiftet das Denken, weil sie sich im dunkeln ausbreitet und darum einzelne Elemente des Objekts in ihre Arbeit mit hineinzwingt. Die Folgen eines Versickerns der Verdrängung (wenn wir uns denn so etwas vorstellen können) bestehen darin, Elementen, die mit dem ursprünglich verdrängten Material in Verbindung stehen, je nach ihrer Entfernung von diesem Material Zugang zum Bewußtsein zu gestatten. Eine Deutung muß daher Techniken bereitstellen, um sowohl Elemente aus der Verdrängung zu lösen wie auch andere Elemente mit der Verdrängung in Verbindung zu bringen. Beides muß so geschehen, daß die manifesten Inhalte Rückschlüsse auf den Kern der Verdrängung gestatten. Das Konzept der Verdrängung verweist auf die Interdependenzen und Wechselbeziehungen einer Vielzahl von Elementen, deren bedeutungsvolle Verbindungen auf eine Kraft zurückgehen, die sie wie ein magnetisches Feld umschließt.[15] Die Verdrängung zieht also Material in ihr Kraftfeld, kann sich (wie alle psychischen Vorgänge) hin und her bewegen und an verschiedenen Orten sowie in unterschiedlicher Verkleidung während der Lebensgeschichte eines Individuums auftreten.

Das gleiche gilt für die Verdrängung, wie sie sich in Objekten manifestiert. Einerseits werden sie ja als Dinge geschaffen, die verdrängte Ereignisse und Vorgänge repräsentieren; andererseits sind es Dinge, auf die eine Kultur reagiert, welche die verschiedensten verdrängten Themen akzeptiert und ablehnt. Wo Verdrängung eintritt, verbinden sich selbstverständlich bestimmte Gefühlsintensitäten mit den Objekten und unseren Erfahrungen dieser Objekte. Verdrängungen spielen für Gefühle eine doppelte Rolle; sie hemmen sie und wecken sie, wobei die Gefühle, die sie hervorrufen, Reaktionen auf gehemmte Gefühle sein können. Obwohl also die Verdrängung in der Philosophie der Kunst außerhalb der Psychoanalyse keine Rolle gespielt hat, scheint sie generell ein nützliches Konzept der Kunstphilosophie zu sein, da sie subtile und sensible Analysen jener Gefühle gestattet, die in Objekten der Kunst vorgeführt werden.

Es wäre unrichtig, wenn man annähme, die Verdrängung in den Künsten sei erst erkannt worden, als die psychoanalytische Theorie die Abwehrmechanismen untersucht und definiert hatte. Etwas dem psychoanalytischen Konzept der Verdrängung Entsprechendes gab es von jeher in der klassischen Textexegese, insofern dort der Künstler von einer äußeren inspirierenden Macht unterschieden wurde. Daß die Muse die Kunst nach ihrem Willen verwendete, war eine aufregende Vorstellung; sie unterstellte, daß selbst Künstler nicht alles wissen könnten, was ihre Kunst zum Ausdruck brachte. Indem der Künstler mit der Muse verschmolz

und die inspirierende Macht von außen nach innen verlagert wurde, zerfiel ein Mythos der Externalisierung; es entstand dadurch aber auch eine direkte Beziehung und Verantwortlichkeit zwischen dem Künstler und dem hervorgebrachten Werk.
Die psychoanalytische Theorie schreibt dem Künstler nicht nur eine Vielzahl von bewußten und unbewußten Quellen zu, sie postuliert darüber hinaus eine »Überdeterminiertheit« der künstlerischen Kreativität, so daß für jeden Aspekt eines Kunstwerks vielfältige Gründe angenommen werden. Detaillierte biographische Studien einzelner Künstler sind auf die Schwierigkeit gestoßen, einzelne Ursachen für ein Werk oder Teile eines Werks nachzuweisen. Es scheint stets vielfältige, nebeneinander existierende Bestimmungsfaktoren zu geben, die notwendig zur Erklärung einer Handlung, einer Phantasie, eines Traums oder Kunstwerks wirksam werden. Es können mehrere relevante Erklärungen dafür gegeben werden, warum ein Künstler bestimmte Worte, Gesten, Bilder, Gedanken verwendet und eine bestimmte Art und Weise wählt, sie mitzuteilen. Für das, was vom Bewußtsein ausgeschlossen ist, ebenso wie für das, was in ihm erscheint, können mehrere Erklärungen gegeben werden; denn seelische Ereignisse haben vielfache Ursachen, und diese müssen, obwohl sie zusammen ein einziges Ereignis hervorbringen, voneinander getrennt und in ihrer kumulativen Wirksamkeit gesehen werden. Aus dem psychoanalytischen Konzept der Überdeterminiertheit ergibt sich, daß psychologische Interpretationen nicht in einer einzigen Darstellung erschöpfend zu leisten sind. Auch in dieser Hinsicht gleichen psychoanalytische Erklärungen der Interpretationsmethode Hegels; denn beide unterstellen, daß die Untersuchung und Deutung kultureller Ereignisse unabschließbar ist.
Die Anwendung dieses Prinzips einer fortgesetzten Interpretation auf Werke der Kunst ist unerläßlich. Sowohl das, was in ein Kunstwerk Eingang findet, wie auch das, was weggelassen wird, ruft nach einer Erklärung. Und da das Abwesende und das Anwesende überdeterminiert sind, kann das, was über ein Kunstwerk gesagt wird, nicht der ausschließliche Besitz eines Geistes, einer Methode oder einer Erklärung sein. Verschiedene Erklärungssysteme sind auf ein Kunstwerk anwendbar, und eine einzelne Reaktion auf es ist stets nur eine von mehreren unterschiedlichen, aber (innerhalb angebbarer Grenzen) angemessenen Mög-

lichkeiten, auf es zu reagieren. Eine Mannigfaltigkeit von Interpretationen und Reaktionen ergibt sich aus der Annahme unterschiedlicher manifester und latenter Inhalte; denn der Grad der Durchdringung des latenten Materials und die Verständlichkeit einer Interpretation hängen von der Fähigkeit eines Rezipienten ab, die manifesten und latenten Inhaltes in einer zusammenhängenden Darstellung zu vereinigen. Je größer die Integration manifesten und latenten Materials ist, desto wahrscheinlicher läßt sich eine zufriedenstellende Interpretation der mächtigen Gefühle erreichen, die durch ein Objekt hervorgerufen werden.
In gewisser Hinsicht ist die psychoanalytische Interpretation, wie bemerkt worden ist, ahistorisch; denn sie führt eine Analyse kultureller Gegenstände durch, ohne in der Regel die Zeit und den Ort ihres Ursprungs zu beachten. In anderer Hinsicht dagegen ist die psychoanalytische Interpretation wenn schon nicht historisch, so doch zumindest zeitlich orientiert; denn sie sieht in den Reaktionen auf Werke der Kunst eine Funktion der Reife des Betrachters sowie seiner wachsenden Sensibilität gegenüber latenten Inhalten. Die Entwicklung der Person von der Kindheit zum Erwachsenenalter (wenn auch wohl kaum der gesamte Umfang der Kulturgeschichte, der Hegel faszinierte) steht für die Psychoanalyse im Zentrum ähnlich komplexer Schilderungen. In mancher Hinsicht scheint mir Freuds Auffassung von Reifung und Wachstum der des amerikanischen Philosophen John Dewey zu entsprechen: Beide betonen die Schicksale der Interaktionen des Ich in seiner psychischen und kulturellen Umwelt. Freuds psychologische Welt ist durch eine Art ahistorischer Konstanz gekennzeichnet, welche die Reifung der Person von der Unberechenbarkeit historischer Veränderungen fernhält. Dies bedeutet jedoch nicht, daß die Geschichte eines Individuums frei von ernsthaften Erschütterungen wäre. Obwohl Neurose und Psychose nicht in den üblichen historischen Begriffen zu erklären und zu verstehen sind, können die Konflikte, die schöpferische Individuen an den Tag legen, durch äußere Schicksalsschläge selbstverständlich verschlimmert werden. Aus diesem Grund wird sich eine psychoanalytische Erklärung der Kunst mit einiger Folgerichtigkeit auf historische Ereignisse beziehen müssen.
Die Vernachlässigung der Geschichte muß auch die Tradition der Kunst selbst betreffen. Aus diesem Grund verhält sich die psy-

choanalytische Kunsttheorie gegenüber dem bunten Gewirr des Vergangenen mehr und mehr als Kunstgeschichte. Dank der Schriften von Ernst Kris, Heinz Hartmann, Otto Kernberg und vielen anderen wird inzwischen allgemein anerkannt, daß primärprozeßhaftes Denken selbst ein Teil des Entwicklungsprozesses ist und daß eine durchgängig entwicklungsorientierte Theorie gezwungen ist, die Auswirkungen historischer Kontinuitäten auf das bewußte ebenso wie auf das unbewußte Denken zu berücksichtigen. Auf diese Punkte wird in späteren Kapiteln näher eingegangen.

IV

Die psychoanalytische Theorie bemüht sich sehr darum zu verstehen, wie das Seelenleben des einzelnen so mobilisiert wird, daß daraus Produkte hervorgehen, die einen manifesten und einen latenten Inhalt haben. Ich werde diesen Teil der Theorie kurz beschreiben, weil er zwei Konzepte von zentraler Bedeutung in die Interpretation einführt: den »Primärprozeß« und den »Sekundärprozeß«.

Zeitlich beginnt das Denken mit jener Herausbildung von Vorstellungen, welche Freud als »Primärprozeß« bezeichnete, welche nach seiner Auffassung unter der Leitung eines Grundprinzips des Seelenlebens stand, dem er den Namen »Lustprinzip« gab. Den Primärprozeß betrachtete er als eine Tätigkeit des Es, und er glaubte, daß diese Art zu denken anders organisiert sei als die des bewußten Denkens.

»Wir haben erfahren, daß die Vorgänge im Unbewußten oder im Es anderen Gesetzen gehorchen als die im vorbewußten Ich. Wir nennen diese Gesetze in ihrer Gesamtheit den *Primärvorgang* im Gegensatz zum *Sekundärvorgang,* der die Abläufe im Vorbewußten, im Ich, regelt.«[16]

Sekundärprozeßhaftes Denken schreitet unter der Anleitung dessen fort, was Freud als »Realitätsprinzip« bezeichnete. Dessen Ziel besteht darin, sich an der Außenwelt zu orientieren und die Fähigkeit zu entwickeln, mit ihr fertigzuwerden. Primärprozeß und Sekundärprozeß machen zusammen die Denkvorgänge aus, und zusammen sind sie für Hervorbringungen wie die Kunst verantwortlich.[17]

Für eine psychoanalytische Theorie der Kunst bieten diese beiden Konzepte einige äußerst interessante Möglichkeiten, die nach meiner Auffassung erst noch auszuschöpfen wären.
Der psychoanalytischen Theorie zufolge stellen alle Werke der Kunst diese beiden Prozesse in unterschiedlichen Verbindungen dar. Große Kunst ringt mit dem primärprozeßhaften Denken, indem sie sich seiner bedient und sich in ihren manifesten Inhalten auf es bezieht. Wie dem Künstler dies genau gelingt, hielt Freud für ein Geheimnis, das die Psychoanalyse nicht aufdecken könne. Wenn ein Künstler Mittel und Wege findet, um primärprozeßhaftes Denken darzustellen, eröffnet uns sein Werk große Teile des Unbewußten, auf die wir ohne seine Hilfe nie gestoßen wären. Auch jene Kunst, die unter der rigiden Kontrolle des Ich, also unter der Herrschaft des Sekundärprozesses hervorgebracht wurde, kann ein primärprozeßhaftes Denken enthüllen, das dann freilich Formen annimmt, die eine Deutung schwieriger erscheinen lassen. Selbst psychotische Kunst, deren Fassade uns häufig als undurchdringlich beeindruckt, kann mit Hilfe der psychoanalytischen Theorie gedeutet werden; denn diese legt systematisch die Phantasien frei, aufgrund deren eine solche Kunst produziert worden ist. Eine Deutung dieser Art werde ich am Anfang des Kapitels IV geben.

V

In dem Maße, in dem Freuds Theorie des Seelenlebens weiterentwickelt und nach den Aufsätzen der frühen zwanziger Jahre immer komplexer wurde, wurde die Analyse der Kunst in der Weise vernachlässigt, daß die Theorie die Praxis überflügelte. Es gibt nur wenige Ansätze, die späteren theoretischen Formulierungen auf die Kunst anzuwenden, so daß man durchaus die Auffassung vertreten könnte, daß sich Freud in seinen psychoanalytischen Schriften zur Kunst mit der Fixierung auf eine frühe Entwicklungsstufe zufriedengab. Aber seine Theorien versprechen unserer heutigen Erkenntnis sehr viel mehr, als ihm selbst klar wurde. Ich werde nun kurz einige Implikationen seines späten Denkens für unser Verständnis der Kunst erörtern.
In der »Nachschrift 1935 zur ›Selbstdarstellung‹« schreibt Freud,

daß er in seinen späteren Jahren zu manchen seiner frühesten Interessen zurückkehrte:

»Nach dem lebenslangen Umweg über die Naturwissenschaften, Medizin und Psychotherapie war mein Interesse zu jenen kulturellen Problemen zurückgekehrt, die dereinst den kaum zum Denken erwachten Jüngling gefesselt hatten. Bereits mitten auf der Höhe der psychoanalytischen Arbeit, im Jahre 1912, hatte ich in ›Totem und Tabu‹ den Versuch gemacht, die neu gewonnenen analytischen Einsichten zur Erforschung der Ursprünge von Religion und Sittlichkeit auszunützen. Zwei spätere Essays ›Die Zukunft einer Illusion‹ 1927 und ›Das Unbehagen in der Kultur‹ 1930 setzten dann diese Arbeitsrichtung fort. Immer klarer erkannte ich, daß die Geschehnisse der Menschheitsgeschichte, die Wechselwirkungen zwischen Menschennatur, Kulturentwicklung und jenen Niederschlägen urzeitlicher Erlebnisse, als deren Vertretung sich die Religion vordrängt, nur die Spiegelung der dynamischen Konflikte zwischen Ich, Es und Über-Ich sind, welche die Psychoanalyse beim Einzelmenschen studiert, die gleichen Vorgänge, auf einer weiteren Bühne wiederholt.«[18]

Die Überlegungen zu Kultur und Religion, auf die sich Freud hier bezieht, sind für die Ausweitung seines Denkens über die Kunst von Bedeutung, aber die Verbindung zwischen Kulturtheorie und ästhetischer Theorie wurde nicht von Freud selbst und auch nicht von seinen Nachfolgern gezogen, obwohl Paul Ricoeur und Herbert Marcuse sie gesehen haben. Wie ich weiter unten in Kapitel III zeigen werde, läßt sich eine allgemeine Theorie des kulturellen Lebens aus Freuds Denken entwickeln. Dennoch wird in Freuds eigenen Schriften die kulturelle Tradition, in der Gegenstände hervorgebracht wurden, eigenartigerweise übergangen.

Eine der schwierigsten Fragen, die in Freuds späten Reflexionen über die Kunst unbeantwortet blieb, lautet: Welche Erklärung kann die psychoanalytische Theorie für die kulturelle Verwendung und Funktion der Kunst anbieten? Bei der Lektüre von »Das Unbehagen in der Kultur« werden wir daran erinnert, daß sich Werke der Kunst häufig gerade mit jenen Fragen befassen, die auch in Freuds Aufsatz angesprochen werden. Wir fragen uns also, ob der Inhalt von Kunstwerken für Freuds Überlegungen von Bedeutung ist. Ferner fragen wir uns, ob Freud selbst dies zu beantworten sucht. »Das Unbehagen in der Kultur« verweist uns

auf die früheren Schriften. Wenn wir uns ihnen zuwenden, entdecken wir, daß der späte Aufsatz in der Tat eine Ergänzung zu Freuds frühen Schriften und zum Problem der Kunst als kultureller Hervorbringung darstellt.
Wie Freuds Überlegungen zum Verlauf seiner intellektuellen Entwicklung zeigen, bestand das Ziel seiner Lebensarbeit in einer Vermittlung der in seinen Fallgeschichten und metapsychologischen Überlegungen enthaltenen klinischen Schlußfolgerungen mit seiner spekulativen Rekonstruktion der menschlichen Vorgeschichte und der unausweichlichen Konflikte, welche unserer heutigen Kultur von der Geschichte hinterlassen worden sind. Eine psychoanalytische Theorie der Kunst muß auf eine ähnliche Vermittlung abzielen, und dieser unvollendet gebliebenen Leistung der Freudschen Spätschriften können wir uns nunmehr zuwenden.

Anhang

»Eine neue Bedeutung erhält die Unterscheidung der beiden psychischen Systeme, wenn wir darauf aufmerksam werden, daß die Vorgänge des einen Systems, des Ubw, Eigenschaften zeigen, die sich in dem nächst höheren nicht wiederfinden.
Der Kern des Ubw besteht aus Triebrepräsentanzen, die ihre Besetzung abführen wollen, also aus Wunschregungen. Diese Triebregungen sind einander koordiniert, bestehen unbeeinflußt nebeneinander, widersprechen einander nicht. Wenn zwei Wunschregungen gleichzeitig aktiviert werden, deren Ziele uns unvereinbar erscheinen müssen, so ziehen sich die beiden Regungen nicht etwa voneinander ab oder heben einander auf, sondern sie treten zur Bildung eines mittleren Zieles, eines Kompromisses, zusammen.
Es gibt in diesem System keine Negation, keinen Zweifel, keine Grade von Sicherheit. All dies wird erst durch die Arbeit der Zensur zwischen Ubw und Vbw eingetragen. Die Negation ist ein Ersatz der Verdrängung von höherer Stufe. Im Ubw gibt es nur mehr oder weniger stark besetzte Inhalte.
Es herrscht eine weit größere Beweglichkeit der Besetzungsintensitäten. Durch den Prozeß der *Verschiebung* kann eine Vorstellung den ganzen

Betrag ihrer Besetzung an eine andere abgeben, durch den der *Verdichtung* die ganze Besetzung mehrerer anderer an sich nehmen. Ich habe vorgeschlagen, diese beiden Prozesse als Anzeichen des sogenannten psychischen *Primärvorganges* anzusehen. Im System Vbw herrscht der *Sekundärvorgang;* wo ein solcher Primärvorgang sich an Elementen des Systems Vbw abspielen darf, erscheint er ›komisch‹ und erregt Lachen.
Die Vorgänge des Systems Ubw sind *zeitlos,* d. h. sie sind nicht zeitlich geordnet, werden durch die verlaufende Zeit nicht abgeändert, haben überhaupt keine Beziehung zur Zeit. Auch die Zeitbeziehung ist an die Arbeit des Bw-Systems geknüpft.
Ebensowenig kennen die Ubw-Vorgänge eine Rücksicht auf die *Realität.* Sie sind dem Lustprinzip unterworfen; ihr Schicksal hängt nur davon ab, wie stark sie sind und ob sie die Anforderungen der Lust-Unlustregulierung erfüllen.
Fassen wir zusammen: *Widerspruchslosigkeit, Primärvorgang* (Beweglichkeit der Besetzungen), *Zeitlosigkeit* und *Ersetzung der äußeren Realität durch die psychische* sind die Charaktere, die wir an zum System gehörigen Vorgängen zu finden erwarten dürfen.
Die unbewußten Vorgänge werden für uns nur unter den Bedingungen des Träumens und der Neurosen erkennbar, also dann, wenn Vorgänge des höheren Vbw-Systems durch eine Erniedrigung (Regression) auf eine frühere Stufe zurückversetzt werden. An und für sich sind sie unerkennbar, auch existenzunfähig, weil das System Ubw sehr frühzeitig von dem Vbw überlagert wird, welches den Zugang zum Bewußtsein und zur Motilität an sich gerissen hat.«

S. Freud, »Das Unbewußte«, *GW* X, S. 285 ff.

III

Die psychoanalytische Theorie der Kultur

Die psychoanalytische Theorie der Interpretation entstand aus einer allgemeinen Theorie der psychosexuellen Entwicklung und ihrer klinischen Grundlage, der Erforschung der Träume. Aus der Deutung von Träumen wurde die Interpretation der Kunst sowie anderer kultureller Hervorbringungen abgeleitet. Im vorliegenden Kapitel soll eine psychoanalytische Theorie der Kultur ausgearbeitet und eine Ergänzung der traditionellen psychoanalytischen Konzepte in ihrer Anwendung auf die Kunst vorgeschlagen werden. Ich greife hierzu auf den philosophischen Begriff der »verpflichtenden Darstellung« [*enactment*] zurück, der sowohl eine gesetzliche Verfügung oder Verordnung als auch ein Spiel oder eine künstlerische Darstellung bezeichnet.

I

Die Schriften Freuds zu allgemeinen Problemen der Kultur gelten seit langem als seine spekulativsten. In den vergangenen Jahren haben die Angriffe auf sie zugenommen. Dennoch sind sie für eine psychoanalytische Theorie der Kunst und Kultur von grundlegender Bedeutung, obwohl Freud selbst dies oft übersah oder zumindest aus ihnen keine Konsequenzen zog. Trotz der überaus spekulativen Natur von Freuds Schriften zur Kultur haben seine Nachfolger einige seiner Vorstellungen geklärt, ohne sich ihrerseits der Bedeutung ihrer Leistungen für eine Theorie der Kunst voll bewußt zu werden. Meine Aufgabe ist daher eine doppelte: Zum einen werde ich die Unzulänglichkeiten von Freuds Schriften zur Kultur kritisieren und zum anderen ihren positiven und in der Tat äußerst nützlichen Beitrag zur psychoanalytischen Theorie insgesamt nachzuweisen suchen.

Die Schriften Freuds zur Kultur sind in den vergangenen Jahren nicht nur deshalb angegriffen worden, weil er sich auf überholte Arbeiten aus dem Gebiet der Anthropologie (von Frazer, Goldenweiser, Tylor und Westermarck) stützte, sondern weil seine

Darstellung der menschlichen Frühgeschichte absonderlich und unbegründet erschien. Seine beiden wichtigsten anthropologischen Bücher, *Totem und Tabu* sowie *Der Mann Moses und die monotheistische Religion*, sind als Kuriositäten übergangen worden. Meine Absicht ist es, einen neuen Blick auf diese Bücher zu werfen. Ich meine, daß sich in ihnen grundlegende Argumente finden, die spätere Denker zu nützlichen Auffassungen über den Funktionszusammenhang kultureller Gegenstände auf unterschiedlichen Entwicklungsstufen geführt haben. In einem Vortrag zu Ehren von James Strachey sagte D. W. Winnicott:

»Freud hatte in seiner Topographie des Seelenlebens keinen Platz für das Erleben kultureller Dinge. Er fand eine neue Bewertung für die innere psychische Wirklichkeit und konnte auf diese Weise auch jene Dinge neu bewerten, die aktuell und in der Tat von außen kommend auftreten. Freud verwendet den Begriff ›Sublimierung‹, um den Weg dorthin zu weisen, wo kulturelles Erleben sinnvoll ist, aber vielleicht gelangt er nicht weit genug, um uns sagen zu können, wo im Seelenleben dies geschieht.«[1]

Obwohl Winnicott im folgenden eine Theorie kultureller Ereignisse entwickelt, begnügt er sich mit den referierten Ansichten Freuds. Er gibt keine darüber hinausreichende Kritik der psychoanalytischen Tradition. Zu dem Zeitpunkt jedoch, als Winnicott diese Bemerkungen machte, wurde diese Tradition ständig angegriffen. Die zu jener Zeit vorgebrachten Angriffe verfehlten jedoch meiner Meinung nach die grundlegenden Ziele von Freuds anthropologischen Schriften *Totem und Tabu* und *Der Mann Moses und die monotheistische Religion*, die ich im folgenden zu erläutern suche.

In *Totem und Tabu* unternahm Freud die Konstruktion einer allgemeinen Theorie der Weltanschauungen; in *Der Mann Moses und die monotheistische Religion* versuchte er, in der Tradition Kants, die Frage zu beantworten: »Wie ist Kultur möglich?« Unter diesem Blickwinkel können Freuds Bücher als in einer philosophischen Tradition stehend gesehen werden, die bis auf Kant und Hegel zurückreicht.

Ich weiß nicht, ob Freud die philosophischen Quellen seiner Thesen selbst erkannte, aber er war sich der Problematik der Weltanschauung bewußt. In der 35. Vorlesung der *Neuen Folge der Vorlesungen zur Einführung in die Psychoanalyse* stellte er fest, daß die Tiefenpsychologie bzw. die Psychologie des Unbewußten von sich aus ungeeignet sei, eine eigene Weltanschauung zu entwerfen. Sie müsse die der Naturwissenschaften übernehmen.[2] Im weiteren Verlauf seiner Ausführungen bezog sich Freud auf Kant und Marx. Obwohl Hegel nicht erwähnt wird, läßt sich die allgemeine Erörterung der Rolle der Weltanschauung im modernen Denken auf jene idealistischen Reflexionen ein, die sich aus Hegels Untersuchung der Kultur ergeben. Die Vorlesung zeigt in allgemeiner philosophischer Hinsicht eine große Sensibilität für die Themen, die dem Denken von *Totem und Tabu* sowie *Der Mann Moses und die monotheistische Religion* zugrunde liegen. Doch die einfache Gleichsetzung der Psychoanalyse mit der Weltanschauung der Naturwissenschaften – wie Freud sie verstand – ist irreführend. Eine genauere Gleichsetzung müßte auf die Traditionen sowohl der empiristischen wie der idealistischen Philosophie eingehen.

Es gibt eine weitere Kontinuität zwischen der Philosophie des 19. Jahrhunderts und der von Freud entworfenen psychoanalytischen Theorie; denn beide sind vor allem an einer Darstellung der Objekte und der Beziehungen zwischen Personen und Objekten interessiert. In dieser Hinsicht (ebenso wie unter den im letzten Kapitel erörterten epistemologischen Gesichtspunkten) ergänzt und erweitert die psychoanalytische Theorie philosophische Entwürfe. Die Philosophen stützten sich mit Nachdruck auf eine im wesentlichen an Newton orientierte Auffassung physikalischer Objekte und sahen die Beziehungen zwischen Personen und Objekten unter dem Blickwinkel der Wahrnehmung und der Erhebung von Beweismaterial. Auch die psychoanalytische Theorie stützte sich auf eine an Newton orientierte Auffassung, die sie als Modell zur Erforschung des Innenlebens begriff. Sie stellte sich dabei das verborgene Innere analog zu dem von den Naturwissenschaften erforschten verborgenen Äußeren vor. Das aber war erst ein rein formaler Ausgangspunkt einer psychoanalytischen Objekttheorie. Denn die Außenwelt konnte nicht einfach durch wahrgenommene Objekte verstanden werden, sondern vielmehr durch Objekte, auf die sich eine Vielzahl von Gefühlen richtete, die emotional überaus stark mit Liebe und Haß aufgeladen, also generell hochgradig »besetzt« waren. Ich meine, daß die Objekttheorie in Freuds Schriften zur Kultur eine

Grundlage für die eher empirische, klinische Behandlung von Objekten bietet, wie sie in seinen klinischen Arbeiten zu finden ist, und daß sie zugleich wesentliche Vorstellungen für eine Weiterentwicklung der Objekttheorie durch Freuds Nachfolger bereithält. Ferner bin ich der Auffassung, daß die psychoanalytische Theorie der Objekte, wie sie in den anthropologischen Schriften entwickelt wird, unvollständig ist und daß eine Analyse der Objekte und der Beziehungen zwischen Personen und Objekten die Einführung jenes Begriffs der »verpflichtenden Darstellung« [*enactment*] erfordert.

Ich beginne mit Freuds frühestem Versuch zur Anthropologie, mit *Totem und Tabu.* Alle seine späteren Aufsätze zur menschlichen Vorgeschichte ebenso wie seine Spekulationen über die Widersprüche der Kultur gehen auf diese Schrift zurück. Freud selbst betrachtete sie als grundlegend und hielt auch dann noch an ihren Ergebnissen fest, als sie scharf kritisiert wurden.

Freud entwickelte folgende allgemeine Theorie der Weltanschauung: Das früheste menschliche Modell einer Erklärung der Natur war der Animismus, eine Theorie, die sich auf grundlegende menschliche Bedürfnisse und Überzeugungen stützt, auf die Allmacht der Gedanken. Der Animismus ist zugleich der Versuch einer primitiven Kultur, Träume zu erklären, der erste Versuch zu dem, was schließlich die *Traumdeutung* einlöste. Da auch die auf den Animismus folgenden Weltanschauungen, also Religion und Wissenschaft, Ausdruck eines Glaubens an die Allmacht der Gedanken sind, vertrat Freud die Auffassung, daß alle Entwicklungsstadien des menschlichen Bemühens um eine Erklärung der Natur auf Voraussetzungen beruhen, welche die Psychoanalyse mit größter Gründlichkeit erforscht hat.

Es gibt, so unterstellt Freud, eine tiefe Affinität zwischen den frühesten menschlichen Erklärungsversuchen und den spätesten, zwischen Animismus und Psychoanalyse. Zwischen diesen beiden Entwicklungsstadien der Theorien menschlicher Welterklärung treten Religion und Naturwissenschaften auf. Die Unterstellung ist eindeutig: Die Geschichte des menschlichen Denkens weist vier Stadien eines dialektischen Prozesses auf, von denen jedes eine Weltanschauung begründet. Es gibt (1) den Animismus, (2) die Religion, (3) die Naturwissenschaften, (4) die psychoanalytische Theorie. Diese Abfolge weist interessante Parallelen zu den philosophischen Interpretationen der Entwicklungsschritte des menschlichen Denkens sowohl bei Hegel wie bei Comte auf. Freud würde mit Hegel darin übereinstimmen, daß das letzte Entwicklungsstadium, das wir kennen – für Freud wäre dies die moderne Naturwissenschaft –, eine höhere, umfassendere und selbstbewußtere Bewußtseinsebene zum Ausdruck bringt, die zur Interpretation früherer Stufen des Denkens verwendet werden kann, die (dem Hegelschen Sinn der »Dialektik« entsprechend) auf den späteren Stufen aufgehoben sind. Mit Comte würde Freud darin übereinstimmen, daß der gegenwärtige Zustand menschlicher Erkenntnis insofern einen erfolgreichen Fortschritt darstellt, als er sich von den Begrenzungen, Mythen und Mißverständnissen früherer Stufen befreit. Obwohl Freud nicht so simpel wie Comte verfahren wäre, hätten beide doch den allgemeinen Glauben an eine Fähigkeit der Menschen geteilt, die machtvollen Methoden der Naturwissenschaften auf eine Interpretation allen menschlichen Handelns auszudehnen und im Lichte des gegenwärtigen Bewußtseins jene Stufen des Denkens neu zu interpretieren, die Comte als »theologisch« und »metaphysisch« bezeichnet hatte. Wie seine Vorgänger, verpflichtete sich Freud auf eine Interpretation aller kulturellen Hervorbringungen vermittels einer einheitlichen Methode.

Trotz Freuds Überzeugung, daß seine Methode wissenschaftlich sei und die Weltsicht der Naturwissenschaften zum Ausdruck bringe, war das Verfahren, welches er ausarbeitete, eher philosophisch als naturwissenschaftlich, wenngleich es in seinen klinischen Aspekten durch und durch empirisch war. Aus den Texten selbst geht eindeutig hervor, daß Freud seine Arbeiten, obwohl sie von den Naturwissenschaften inspiriert waren, ihrer Methode nach für originell und in ihrem spekulativen Entwurf für philosophisch hielt. Wie weit er sich darüber im klaren war, daß die vier in *Totem und Tabu* skizzierten Entwicklungsstufen die Struktur einer idealistischen Dialektik nahelegen, wissen wir nicht.

Jede Stufe des menschlichen Denkens brachte nach seiner Meinung das Bedürfnis zum Ausdruck, an eine Allmacht der Gedanken zu glauben. Auf der animistischen Stufe schreiben die Menschen diese Allmacht sich selbst zu. Auf der Stufe der Religion wird die Macht den Göttern zugesprochen und den Menschen eine riskante und aufkündbare Möglichkeit der Einflußnahme eingeräumt. Auf der Stufe der Wissenschaft gestehen die Menschen sich selbst als Handlungsträgern keine Macht zu, große Macht dagegen jenem Denken, welches die Kräfte der Natur und ihre Notwendigkeiten erfaßt. Damit besitzen die Menschen eine Erkenntnis ihrer unausweichlichen Sterblichkeit. Die letzte Stufe, die Psychoanalyse, verleiht den Menschen überlegene Einsicht und bringt ihre Fähigkeit, Illusionen und falschen Glauben durchschauen zu können, zur Entfaltung. Vor allem aber bereichert die Psychoanalyse die naturwissenschaftliche Methode um die spezifisch menschliche Macht der Interpretation. Obwohl die Psychoanalyse selbst eine Wissenschaft ist, kann sie ihrerseits die Wissenschaft überprüfen. Sie besitzt darum die Fähigkeit, das menschliche Denken aus jenen Fesseln zu befreien, welche eine einfache Philosophie der Naturwissenschaft nicht zu sehen vermag, weil sie nicht genügend Selbstbewußtsein erreicht, um zu einer Kritik ihrer eigenen Grundlagen vorzudringen. Freud glaubte, daß eines der charakteristischen Merkmale der psychoanalytischen Methode in ihrer Fähigkeit bestehe, ihr eigenes latentes Denken aufzudecken und in manifeste Bewußtheit umzusetzen.

In der Anwendung seiner eigenen Methode auf die Stufen der menschlichen Entwicklung machte Freud die Fähigkeit der psychoanalytischen Methode deutlich, die Vergangenheit zu interpretieren. Nach seiner Auffassung brachten Weltanschauungen zunächst unterschiedliche Grade der Sexualisierung des Denkens zum Ausdruck. Ferner wies jede Weltanschauung in ihrer Struktur zwei Grundlagen auf. Es handelte sich dabei zum einen um ein scheinbar rationales System, dessen Voraussetzungen sich vielfach als wahnhaft erwiesen. Zum anderen handelte es sich um verborgene (unbewußte) Grundlagen, die aber in Wahrheit wirkungsmächtig waren. Aus ihnen speist sich die treibende begriffliche Macht eines Systems. Jede Entwicklungsstufe des Denkens weist ein manifestes und ein latentes Gedankensystem auf, die nur durch die psychoanalytische Methode aufgespürt und voneinander getrennt werden können.

Die Thesen von *Totem und Tabu* scheinen, so betrachtet, spekulativ in einem philosophischen Sinn zu sein, der durchaus in der Tradition eines nachhegelschen Idealismus steht und (durch die

Entwicklung von Disziplinen wie der Kunstgeschichte) für unsere Auffassung und Interpretation kultureller Gegenstände eine zentrale Bedeutung gewonnen hat. Viele unserer Disziplinen greifen heute auf Annahmen zurück, die Freuds Spekulationen zugrunde liegen. Denn nicht nur ist die Aktivität der Interpretation selbst zu einem Brennpunkt jener Fächer geworden, die wir als Geisteswissenschaften bezeichnen, sondern sie ist auch von einigen zu einem eigenständigen Bereich erklärt worden.

Ich wende mich nun den beiden Entdeckungen zu, die Freud in bezug auf das Wesen der verschiedenen Entwicklungsstufen menschlichen Denkens glaubte gemacht zu haben. Mit der ersten vertrat er die Auffassung, daß jede Entwicklungsstufe eine besondere, angebbare Sexualisierung des Denkens aufweise. Die zweite sollte zeigen, daß jede Stufe eine Reihe bewußter Voraussetzungen mache, die teilweise wahnhaft seien, sowie eine Reihe verborgener Grundlagen besitze, die den eigentlich wirksamen, begrifflich motivierenden Teil der betreffenden Weltanschauung ausmachten.

Die erste Entdeckung stimmt mit der Theorie der Sexualität überein, wie sie in den *Drei Abhandlungen zur Sexualtheorie* entwikkelt worden ist. Freud vertrat nach meiner Auffassung die These, es liege eine Parallelentwicklung zwischen den psychosexuellen Entwicklungsstufen der menschlichen Reifung und den Stufen der Weltanschauungen vor. Ich werde mich kurz dem Problem zuwenden, welchen Beitrag dieser Parallelismus zu einem Verständnis der Kultur zu leisten vermag, wenn er genau genug gefaßt wird. Freud schreibt:

»Wenn wir im Nachweis der Allmacht der Gedanken bei den Primitiven ein Zeugnis für den Narzißmus erblicken dürfen, so können wir den Versuch wagen, die Entwicklungsstufen der menschlichen Weltanschauung mit den Stadien der libidinösen Entwicklung des Einzelnen in Vergleich zu ziehen. Es entspricht dann zeitlich wie inhaltlich die animistische Phase dem Narzißmus, die religiöse Phase jener Stufe der Objektfindung, welche durch die Bindung an die Eltern charakterisiert ist, und die wissenschaftliche Phase hat ihr volles Gegenstück in jenem Reifezustand des Individuums, welches auf das Lustprinzip verzichtet hat und unter Anpassung an die Realität sein Objekt in der Außenwelt sucht.

Nur auf einem Gebiete ist auch in unserer Kultur die ›Allmacht der Gedanken‹ erhalten geblieben, auf dem der Kunst. In der Kunst allein kommt es noch vor, daß ein von Wünschen verzehrter Mensch etwas der Befriedigung Ähnliches macht, und daß dieses Spielen – dank der künstlerischen Illusion – Affektwirkungen hervorruft, als wäre es etwas Reales. Mit Recht spricht man vom Zauber der Kunst und vergleicht den Künstler mit einem Zauberer. Aber dieser Vergleich ist vielleicht bedeutsamer, als er zu sein beansprucht. Die Kunst, die gewiß nicht als l'art pour l'art begonnen hat, stand ursprünglich im Dienste von Tendenzen, die heute zum großen Teil erloschen sind. Unter diesen lassen sich mancherlei magische Absichten vermuten.«[3]

Jede Stufe einer sich entwickelnden Weltanschauung kann als *kulturelle* Manifestation einer psychosexuellen Beziehung zwischen einer Person und äußeren Objekten aufgefaßt werden. Freud überträgt hier die Dynamik des Reifungsprozesses auf das kulturelle Niveau menschlichen Verhaltens. Soweit ich diesen Versuch einer Theoriebildung nachzuvollziehen vermag, ist er unhaltbar; denn er läßt sich in keiner Weise verifizieren und ist leicht zu widerlegen. Aus diesem Grund werde ich seine wissenschaftliche Glaubwürdigkeit bzw. methodologische Schlampigkeit nicht erörtern und mich vielmehr der Frage zuwenden, was sich für ein Verständnis des kulturellen Lebens sinnvollerweise mit ihm anfangen läßt.
Zweifellos sind wir nicht der Überzeugung, daß es auf jeder Stufe einer Weltanschauung insofern eine kulturelle Homogenität gibt, als alle Menschen auf dieser Stufe denselben Grad psychosexueller Reife besitzen.
Wenn etwas für die von Freud dargelegte Parallele spricht, dann wohl die *Lokalisierung* kultureller Gegenstände in dem einer Entwicklungsstufe der jeweiligen *Weltanschauung* entsprechenden Leben einer Gemeinschaft. Diese These hat Dewey in seinem Buch *Art as Experience* vertreten (das in vielfacher Hinsicht sehr freudianisch, obwohl nahezu steril, nicht-psychoanalytisch ist). Dewey meint, daß kulturelles Verhalten in bezug auf Objekte sich in vorschriftlichen Kulturen, frühen Schriftkulturen und der modernen Gesellschaft grundlegend unterscheidet. Nach meiner Auffassung hat auch Freud dies in etwa erkannt, obwohl er es zu ausschließlich unter psychologischen Gesichtspunkten gesehen hat, statt es in anthropologische und soziologische Begriffe zu fassen.
Freud glaubte, daß sich die Kultur von Stufe zu Stufe in dem

Maße entfaltet, wie sich die Menschen psychosexuell entwickeln, und daß frühe Weltanschauungen durch eben den Grad der psychosexuellen Entwicklung entstanden sind, welchen die menschliche Gattung zu einem bestimmten Zeitpunkt erreicht hatte. Aber diese Hypothese läßt sich auch anders fassen. Die von uns als Animismus, Religion und Wissenschaft bezeichneten Systeme werden selbst durch alle psychosexuellen Entwicklungsstufen hindurch aufrechterhalten, und diese Entwicklungsstufen sind möglicherweise phylogenetisch fixiert. Es gibt keinen Grund dafür, jeweils eine feststehende psychosexuelle Ausrichtung für jede Weltanschauung anzunehmen. Vielmehr haben wir guten Grund zu der Annahme, daß mit der Herausbildung einer je spezifischen Weltanschauung die entsprechende psychosexuelle Entwicklungsstufe entsteht. Wir müssen uns anderswo in der Geschichte und in der Psychologie nach Antworten auf die Frage umsehen, warum Animismus und Religion von der Wissenschaft abgelöst worden sind. Eine einzige Ursache (wie etwa Änderungen der psychosexuellen Reifung) anzunehmen, ist bei weitem zu einfach. Zumindest müssen wir aus dem bisher Gesagten folgern, daß eine Erklärung der von Freud gesuchten Art große Mengen von Daten und deren sorgfältige Überprüfung erforderlich macht. Selbstverständlich kann in jeder Gesellschaft oder auf jeder Entwicklungsstufe einer Gesellschaft die Art, wie Objekte geschaffen, verwendet und betrachtet werden, eine Funktion der Kinheitserlebnisse sein, die alle Mitglieder dieser Gesellschaft miteinander teilen. Aber die anthropologische und soziologische Untersuchung einer solchen Gesellschaft zu einem bestimmten Zeitpunkt wird eine Vielzahl von Objektbeziehungen zutage fördern, die nach Alter, nach sozialem Status und nach Verantwortlichkeit definiert werden müssen. Freuds Verallgemeinerungen fehlt der Sinn für Differenzierungen, die bei einer mehrere Kulturen übergreifenden Untersuchung notwendig sind.

Auf jeder Entwicklungsstufe der Kultur machen wir die Entdekkung, daß künstlerische Gegenstände in jeder Hinsicht Funktionen übernehmen, welche die Analogie zwischen Weltanschauungen und psychosexuellen Entwicklungsstufen beschreibt. Der »Zauber der Kunst« ist vielfältiger, als Freud zugibt. Denn was immer ihr Reifegrad sein mag, so verwendet doch jede Kultur die Kunst auf vielerlei Weise und bringt damit unterschiedliche

Grade ihrer psychosexuellen Entwicklung zum Ausdruck. Und auch in der Entwicklungsgeschichte eines Individuums können narzißtische Befriedigung ebenso wie wissenschaftliche Objektivierung angesichts eines besonderen Kunstwerks zu verschiedenen Zeiten oder auch zu ein und demselben Zeitpunkt durchaus nebeneinander auftreten. Der individuellen Erfahrung mit Werken der Kunst können, ohne daß dies zu Widersprüchen führt, gleichzeitig verschiedene Arten von Befriedigung zugesprochen werden.

Gegenstände, die eine Kultur »besetzt«, bieten psychisch eine vielfältigere Befriedigung, als Freud erkannte. Merkwürdigerweise hat niemand den Versuch unternommen, entwicklungsgeschichtlich zu skizzieren, wie Individuen auf den verschiedenen linearen Stufen ihrer psychosexuellen Reifung auf Objekte reagieren und sich ihrer bedienen. Es ist daher notwendig, die heutige psychoanalytische Theorie der Objekte auf eine psychoanalytische Interpretation der Kunst anzuwenden. Ich werde mich in späteren Teilen dieses Kapitels mit der Möglichkeit beschäftigen, beide aufeinander zu beziehen. Hier mag die Bemerkung genügen, daß Freuds eigene Erörterung kultureller Gegenstände sich vom Niveau der allervertrautesten, individuellsten Dinge, die während des Erwachsenwerdens eine Rolle spielen, bis zum Niveau umfassender Darstellungen der Kulturgeschichte bewegt und dabei wenig Anstrengungen unternimmt, die beiden ungleichartigen Entwicklungslinien miteinander zu vermitteln. Diese Diskontinuität war nach meiner Auffassung zum Teil für die Erkenntnis neuerer Theoretiker von Bedeutung, die meinten, sich noch einmal den Objekten zuwenden zu müssen, um eine Entwicklungstheorie formulieren zu können, die sowohl die individuelle Geschichte wie die der Kultur umfassen sollte.

Die Frage, wie zwischen dem latenten und manifesten Inhalt von Weltanschauungen zu unterscheiden sei, muß zu dem Schluß gelangen, daß diese Unterscheidung es erforderlich macht, über die vorschnellen Antworten hinauszugehen, die in psychoanalytischen Spekulationen zur Kunst und Kultur gegeben werden. Ein Verständnis des kulturellen Lebens setzt soziale und historische Untersuchungen voraus. Die Disziplinen, die heutzutage als »Psychohistorie«, »Psychosoziologie« und »Psychoanthropologie« bezeichnet werden, stellen Bemühungen dar, psychoanalytisches Denken mit den Ergebnissen der Sozialwissenschaften zu zu vereinbaren. Ihre Entwicklung befindet sich noch im Anfangsstadium, aber sie sollte sich an den Einsichten der frühen psychoanalytischen Theorien orientieren.

In der Arbeit *Der Mann Moses und die monotheistische Religion* stellt Freud die an Kant orientierte Frage, wie Kultur möglich sei. Ich meine, daß die Methode seiner Antwort auf diese Frage sich ebenfalls an Kant orientiert, weil seine These systematisch von der Voraussetzung ausgeht, daß wir die notwendigen und hinreichenden Bedingungen einer Kultur dann erkennen können, wenn wir auf eine voraussetzungslose Grundlage zurückgehen.

Als erste Voraussetzung und als notwendige Grundlage für die Herausbildung einer Kultur wird die Durchbrechung der ausschließlichen Abhängigkeit von der Wahrnehmung und die Entstehung des Denkens postuliert. Für Freuds Entwicklungstheorie bedeutet dies, daß das primärprozeßhafte Denken weitgehend vom sekundärprozeßhaften abgelöst wird und daß sich das Ich und das Über-Ich auszubilden beginnen. Die zweite Voraussetzung besteht in der Entstehung von Sprache, durch die Kommunikation und zugleich Anhäufung von Erinnerungen möglich werden, weil Sprache und Erinnerung funktional aufeinander bezogen sind. Die dritte Voraussetzung besteht für Freud im Patriarchat, weil dieses Ausdruck einer tiefreichenden psychischen Veränderung von einem perzeptionsorientierten zu einem konzeptionsgeleiteten Verhältnis zur Welt ist. Im Matriarchat (das Freud für die primitivste Organisationsform der Familie hielt) verlassen sich die Menschen auf die wahrgenommene Verbindung von Mutter und Kind. Sobald die Bedeutung des Vaters bei der Zeugung erkannt worden ist, tritt ein höheres, abstrakteres und detaillierteres System von Begriffen ins Bewußtsein. Dieses intellektuelle Entwicklungsniveau gilt als Voraussetzung der Kultur. Nach Freuds Meinung mußten sich die Menschen nach Maßgabe ihrer Entwicklung notwendig im Patriarchat organisieren, da die Fähigkeit, diese Organisation der Gesellschaft zu erfassen, eine Funktion der sich entwickelnden Möglichkeiten des Denkens darstellt. Freuds These, daß sich das Patriarchat als Gesellschaftsverfassung aus einem kognitiven Fortschritt herleitet, wäre heute scharfer Kritik ausgesetzt.

Der Animismus, die vierte Voraussetzung für Kultur, stellt einen ersten Schritt zu jener Art von systematischer Erklärung dar, die wir als Wissenschaft bezeichnen, obwohl er noch voll von magischem Denken steckt. Aber mit dem Animismus erreichen die Menschen ihre erste Weltanschauung, denn der Animismus beruht auf der Sprache und entwirft kausale Erklärungen. Mit ihm beginnt sich eine Welt herauszubilden. Deren charakteristische Merkmale umfassen die Organisationskraft der Erinnerung sowie das Auftauchen sinnvoller Wiederholungen, vor allem aber jene Art kultureller Ereignisse, die ich als »verpflichtende Darstellungen« [*enactments*] bezeichnen möchte. Die fünfte Voraussetzung, die Freud unterstellte, ist die Existenz eines »Textkorpus«, die Herausbildung einer erzählerischen Tradition und der gemeinsame Glauben an ein System, welches als wahre Darstellung von Ursprung und Schicksal einer Gemeinschaft akzeptiert wird. Die psychoanalytische Theorie hat ein solches Textkorpus nicht für ein kulturelles Phänomen gehalten, welches ausführlicher Untersuchungen bedarf. Doch wir sehen heute, daß eine solche Überlieferung – in mündlicher oder schriftlicher Form – ein Besitz jeder kulturellen Tradition ist und (wie die Ausführungen im nächsten Abschnitt zeigen werden) als »verpflichtende Darstellung« [*enactment*] gilt. Obwohl die psychoanalytische Theorie kulturelle Phänomene dieser Art vernachlässigt hat, hat sie doch indirekt zu ihrem Verständnis beigetragen. Ich komme darauf im folgenden zurück.

Obwohl Freuds Schrift *Der Mann Moses und die monotheistische Religion* keinen bemerkenswerten Beitrag zu einer Theorie der Kultur zu leisten scheint, so ist diese Arbeit doch aus zwei Gründen von Bedeutung. Zum einen wird hier der Reifungsprozeß in der Kultur sowohl wie im Leben einer Gemeinschaft hervorgehoben, zum anderen werden die Bedingungen für die Entstehung einer Weltanschauung genannt. Die an Kant orientierte Methode, welche Freud hier verwendet, nach den Bedingungen der Möglichkeit zu fragen, begegnet einer Reihe von Einwänden. Denn wenn man von einem gegebenen Zustand (im vorliegenden Fall: von einer Kultur) zur Bedingung seiner Möglichkeit zurückgeht, kann man leicht falsche logische und historische Schritte als Voraussetzungen jenes Phänomens wählen, das man erklären will. Die von Freud gewählten Schritte sind wichtig, aber nicht ausreichend, denn es gehört sehr viel mehr dazu, daß sich eine menschliche Gesellschaft, wie wir sie kennen, herausbildet. Aber die von

Freud gewählten Schritte werden in jeder kulturellen Darstellung, in Mythen, Legenden, in Religionen und Ahnenkulten reflektiert. Im großen und ganzen erweist das kulturhistorische Material die Phänomene, welche in der Schrift *Der Mann Moses und die monotheistische Religion* beschrieben werden, als grundlegend für jede kulturelle Fortentwicklung. Zumindest verweisen Freuds Thesen auf kulturelle Voraussetzungen, die uns aus den allen Kulturen gemeinsamen Darstellungen von Ursprung und Schicksal der Menschheit bekannt sind.

Die Mängel von Freuds Kulturtheorie treten dann zutage, wenn wir kulturelle Gegenstände in ihrem vollen Funktionszusammenhang zu verstehen suchen. Statt die in den anthropologischen Schriften enthaltenen Anregungen weiter zu verfolgen, wendet sich die Theorie wieder jener Art von Analyse zu, die wir bereits in den vorigen Kapiteln beschrieben haben. Damit begibt sie sich aber der Möglichkeit, kulturelle Objekte im weiteren Sinne so zu behandeln, wie eine Geschichte und Philosophie der Kunst das verlangen würden. Um eine psychoanalytische Behandlung der Kunst und der Kultur zusammenhängend darstellen zu können, muß eine psychoanalytische Theorie der Objekte entwickelt werden.

II

Eine psychoanalytische Theorie der Objekte wurde in ersten Umrissen bereits in Freuds Korrespondenz mit Fliess entworfen, fand aber theoretische Verwendung erst in den frühen Überlegungen zum Narzißmus.[4] In der Schrift »Zur Einführung des Narzißmus« schrieb Freud, ein Objekt sei etwas, worauf sich ein Trieb richte. Der Ausdruck »Objekt« kann sich auf äußere gegenständliche Objekte, auf einen Körperteil der eigenen Person, auf Körperteile anderer sowie auf etwas beziehen, das Gegenstand der Phantasie ist. Ein Objekt ist jedoch (psychoanalytisch gesprochen) stets ein Objekt *für mich*, und dieser Theorie zufolge sind alle Objekte positiv, negativ oder neutral besetzt. In der Lebensgeschichte einer Person spielen Objekte unterschiedliche Rollen; es wandelt sich die Intensität ihrer Besetzungen, und sie sind Gegenstand veränderter affektiver Aufmerksamkeit. Ein

Objekt, das auf einer Entwicklungsstufe Triebansprüche befriedigt, kann dies auf einer späteren Stufe nicht mehr oder nur in anderem Kontext tun.
Die psychoanalytische Theorie der Objekte lenkt unsere Aufmerksamkeit auf deren Repräsentationen. Ein »Objekt« ist die innere *Repräsentation* eines äußeren oder inneren Ereignisses. Auch wenn das Original jedermann sichtbar sein mag – der psychoanalytische Blick sieht stets durch die äußere gegenständliche Wirklichkeit eine innere psychische Realität und erkennt damit eine gegenseitige Abhängigkeit beider als Entwicklungsstufe in einem umfassenderen Reifungsprozeß.
Die philosophische Tradition hatte dagegen die Neigung, sich Objekte nicht entwicklungsbezogen, sondern als Ereignisse vorzustellen, die nur eine öffentliche Geschichte hatten. Dies hat zu zahlreichen erkenntnistheoretischen Schwierigkeiten geführt, für die in den von der Phänomenologie und dem Existentialismus durchgeführten philosophischen Analysen eine Lösung gesucht worden ist. Obwohl in beiden Richtungen psychoanalytisches Denken zuweilen eine Rolle gespielt hat, gingen sie auf die psychoanalytische Theorie der Objekte nicht in dem Umfang ein, der meiner Ansicht nach nützlich gewesen wäre. Vor allem auf den Gebieten von Kunst und Kultur kann eine psychoanalytische Theorie der Objekte uns die entwicklungsgeschichtlich komplexen Beziehungen zwischen Individuen und Objekten sehen lehren.
Mit Ausnahme der folgenden kurzen Reflexionen über die psychosexuelle Dynamik des Ichideals im politischen Leben hat Freud seine Theorie der Objekte sowie seine (in *Totem und Tabu* bzw. *Der Mann Moses und die monotheistische Religion* formulierte) Theorie der Kultur nie ausdrücklich miteinander in Verbindung gebracht:

»Vom Ichideal aus führt ein bedeutsamer Weg zum Verständnis der Massenpsychologie. Dies Ideal hat außer seinem individuellen einen sozialen Anteil, es ist auch das gemeinsame Ideal einer Familie, eines Standes, einer Nation. Er hat außer der narzißtischen Libido einen großen Betrag der homosexuellen Libido einer Person gebunden, welcher auf diesem Wege ins Ich zurückgekehrt ist.«[5]

Freud erklärt unmittelbar darauf die komplizierte Rolle des Ichideals im politischen Leben und macht uns auf die große Angst aufmerksam, die mit der Aufrechterhaltung eines solchen Ideals verbunden ist. Eine derartige Angst wird häufig in Schuldbewußtsein umgewandelt und politisch destruktiv ausagiert. Da die Gefühle von Schuld und Angst sowie die aus ihnen entspringenden Handlungen ein wesentlicher Teil des gesellschaftlichen Lebens sind, hat Freud seine Theorie der Objekte mit seiner Theorie der Kultur verbunden. Dies geschieht jedoch nur in einer kurzen Bemerkung, welche die ganze Fülle jener Objekte außer acht läßt, die ein Individuum im Laufe seines Lebens erträgt und auf die es reagiert.

Die Ichideale, auf die sich Freud bezieht, sind private und öffentliche Verhaltensweisen, Ansammlungen von Besonderheiten und Eigenarten, die Vorbilder für ein heranwachsendes Kind darstellen und die in dessen Über-Ich als Quellen der Kritik seines Verhaltens weiterleben. Freud führt seine These nicht aus, der Narzißmus sei die Quelle der Ichideale und mithin Grundlage des kulturellen Lebens. Um sie auszuführen, wäre eine Untersuchung des Ursprungs der Ichideale notwendig. Diese sind in jeder Kultur ebensosehr in den epischen Erzählungen, Ritualen, in der Folklore und Tradition vorhanden wie in den unmittelbaren Vorbildern der Eltern oder anderer lebender Personen, die in die Bildung des Über-Ich, also ins Gewissen, introjiziert werden. Meine These lautet, daß eine psychoanalytische Theorie der Kultur eine Ausarbeitung und Verfeinerung von Freuds frühen Untersuchungen der Objektbeziehungen erforderlich macht.

Ein solches Unternehmen kann sich auf zwei bereits etablierte Forschungsrichtungen stützen: auf die Untersuchungen zum Narzißmus, wie sie in den Schriften neuerer Theoretiker weiterentwickelt und ausgearbeitet worden sind, wobei hierzu auch die Anpassungstheorie von Hartmann zu zählen wäre, sowie auf die psychoanalytischen Untersuchungen zur Kunst, die ebenfalls mittlerweile eine lange Geschichte haben, welche die Schriften von Klein, Winnicott und Stokes einschließt.

Aber diese Quellen sind noch unzusammenhängend und begrifflich nicht miteinander verbunden, so daß wir sie, wenn wir uns ihrer bedienen, methodisch miteinander vermitteln und uns theoretisch zu ihnen verhalten müssen. Ich werde dies tun, indem ich

die verschiedenen psychoanalytischen Quellen und Detailbeobachtungen auf einen kulturellen Begriff beziehe, welchen ich für überaus nützlich halte, den der verpflichtenden Darstellung [*enactment*]. Ich wende mich nun der Theorie dieser Darstellung zu, die ich aus den angegebenen psychoanalytischen Quellen ableite.
Verbindliche Darstellungen sind kulturelle Ereignisse, Gegenstände und Handlungen, die verwendet, präsentiert, beachtet und in Ehren gehalten werden. Sie besitzen einen kulturellen Status, der dem von Personen nicht unähnlich ist, obwohl es sich bei ihnen um verfertigte Gegenstände handelt, die sich ihrem jeweiligen Medium entsprechend einteilen lassen. Sie sind entweder sprachlich (sowohl mündlich wie schriftlich), stofflich (aus bestimmten Materialien wie Gemälde, Skulpturen und Bauwerke) oder klanglich (wie die Laute der Stimme, die Töne eines Instruments oder natürliche Geräusche). Sie sind ein so grundlegender und unerläßlicher Bestandteil der Kultur, daß ich die folgende Definition vorschlagen möchte: *Kultur ist eine Tradition von verpflichtenden Darstellungen.*
»Tradition«, das meint eine Reihe aufeinander bezogener Objekte, die in ihren Funktionen und in ihrem Sinn ebenso voneinander wie von ihren individuellen Strukturen abhängig sind. Ihre gegenseitige Abhängigkeit trägt dazu bei, daß sie als Objekte besetzt werden können, da sie eine affektive Macht besitzen und auslösen, auf die ein in die jeweilige Tradition eingeübtes Publikum mit großer Sympathie reagiert. Die formale Struktur eines jeden Objekts ist auf diese affektive Macht abgestimmt, so daß es gelernt, erworben und von Generation zu Generation weitergegeben werden kann. Diese formale Struktur wird gewöhnlich als »Stil« bezeichnet. Ich werde diesen Begriff in einem sehr viel weiteren Sinn so verwenden, daß er die expressiven, die affektiven ebenso wie die klassifikatorischen Eigenarten verpflichtender Darstellungen umfaßt. Ein Stil schließt sowohl eine Art von Repräsentation wie auch eine Weise des Ausdrucks ein. Manche Kulturhistoriker haben die Auffassung vertreten, daß stilistische Affinitäten in zahlreichen unterschiedlichen Aspekten kultureller Gegenstände aufgefunden werden können. Denken und Handeln ebenso wie kulturelle Gegenstände, Phantasien und Träume besitzen dieser Auffassung zufolge häufig große strukturelle Ähnlichkeit. Ob sich dies nun objektiv feststellen läßt oder nicht,

ob stilistische Affinitäten einfach durch gleichbleibende Assoziationen wahrgenommen werden – auf jeden Fall können wir festhalten, daß der Stil ein Objekt, eine Person oder eine Kultur zu einem spezifischen Zeitpunkt ausmacht und daß wir uns weitgehend aufgrund stilistischer Vertrautheit oder Fremdheit mit einer bestimmten Tradition identifizieren.
Kulturell verpflichtende Darstellungen sind also affektiv und stilistisch hervorgehobene Gegenstände in einer Welt voller Objekte, von denen bestimmte wegen ihrer besonderen Bedeutung für uns ausgewählt werden. Diese Selektivität findet während des gesamten Lebens in Handlungen und Reaktionen statt, die ich nunmehr erläutern möchte, indem ich auf den vierfachen Sinn der Wörter *enactment* und *to enact* eingehe.
In beiden Wörtern kommen die folgenden vier Grundbedeutungen zum Ausdruck. (1) *to enact* heißt soviel wie verfügen, verordnen; *enactments* besitzen die Merkmale und den einfachen Sinn bleibender Dinge. (2) *to enact* bedeutet, bei einer Person oder beim Publikum Gefühle oder Stimmungen hervorzurufen; *enactments* schaffen und erhalten hochbesetzte Gegenstände und Ereignisse. (3) *to enact* bezeichnet eine Repräsentation im künstlerischen Sinn. (4) *to enact* bezeichnet eine Darbietung, wie sie am ehesten vom Drama her bekannt ist, also eine Aufführung.
Enactments (im Sinne kulturell verpflichtender Darstellungen) weisen als soziale Ereignisse eine Reihe von weiteren Eigenarten auf, die im folgenden erörtert werden sollen. Es handelt sich bei ihnen z. B. um intentionale Gegenstände. Sie sind funktionale Ganzheiten, besitzen sowohl kognitiven wie affektiven Inhalt und haben gesellschaftlich verschiedene Funktionen. Sie gehen in den meisten Fällen von Individuen aus, ganz gleich, ob es sich dabei um ihre Schöpfer oder Darsteller oder um beide handelt, und sie stellen bestimmte Ansprüche an diejenigen, die sie aufnehmen. Sie existieren in einer Welt öffentlicher Ereignisse und wirken in den Individuen sowohl bewußt wie unbewußt ganz privat. Sie gehen über den Anlaß ihrer Entstehung hinaus und erreichen Kontinuität und Dauer über Generationen hinweg. Sie sind Mittel einer gesellschaftlichen Orientierung und unterstützen insofern die Bemühungen des Ich, zu einer Integration von Individuum und Gesellschaft zu gelangen und Triebansprüche mit rationaler Festlegung von Zielen zu verbinden.

Die eben gegebene Beschreibung von kulturell verpflichtenden Darstellungen als einer Klasse von Gegenständen illustriert in einer bestimmten Weise, wie die psychoanalytische Theorie der Kunst die Kunstphilosophie dazu zwingt, ihre in zweitausendjähriger Reflexion auf die Tätigkeiten der Menschen gewonnenen Konzepte erneut zu überprüfen. Obwohl auch philosophische Theorien der Vergangenheit den Objekten ihre Aufmerksamkeit geschenkt haben, blieb den wichtigsten kulturellen Gegenständen ein Oberbegriff versagt. Die Einführung des Terminus der *enactments* als kulturell verpflichtender Darstellungen kommt diesem Bedürfnis nicht nur entgegen, sondern bietet darüber hinaus die Möglichkeit, über diese Gegenstände so zu sprechen, wie sie in der jüngsten der revolutionären Theorien der Kunst aufgefaßt worden sind. Die psychoanalytische Theorie hat sich auf kulturelle Gegenstände als solche konzentriert und sie von natürlichen Objekten unterschieden (von denen selbstverständlich einige zu kulturellen Gegenständen werden können) sowie vom Bereich rein privater Objekte, die niemals Teil einer Tradition zu werden vermögen.

Der erste Wortsinn von *to enact* lenkt die Aufmerksamkeit auf die soziale Funktion kulturell verpflichtender Darstellungen: Sie wirken dort, wo eine Gemeinschaft vorhanden ist, die auf eine Vergangenheit zurück- und auf Leistungen nach ihren eigenen etablierten Standards vorausblickt, welche die kontinuierliche Verfertigung kultureller Gegenstände einschließen. So heilig und kostbar diese als geschaffene und angehäufte auch sein mögen, es müssen neue Gegenstände geschaffen werden, um jeweils andere Funktionen zu übernehmen. Hochgeschätzte und sorgfältig bewahrte Gegenstände begründen gewiß einen Reichtum der Kultur, aber sie stellen auch Ansprüche und Forderungen. Wie traditionsverbunden eine Reihe von kulturellen Gegenständen auch immer sein mag, wie sehr sie ihre Vorläufer auch nachahmen muß – wie z. B. in der alten Tradition der Sandmalerei bei den Navajos –, ihre *Verfertigung* ist ein Ereignis kultureller Natur, welches aus bestimmten Gründen wiederholt werden muß. Darum haben »dekretieren« und »verfügen« sowohl einen unpersönlichen wie einen persönlichen Sinn: Sie kommen einem Monarchen zu, aber dann auch den Göttern oder der Natur selbst. Und in diesem weiteren Sinn stellen *enactments* als kulturell verpflichtende Darstellungen Behauptungen über die Wirklichkeit auf, die als wahr und unveränderlich gelten. Gerade der Wiederholungscharakter ihrer Verfertigung zeugt von der Kontinuität in der sozialen und natürlichen Ordnung, die in ihren Produkten zum Ausdruck gebracht und verteidigt wird. In diesem Sinn bringen *enactments* als kulturell verpflichtende Darstellungen ewige Dinge zum Ausdruck, die durch ihre Repräsentation bekannt gemacht und getreu festgehalten werden sollen.[6]

Als Anthropologen verstehen wir die beschriebenen Bedürfnisse, glauben aber vielleicht, keine kulturell verpflichtenden Darstellungen im angegebenen Sinn zu brauchen, weil wir nicht für sie empfänglich sind. Doch ein Bedürfnis nach ihnen bleibt erhalten, auch wenn sich die Art seiner Befriedigung ändert. Und darum sind die Gegenstände, die wir »verehren«, anders als jene, die in der Vergangenheit verehrt worden sind: Sie sind stärker individualistisch und häufig eng auf eine Person, etwa auf den Künstler bezogen. Eine psychoanalytische Untersuchung von Leben und Werk der Künstler versetzt uns in den Bereich kulturell verbindlicher Darstellungen in Form von Dekreten und Verfügungen, von Stimmen aus jenen Ursprüngen, denen wir höhere Ehrerbietung erweisen als den Göttern.

Wir lehren und verstärken die durch kulturell verpflichtende Darstellungen wachgerufenen tiefen Gefühle. Durch kulturelle Gegenstände ausgelöste Gefühle gehören zu unseren frühesten Reaktionen auf die Welt, und wie wir unten sehen werden, beginnt das kulturelle Leben in Gegenständen, die insofern »Übergangsobjekte« sind, als sie die Macht besitzen, uns aus uns selbst heraus in jene kulturelle Welt zu versetzen, in der wir aufwachsen, um an ihr teilzuhaben.[7] Frühe Erfahrungen dieser Art bringen eine affektive Ausrichtung mit sich, die wir noch immer nicht voll verstehen. Freud begann, die Beziehung zwischen frühen, hochgradig besetzten Objekten und späteren Objektbeziehungen in seinen klinischen Beobachtungen über Fetische und den Fetischismus zu untersuchen; aber auch hier wiederum wurde die Verbindung zwischen psychosexuellen Reifungsstadien und dem kulturellen Leben im allgemeinen nicht hergestellt. Seit langem schon ist die Bedeutung von Freuds Beobachtungen anerkannt: Unsere Welt ist eine Welt von Objekten, die ungeheuer vielfältigen Besetzungsmustern unterliegen.

Diese Muster sind Teile von uns selbst bzw. von anderen, und sie sind kulturell verpflichtende, repräsentative Darstellungen, deren Rolle im Leben der Individuen durch dieses Leben selbst definiert wird.

Repräsentationen und Aufführungen hängen eng miteinander zusammen, ohne identisch zu sein. Eine Repräsentation muß nicht notwendig eine Aufführung oder aufführbar sein. So sind etwa Gemälde keine aufführbaren Repräsentationen, während Dramen dies sind. In einem weiteren, metaphorischen Sinn sind jedoch alle kulturell verpflichtenden Darstellungen Aufführungen; denn es handelt sich bei ihnen um solche Gegenstände, die an die Teilhaber einer Tradition kulturell spezifische Ansprüche stellen. Wenn wir Aufführungen so verstehen, daß sie sich sowohl an den Darsteller wie an den Betrachter wenden, dann bin ich bei der Betrachtung eines Gemäldes gleichzeitig insofern dessen Darsteller, als ich eine besondere Art von Reaktionen, Urteilen sowie Interpretationen nachvollziehe und dabei eine besondere Art von Gefühlen hervorbringe. Ob nun kulturell verpflichtende Darstellungen zu den sogenannten »darstellenden Künsten« gehören oder nicht – sie konzentrieren eine hochgradige Besetzung auf bestimmte Objekte. Gerade diesen Aspekt unserer Interaktion mit den Objekten kann eine psychoanalytische Theorie in erster Linie analysieren.

Das Verhältnis zwischen Aufführung und Repräsentation läßt sich auch so betrachten, daß Aufführungen Annäherungen an Repräsentationen sind, welche eine unbegrenzte Wiederholung der Aufführung notwendig machen, um wirklich zu werden, und die selbst dann niemals volle Wirklichkeit erlangen. Diese These hat für Künstler und Publikum unterschiedliche Implikationen. Für den Künstler ist eine Aufführung eine künstlerische Handlung, die auf eine Repräsentation zielt und dabei notwendigerweise in bestimmter Hinsicht ihr Ziel nicht erreicht; für das Publikum ist sie eine Präsentation, deren Begrenztheit wiederholte Anteilnahme notwendig macht.

Unter den Nachfolgern Freuds, die versucht haben, die psychoanalytische Theorie der Objekte auszuarbeiten, hat vor allem Heinz Hartmann in *Ich-Psychologie und Anpassungsproblem* die Notwendigkeit erkannt, die Theorie der Objekte auf die Realität des kulturellen Lebens auszudehnen. Er zitiert den Philosophen

John Dewey, dessen Verhaltenstheorie eine umfassendere Bestimmung des Handelns voraussetzt als die Psychoanalyse. In seinem Buch *Human Nature and Conduct* habe Dewey gesagt, Zwecke seien »im allgemeinen Mittel, gegenwärtige, widerstreitende, verworrene Gewohnheiten und Triebe zu vereinheitlichen und zu befreien«.[8] Zu den im Leben einer Gemeinschaft verfolgten Zwecken gehört die Schaffung und Verwendung von Werken der Kunst. Psychoanalytisch nehmen sie integrative Funktionen wahr. Hartmann vertritt die These, daß geschaffene Gegenstände wie etwa kulturell verpflichtende Darstellungen dazu dienen, rationale Vorgänge mit der mehr archaischen Seite des Seelenlebens zu vermitteln. Weiter schreibt er:

»Der künstlerische Gestaltungsvorgang stellt das Musterbeispiel einer synthetischen Lösung dar, und dies ist ... sein wesentlichster psychologischer Unterschied gegenüber dem ›Phantasieren‹. Eine solche Tendenz zur ›Ordnung‹ liegt in jedem Kunstwerk, auch in demjenigen, das nach Inhalt oder Tendenz ›Unordnung‹ darstellt. Wir haben es hier also wieder mit einem jener Fälle ›regressiver Anpassung‹ zu tun: eine seelische Leistung (die ja generell auch im Archaischen fußt) gewinnt *gerade durch* diesen Umweg über das Archaische für die Synthese und gegenüber der Außenwelt eine neue Bedeutung.«[9]

Durch kulturell verpflichtende Darstellungen erreicht das Ich eine Vermittlung äußerer und innerer Ereignisse. Als Person lernt es Alternativen zur Unmittelbarkeit seiner eigenen Erfahrungen kennen. Die Fähigkeit, auf Alternativen zurückgreifen zu können, ist nicht nur für das Funktionieren des Ich wesentlich, sondern sie ist zugleich Voraussetzung einer Kultur. Hartmann trennt künstlerische Gegenstände, die ein Medium und die Kontrolle des Ich über den Schaffensvorgang voraussetzen, von bloßen Phantasien. Es kommt der Ich-Psychologie darauf an, eine klare Unterscheidung zwischen Kunst und Phantasie zu treffen, weil Freuds Analyse der Kunst zuweilen in diesem Punkt unklar ist und sich an manchen Stellen reduktionistisch lesen läßt, als gehöre die Kunst in dieselbe Gruppe psychischer Ereignisse wie der Traum und die Phantasie.

Selbst mit der Ausarbeitung der Ansichten Freuds, die Hartmann vorgeschlagen hat, sind wir weit von einer befriedigenden Erklärung der Rolle entfernt, die kulturelle Gegenstände und Ereignisse im Gemeinschaftsleben der Menschen spielen. Hartmanns Interesse, die Bewältigung der Welt als eine Funktion des Ich darzustellen, beläßt die Analyse auf einem Organisationsniveau unterhalb des Sozialen, öffnet aber den Weg zu einer Erkenntnis der kognitiven Macht der Kunst über die ihr von Freud zugeschriebenen Fähigkeiten hinaus. Obwohl Hartmanns Formulierungen die entwicklungsbezogene Seite kulturell verbindlicher Darstellung betonen, geben sie keine Beschreibung der Stadien dieser Entwicklung. Sie sind sich der Notwendigkeit nicht bewußt, die Funktionen des Es und des Ich zum Zwecke einer allgemeinen Theorie kultureller Gegenstände miteinander zu verbinden.

Ein Versuch, die entwicklungsbezogene Seite kulturell verbindlicher Darstellungen näher zu erläutern und einen Weg von den frühen Stadien der Objektbeziehungen zu der späteren, kulturellen Konstruktion und Verwendung von Objekten zu finden, wurde von D. W. Winnicott in einer interessanten Arbeit unternommen, die sich an seine Theorie der »Übergangsobjekte« anschließt. Er unterscheidet einen dritten Bereich des Spiels, der im Gegensatz steht zum ersten der äußeren Wirklichkeit und zum zweiten der inneren, psychischen Welt. Innerhalb dieses dritten Bereichs fungiert ein Übergangsobjekt als Mittel, den weiten Bereich zwischen der Isolierung und einer gemeinsamen Teilhabe zu überbrücken, die in der kulturellen Welt ihren Höhepunkt erreicht.[10]

Dieser Aufsatz enthält sehr viele anregende Gedanken, gibt aber keine befriedigende Erklärung. Nützlich finde ich an Winnicotts Ausführungen die Bemühung, das frühe Spiel mit der Mutter über die gemeinsame Verwendung eines Übergangsobjekts hinweg mit späteren Erscheinungsformen von Arbeit, Spiel und kollektiven kulturellen Erfahrungen zu verbinden. Winnicott vertritt die These, daß die Kultur im Raum zwischen Mutter und Kind – also im dritten Bereich – beginnt. Und er möchte dieses Gebiet von der inneren und äußeren Wirklichkeit abheben. Leider bereitet uns diese einfache Dreiteilung Schwierigkeiten, und wir müssen sie einfach in ihren erkenntnistheoretischen Voraussetzungen kommentieren.

Während es gute Gründe gibt, das Gebiet des Spiels so zu beschreiben, wie Winnicott dies tut, sollte es jedoch nicht in

Widerspruch gesetzt werden zur inneren und äußeren Wirklichkeit; denn das Gebiet der Kultur ist Teil sowohl der inneren wie der äußeren Realität. Es ist innerlich bekannt, und mit ihm wird ebenso gearbeitet wie mit jeder anderen psychischen Repräsentation von Bewußtem und Unbewußtem. Kulturellen Ereignissen wird eine Beachtung entgegengebracht, die anders ist als jene, die die meisten physikalischen Ereignisse erfahren. Aber viele kulturelle Gegenstände sind natürliche Objekte und Ereignisse, etwa Steine, Bäume und geheiligte Orte, die durch eine besondere Aura der Gefühle und Affekte hervorgehoben werden. Auch die äußere Wirklichkeit kann Teil jenes dritten Gebiets sein. Ein weiterer Grund für die Ablehnung von Winnicotts Unterscheidungen besteht darin, daß die Interaktion zwischen dem Kind und einem Elternteil (wie später die zwischen den verschiedenen Mitgliedern einer Gemeinschaft) sowohl auf innere Zustände wie auf äußere Ereignisse zurückgreift, um jenen Raum zu entwerfen, innerhalb dessen soziale Handlungen und die Reaktionen auf sie erfunden werden. Winnicotts Unterscheidung zwischen einem Gebiet des Spiels, einem der äußeren Realität und einem des inneren Bewußtseins trennt kulturell verbindliche Darstellungen von den Quellen ihrer repräsentativen und affektiven Stärke; denn die Gegenstände eines Spiels bewegen sich wie Werke der Kunst innerhalb wie außerhalb der »wirklichen« Welt und greifen zwanglos auf Phantasien zurück. Es wäre also zufriedenstellender, sich Übergangsobjekte und jenes dritte Gebiet, innerhalb dessen sie auftreten, so vorzustellen, daß in dem gesamten Vorgang innere und äußere Wirklichkeit durch ein Objekt, das an beiden teilhat und sich auf beide stützt, miteinander verbunden werden. Meiner Meinung nach ist es gewiß richtig, daß die Ausbildung eines Übergangsobjekts und das Spiel mit ihm und durch es eine Vorbereitung für spätere kulturelle Interaktionen sind. Aber die grundlegende Leistung des kulturellen Lebens bezieht sich sowohl auf die innere psychische wie auf die äußere physische Wirklichkeit in einer Art und Weise, der Winnicotts einfache Dreiteilung nicht gerecht zu werden vermag. Wir wollen also die allgemeine dynamische Beschreibung des Übergangsobjekts und seiner Rolle bei der Entwicklung akzeptieren und Winnicotts erkenntnistheoretischen Kommentar als unzureichend übergehen.

An sich ist die Idee eines Übergangsobjekts nützlich. Winnicott verstand darunter jene Objekte (Spielzeug, Puppen, Bettdecken, fetischartige Gegenstände), welche die ersten Dinge sind, deren sich ein Kind bedient und an die es emotional gebunden ist. Das Objekt übernimmt mehrere Funktionen, von denen nach Winnicotts Auffassung die wichtigste darin besteht, einen Übergang von der symbiotischen Beziehung zur Mutter zu unabhängigem, autonomen Handeln in einer Welt neben der der Mutter zu vollziehen. Mit dem Spielvorgang, der entwicklungsgeschichtlich zur Trennung von der Mutter und zur Durchsetzung der Unterscheidung zwischen Ich und Nicht-Ich führt, tritt das Kind in einen besonderen Bereich ein, in dem das Übergangsobjekt die Möglichkeit erhellt, als Dies und Das zu existieren, also als ein mit menschlichen Qualitäten ausgestattetes Wesen oder als Teil einer Geschichte. Es fungiert als Mittel eines affektiven Austauschs zwischen Mutter und Kind und wird als solches hoch besetzt.
Mutter und Kind nehmen teil an einem Drama von großer Komplexität, wobei sie abwechselnd die Rollen der Beteiligten, der Zuschauer und der Kommentatoren übernehmen. Da auch das Übergangsobjekt Mobilität besitzt, weil es eine Vielzahl von Rollen »spielen« kann, begeben sie sich immer wieder auf das dritte Gebiet und verlassen es erneut. Das Übergangsobjekt im Sinne Winnicotts ist das erste Nicht-Ich-Objekt. Ich gehe mit meiner Beschreibung der Funktionsweisen dieses Objekts über Winnicotts Beobachtungen hinaus. Auf den verschiedenen Entwicklungsstufen lernt das Kind die unterschiedlichen Bedeutungen von Subjekt, Objekt, Charakteren, Inszenierung, Rollenspiel, Metaphorik, phantasievollem Entwurf von Geschichten – und verbindet diese Möglichkeiten mit seinen Handlungen. Von hier nehmen kulturell verbindliche Darstellungen ihren Ausgang.
Aber während ein Übergangsobjekt Aufmerksamkeit und Liebe auf sich zieht, ist es doch zugleich auch ein Mittel des Wachstums. Als solches ist es, wie ich hervorheben möchte, *fiktional,* denn die geschaffenen, kulturell verpflichtenden Darstellungen sind ein Produkt der Einbildungskraft, mit der das Kind eine kulturelle Entwicklung in Gang setzt, in der imaginäre Objekte eine reale Gegenwart erhalten.
Winnicotts zentrale Idee besteht darin, daß die Beziehung zwischen Mutter und Kind einen Raum schafft, innerhalb dessen

kulturell bedeutsame Handlungen auftreten. »Der Ort, an dem kulturelle Erfahrungen lokalisiert sind, ist der *Möglichkeitsraum* zwischen dem Individuum und seiner Umwelt (ursprünglich: dem Objekt).«[11] Winnicott möchte mit der Betonung des »Möglichkeitsraums« darauf hinweisen, daß dieser Raum sich über eine gewisse Zeit hinweg und durch die gemeinsame Tätigkeit von Mutter und Kind herausbildet. Heranwachsen heißt auch, daß kulturelle Erfahrungen festgelegt werden. Die von Winnicott gegebene Beschreibung des Spiels deutet darauf hin, daß er diesem Raum eine besondere Bedeutung beimißt. Im Gegensatz zum psychischen Innenraum und zum Raum der Außenwelt bezeichnet er ihn als einen von den Eltern nicht begrenzten »Zwischenraum«, in dem irgendwelche Objekte des Spiels fehlen.

Die Etablierung eines besonderen Ortes für kulturell verpflichtende Darstellungen charakterisiert das gesamte kulturelle Verhalten aller Menschen. Winnicotts Vorstellung, daß dieser »Ort« zunächst zwischen Mutter und Kind etabliert wird, erscheint plausibel. Durch Beobachtungen abgesichert erscheint auch, daß die ersten Objekte, mit denen in diesem Raum gespielt wird, Übergangsobjekte sind. In einem weiteren Sinn fungieren kulturelle Gegenstände, die von fortdauernder Gegenwärtigkeit sind, als Übergangsobjekte, weil sie viele von deren wesentlichen Eigenschaften haben: sie sind ein Gemeinschaftsbesitz, gehören mithin sowohl einem selbst wie den anderen; sie gestatten einem Individuum, an der Interaktion mit ihrer fortdauernden Anwesenheit teilzunehmen; von ihnen geht eine Aura schützender Macht aus, und sie stellen innere Erfahrung nach außen hin dar.

Die psychoanalytische Theorie muß die entwicklungsgeschichtlichen Ansprüche überprüfen, die von der Theorie der Übergangsobjekte erhoben werden. Denn obwohl wir eine Kontinuität dieser Objekte vom kindlichen Spiel bis in die kulturelle Welt der Erwachsenen hinein behaupten, sind die Funktionsweisen kultureller Gegenstände weit komplexer und vielgestaltiger als die von Übergangsobjekten. Dennoch scheint mir, daß gerade die des Übergangsobjekts im Blick auf kulturelle Gegenstände anregend sein können, da diese in einem weiteren Sinn als »Übergang« fungieren, der uns dazu verhelfen soll, die psychoanalytische Theorie auszuarbeiten. Die von mir in Aussicht genommene

Erweiterung der Theorie berücksichtigt genau die beiden Aspekte, die wir bereits erörtert haben, insofern sie auf Objekte als Werke der Kunst und als Ergänzungen oder Vervollständigungen des Subjekts bzw. der eigenen Identität eingeht. Wenn wir uns Kunstwerke als Übergangsobjekte in einem metaphorischen Sinn vorstellen (und diesen Begriff damit weiter fassen, als Winnicott es tat), dann können wir fragen, worauf ihre Metaphorik angewendet wird. Der Begriff »Übergang« ist selbst metaphorisch, denn er bezieht sich auf eine *Übermittlung*, eine *Übertragung*, die von einem Bereich in einen anderen vorgenommen wird. Wie Metaphern etwas aus einem Gebiet in ein anderes übertragen, so übertragen auch Übergangsobjekte etwas von einem zum anderen. Sie sind *buchstäblich* metaphorisch, wenn diese offensichtliche Widersprüchlichkeit des Ausdrucks hier gestattet ist. Interessant ist die Frage, *wohin* Metaphern und Übergangsobjekte die Menschen versetzen, die mit ihnen umgehen. Nach meiner Auffassung bewegen sich Übergangsobjekte in zwei Richtungen, wobei beide Male die akzeptierte Realität des psychischen Inneren und des gegenständlichen Äußeren überschritten wird. Die repräsentative Macht der Übergangsobjekte schafft, mit anderen Worten, das Selbstbewußtsein und die Realität außerhalb. Das Ich und die Welt der Objekte definieren sich gegenseitig durch ihre Interaktionen, und diese Interaktionen werden teilweise durch kulturelle Gegenstände wie etwa Übergangsobjekte vermittelt. Diese gegenseitigen Beziehungen hat ein psychoanalytisch orientierter Autor kürzlich wie folgt beschrieben: »Das Ich wird im Verhältnis zu den Objekten definiert und umgekehrt. Das Vorhandensein von Objekten garantiert die Existenz des Ich ... Das Ich verändert sich und die Objekte ändern sich oder werden durch neue Objekte abgelöst, aber die Bindungen beider aneinander bleiben bestehen; jedes ist ein Teil des anderen.«[12] Ich möchte diese These ausführlicher erläutern und dabei auf den Beitrag eingehen, den Winnicotts Untersuchung der Übergangsobjekte zu einer umfassenderen Entwicklung der Theorie von den Objekten geleistet hat.
Die Folgerungen aus der These, daß das Ich und die Objekte sich gegenseitig begrenzen, sind vielfältig und bisher wenig erkannt worden. Ich möchte diese These inhaltlich zu füllen versuchen, indem ich in einigen Abschnitten des folgenden Kapitels die Tra-

gödie behandle. Das hier in Rede stehende Konzept kulturell verpflichtender Darstellungen soll mit dem Anspruch verbunden werden, daß wir uns als Individuen innerhalb einer Kultur durch den Umgang mit kulturellen Gegenständen entwickeln. Kulturell verpflichtende Darstellungen fungieren als Übergangsobjekte in zwei Richtungen: Sie beziehen sich auf eine äußere Wirklichkeit, also auf den soziokulturellen Bereich der Tradition, und auf eine innere Wirklichkeit, also auf die entwicklungsgeschichtliche Kontinuität des Heranwachsens innerhalb einer Kultur. Wenn Winnicott behauptet, das Übergangsobjekt sei der erste kulturelle Gegenstand, so lenkt er unsere Aufmerksamkeit völlig zu Recht auf eine metaphorische Eigenschaft von Übergangsobjekten, die es dem Kind gestattet, sein Bewußtsein aus der symbiotischen Beziehung zur Mutter zu lösen, einen ersten Grad von Unabhängigkeit sowie ein erstes Stadium in Richtung auf die Individuation zu erreichen. Ich versuche in meinen Erörterungen, über diese ersten zögernden Schritte hinauszugelangen. Obwohl die Mittel, durch die Übergangsobjekte die kulturellen Dispositionen eines heranwachsenden Individuums affizieren, noch verborgen sind und weithin rätselhaft bleiben, können hier neuere Arbeiten über Objektbeziehungen vielleicht einige hoch spekulative Beobachtungen beisteuern.

Die klinischen und theoretischen Beiträge von Otto Kernberg haben sich nachdrücklich darum bemüht, die psychoanalytische Theorie auf das entwicklungsgeschichtliche Wechselverhältnis zwischen Personen und Objekten auszudehnen. Die grundlegende These, die Kernberg vertritt, lautet, daß das »verdrängte Unbewußte, das Es, über die strukturellen Implikationen des primärprozeßhaften Denkens hinaus selbst eine Struktur besitzt«.[13] Dies verweist auf die Möglichkeit, daß das primärprozeßhafte Denken und das Es sich im Laufe des Lebens weiterentwickeln und daß beide durch das sekundärprozeßhafte Denken, das sich mit der Lösung empirischer Probleme entwickelt, beeinflußt werden. Nach Kernbergs Auffassung verändert sich darum das Es wahrscheinlich ebenso wie das Ich und das Über-Ich während des ganzen Lebens auf eine Art und Weise, die ihm eine Plastizität verleiht, welche Freud ihm absprach. Das Es kann also mit dem Ich und dem Über-Ich einen Entwicklungsprozeß teilen, der »das Schicksal der Triebbesetzung internalisierter

Objektbeziehungen widerspiegelt und hochgradig strukturiert ist«.[14] Daraus folgt, daß das Erlebnis kulturell verpflichtender Darstellungen, etwa der Besuch einer Theateraufführung, die dynamischen Affekte im Unbewußten beeinflußt und formt sowie darüber hinaus das primärprozeßhafte Denken in einer Reihe sich entwickelnder und verändernder Objektbeziehungen im Laufe eines Lebens in Mitleidenschaft zieht. Die Möglichkeit, daß das primärprozeßhafte Denken vom sekundärprozeßhaften affiziert wird, erweitert Freuds Ansichten vom primärprozeßhaften Denken um einen dauerhaften Aspekt entwicklungsgeschichtlichen Wachstums und besitzt interessante Implikationen für eine Theorie kulturell verpflichtender Darstellungen. Weil sie mächtige affektive Eigenschaften besitzen und tiefe entwicklungsgeschichtliche Konflikte repräsentieren, sind kulturell verpflichtende Darstellungen eine Art von Gegenständen, die das ganze Leben überdauernde Beachtung und Aufmerksamkeit erfordern. Die unbewußten Überzeugungen, Einstellungen und Wertvorstellungen, die privater Natur sind, und diejenigen, die die Menschen mit anderen teilen, sind bei einem wiederholten Zusammentreffen mit kulturell verpflichtenden Darstellungen immer wieder der Bestätigung und Umbildung ausgesetzt.

Kernbergs Beobachtungen ließen sich auf Übergangsobjekte jeder Entwicklungsstufe übertragen. Aber der angenommene Einfluß von Objektbeziehungen auf Strukturen des Es läßt (wie dies schon bei Freuds Spekulationen über die Kunst der Fall war) die Art und Weise unerklärt, in der kulturell verpflichtende Darstellungen die psychische Entwicklung beeinflussen. Nach dem bisherigen Stand unserer Erkenntnis können wir sagen, daß klinische Beobachtungen zur Erhärtung einer häufig vorgebrachten Hypothese über das primärprozeßhafte Denken beitragen: »Es gibt eine enge Verbindung zwischen bewußten und unbewußten Elementen während der gesamten Abfolge unserer psychischen Entwicklung.«[15] Darüber hinaus gibt es folgenden kausalen Anspruch: »Das Licht des Bewußtseins erleuchtet nicht nur die Abkömmlinge des Unbewußten, sondern trägt auch dazu bei, sie zu formen.«[16] Wenn es stimmt, daß Objektbeziehungen das Seelenleben auf jeder Stufe beeinflussen, dann müßte eine entwicklungsbezogene Theorie der Objekte wie die Theorie kulturell verpflichtender Darstellungen die psychologische Dimension von

Objektbeziehungen insofern mit in Betracht ziehen, als kulturelle Gegenstände für jede Philosophie der Kunst von grundlegender Bedeutung sind. Und es scheint in der Tat eine Entwicklung unseres Interesses an kulturell verpflichtenden Darstellungen nicht nur in der Geschichte der Kunstkritik, sondern auch in der Geschichte der Philosophie der Kunst zu geben. Die Tiefe und Komplexität kulturell verpflichtender Darstellungen sind nicht einfach eine Funktion des historischen Kontexts, sondern (wie wir vermuten dürfen) eine Manifestation tiefer unbewußter Reaktionen auf jene Objekte, die eine Tradition ausmachen. Eine Untersuchung der Geschichte kulturell verpflichtender Darstellungen läßt in dieser Hinsicht sowohl theoretische wie empirische Fortschritte erwarten.

Die Theorie kulturell verpflichtender Darstellungen wird ausgearbeitet, um den entwicklungsgeschichtlichen Vorgang der Verwendung kultureller Gegenstände bis hin zum Erwachsenenalter zu verfolgen. Die Kunstgeschichte hat im allgemeinen diese Entwicklungsschritte kulturell sehr viel angemessener aufgefaßt als die psychoanalytische Theorie. In den Arbeiten des Kunsthistorikers Adrian Stokes, der von psychoanalytischem Denken stark beeinflußt wurde, finden wir eine Beschreibung von Objektbeziehungen, die deutlich erkennen läßt, wie die Kunstgeschichte und eine entwicklungsgeschichtliche Theorie der Objekte die Vielgestaltigkeit kulturell verpflichtender Darstellungen und den Gebrauch schildern, den wir von ihnen im Erwachsenenalter machen:

»Insgesamt erscheint mir unsere Beziehung zu den Objekten in zwei verschiedenen Formen beschrieben werden zu können. Es handelt sich dabei zum einen um eine sehr starke projektive oder introjektive Identifizierung mit einem Objekt, wobei eine Barriere zwischen Ich und Nicht-Ich aufgehoben wird. Zum anderen handelt es sich um einen Austausch mit einem autonomen und unabhängigen Objekt über eine Distanz hinweg. Außer in den ersten Wochen des Lebens stehen diese beiden Beziehungen jederzeit in einem sich ständig verändernden Wechselspiel miteinander, wie dies nicht nur die Psychoanalyse, sondern auch die Kunst zeigt, da ein Kunstwerk *par excellence* ein autonomer Gegenstand ebenso wie eine Gestaltung ist, die wir aufnehmen oder handhaben. (Der grundlegende Unterschied zwischen verschiedenen Stilen liegt in den wechselnden Verbindungen, mit denen uns die beiden Extreme übermittelt werden.)

Es läßt sich hier eine grundlegende Verbindung der Kunst mit der Kultur beobachten, aus der sie entsteht. Denn die Kunst gestattet es uns, daß wir uns mit einigen Aspekten unserer Kultur identifizieren (uns kulturelle Aktivitäten zu eigen machen oder sie ablehnen) und sie zugleich so betrachten, als wären sie fixierte und dauerhafte Gegenstände. Unter dem Blickwinkel der Kontemplation *ist* Kunst Kultur. Dadurch ergibt sich also die Notwendigkeit der Kunst; denn eine Kultur läßt sich am leichtesten als Gegenstand der Kontemplation ästhetisch betrachten.«[17]

Stokes lenkt unsere Aufmerksamkeit auf den dynamischen, spielerischen Austausch zwischen dem individuellen Bewußtsein und den Gegenständen der Kultur. Seine Beschreibung ließe sich als die der reifen Phase von Objektbeziehungen lesen, die nach der von Winnicott beschriebenen Anfangsphase zu einem späteren Zeitpunkt erreicht wird. Stokes behandelt die Unterscheidung von Identifizierung und Objektivierung, wie sie in unserem Umgang mit kulturell verpflichtenden Darstellungen auftritt. Aber er betont nicht die Übergangsfunktion von Objekten, die sich aus der Zweiteilung in Identifizierung und Objektivierung ergibt. Daß ein Gegenstand ein Übergangsobjekt sein kann, folgt aus den von Stokes dargestellten Beziehungen: Es gibt besondere Gegenstände, die nach dem hier verwendeten Sprachgebrauch als kulturell verpflichtende Darstellungen gelten, zu denen wir eine Beziehung bei gleichzeitiger Identifizierung und Distanzierung unterhalten. Und diese Beziehung besitzt große Ähnlichkeit mit der eines Kindes zu seinen Eltern in der Beschreibung, die Winnicott von dem dritten seiner Bereiche gibt. Wir haben es, wie so oft in der psychoanalytischen Literatur, mit Beschreibungen zu tun, die unterschiedliche Terminologien verwenden, sich aber mit ähnlichen Problemen befassen und diese im Licht einer gemeinsamen Theorie interpretieren. Unterschiede im Vokabular lassen jedoch einen Vergleich als schwierig und möglicherweise suspekt erscheinen.

Trotz der notwendigen Vorsicht bei der Formulierung von Vergleichen sehe ich eine Kontinuität zwischen Winnicott, Kernberg und Stokes. Aber es gibt bei ihnen auch wesentliche Mängel. Was jedem von ihnen fehlt, wird dann deutlich, wenn wir uns darüber klar zu werden suchen, wie Übergänge auftreten, welche Funktionen Gegenstände einer besonderen Art (also: kulturell verpflichtende Darstellungen) in unserem späteren Leben übernehmen, sobald wir etwas aus unserem unmittelbaren privaten Bewußtsein ins kulturelle Leben übersetzen. Stokes weist mit Nachdruck auf den Doppelcharakter dieser Gegenstände hin: »Das Kunstwerk ist *par excellence* ein autonomer Gegenstand wie eine Gestaltung, die wir aufnehmen oder handhaben.« Aber er versäumt es, seine Analyse weiterzutreiben. Vielleicht beeinträchtigt gerade die Schwierigkeit, die Bedingungen von Objektbeziehungen auf kulturellem Niveau zu beschreiben, seine Bemühungen. Ich finde, daß sich die besten Beschreibungen einer beinahe philosophischen und gelegentlich literarischen Sprache bedienen. Ein philosophischer Versuch, die Analyse auf das Niveau kultureller Erfahrungen zu heben, stammt von dem französischen Philosophen Maurice Merleau-Ponty, der zu diesem Zweck den eher hochtrabenden Ausdruck »metaphysisches Bewußtsein« verwendet, während ich es vorziehen würde, von einem »kulturellen Bewußtsein« zu sprechen.

»Von dem Augenblick an, in dem ich merke, daß meine Erfahrung, gerade sofern sie die meine ist, mich für etwas zugänglich macht, was ich nicht bin, daß ich empfänglich für die Welt und die anderen bin, nähern sich mir in einzigartiger Weise alle Wesen, welche das subjektive Denken auf Distanz hielt. Oder ich erkenne umgekehrt meine Nähe zu den Objekten. Ich bin nichts als eine Fähigkeit, sie nachzuahmen und zu verstehen. Mein Leben erscheint mir absolut individuell und absolut universal. Diese Anerkennung eines individuellen Lebens, das alles vergangene und gleichzeitige Leben belebt und von ihm sein gesamtes Leben erhält, von einem Licht, welches entgegen aller Hoffnung von ihm zu uns herüberblitzt – dies ist das metaphysische Bewußtsein, dessen erstes Stadium in der überraschenden Entdeckung der Konfrontation von Gegensätzen besteht und dessen zweites Stadium die Anerkennung ihrer Identität in der Einfachheit eines *Tuns* ist. Das metaphysische Bewußtsein hat keine anderen Gegenstände als die der Erfahrung: diese Welt, andere Leute, die menschliche Geschichte, Wahrheit, Kultur.«[18]

Merleau-Pontys »metaphysisches Bewußtsein« macht uns darauf aufmerksam, daß die psychoanalytische Beschreibung von Objektbeziehungen keine ausreichend definierte kulturelle Dimension enthält. Ich habe den Versuch unternommen, diese Dimension einzuführen und zu zeigen, daß die psychoanalytische Theorie von sich aus das Kulturelle zu umfassen vermag. Wenn sie philosophisch gelesen werden, bieten *Totem und Tabu* sowie *Der Mann Moses und die monotheistische Religion* einen Rahmen für eine Theorie kulturell verbindlicher Darstellungen. Die Arbeiten der Ich-Psychologie, die Kinderanalyse nach Winnicott und die Theorie der Objektbeziehungen tragen insgesamt dazu bei, die Reichweite einer psychoanalytischen Theorie der Kunst zu vergrößern. Ausgehend von den Untersuchungen jener Psychiater, die sich wie Freud an die klinischen Grundlagen gehalten haben, können wir die psychoanalytische Theorie der Kunst weiterentwickeln. Freuds frühe Spekulationen bieten eine erste grobe Orientierung, indem sie spätere Stadien des Seelenlebens als das unausweichliche Ergebnis früherer Stadien betrachten. Aber Freud kümmerte sich nicht um die Details jener komplexen Zusammenhänge, in denen Individuen und kulturelle Gegenstände sich aufeinander beziehen und eine Tradition konstituieren. Die größere Aufmerksamkeit, die den Objekten durch die Arbeiten von Winnicott zu Übergangsobjekten, von Kernberg zu Objektbeziehungen und von Stokes zu Kunstwerken geschenkt worden ist, kann zur Ausarbeitung und Ergänzung der schematischen frühen Spekulationen Freuds dienen. Wir sind daher in einer besseren Ausgangsposition, um eine psychoanalytische Theorie der Kunst auszuarbeiten, die sich den Eigenschaften kultureller Gegenstände wie Werken der Kunst und der Art und Weise widmet, durch die diese Eigenschaften teilhaben an der lebenslangen Beherrschung einer Kultur.

III

Bisher habe ich die These vertreten, daß kulturell verpflichtende Darstellungen die psychoanalytische Theorie der Objekte erweitern und ergänzen. Aber kulturell verpflichtende Darstellungen sind selbst kulturelle Ereignisse, welche die Konflikte repräsentieren und manchmal analysieren, die für bestimmte Kulturen charakteristisch sind. Die erweiterte Form einer psychoanalytischen Kulturtheorie, die hier vorgeschlagen wird, geht davon aus, daß durch kulturell verpflichtende Darstellungen Angehörige einer Kultur ein Selbstbewußtsein erlangen können, das sie in die Lage versetzt, mit kulturellen Konflikten erfolgreicher fertig zu werden. Aber diese Betrachtungsweise von kulturell verpflichtenden Darstellungen, die impliziert, daß diese selbst Mittel zur Lösung von Konflikten ebenso wie zu deren Repräsentation sind, erscheint mir problematisch.

Freuds Überzeugung, daß es derartige Mechanismen vielleicht nicht mehr gibt, reflektiert seinen eigenen Pessimismus sowie sein Verhaftetsein im gegenwärtigen Zeitalter, das wir als »Moderne« bezeichnen. Es mag in der Tat sein, daß eine der Voraussetzungen der Moderne in dem Verlust einer Tradition kulturell verpflichtender Darstellungen besteht und daß wir derartige Darstellungen wieder als kulturell signifikante Ereignisse einsetzen müssen, um den vielleicht früher vorhandenen Zusammenhalt erneut zu erlangen und jene kulturelle Desintegration zu vermeiden, von der Freud fürchtete, daß sie uns befallen habe. Findet dies nicht statt, so kann die moderne Gesellschaft psychisch nicht gesund sein. Ob sie allerdings in der Vergangenheit gesund war oder nicht, ist eine Frage, die wir wohl ewig werden diskutieren und nie entscheiden können.

Traditionell wurden Freuds Schriften so aufgefaßt, daß man die psychoanalytische Theorie der Objekte als eine Funktion der Triebtheorie behandelte. Das Triebleben wurde durch die Objekte definiert, auf die sich die Triebe richteten. Wenn die psychoanalytische Theorie einen Versuch unternahm, kulturelle Gegenstände zu analysieren, so behandelte man sie als stark besetzte Objekte im Wirkungsbereich individueller Affekte. Für den Künstler wie für das Publikum besitzen (und behalten zumeist) kulturelle Gegenstände ein öffentliches Leben, das sie in einen umfassenderen Kontext stellt als den einer individuellen Psychodynamik. Darum ist eine psychoanalytische Theorie kultureller Gegenstände darauf angewiesen, psychisch wichtige, traditional gegebene Objekte unter dem Gesichtspunkt des Ich zu behandeln. Die öffentlich-gemeinschaftlich geteilte Existenz kultureller Gegenstände – die Domäne der Funktionen des Ich – ist sehr viel häufiger von der Soziologie und Ethnologie als von der psychoanalytischen Theorie behandelt worden. Aber die Art und Weise, in der kulturelle Gegenstände wirken, ist für uns in einer grundlegenden Hinsicht psychologischer Natur. Sie sind Teil eines Reifungsprozesses, durch den Individuen heranwachsen und ihren Platz in einer kulturellen Tradition weithin durch Interaktion mit kulturellen Gegenständen einnehmen. Eine entwicklungsbezogene Theorie muß also bei der Behandlung von Kunstwerken hinzugezogen, jedoch in der oben erörterten Weise erweitert werden.

Das Erwachsenwerden setzt zwei psychoanalytisch beschreibbare Dimensionen voraus: zum einen die Entwicklung über die psychosexuellen Stadien von der frühen Kindheit bis zum Erwachsenenalter, die am besten von der Familie her zu beschreiben ist; zum anderen die schrittweise Entwicklung einer kulturellen Internalisierung und Externalisierung, die sich am besten unter dem Gesichtspunkt einer Transaktion zwischen Personen und Gegenständen (insbesondere durch kulturell verpflichtende Darstellungen) beschreiben läßt. Die Entwicklungsstufen des kulturellen Lebens sind umrißhaft in den folgenden vier Stadien darzustellen.

1. Das erste Entwicklungsstadium ist durch eine Externalisierung von Objekten gekennzeichnet, die diesen eine gesonderte, aber zutiefst narzißtische Existenz verleiht, wie sie Winnicott beschrieben hat. Die ersten Schritte zur Externalisierung von Objekten und zu deren Attribuierung einer gesonderten Existenz scheinen zwischen Mutter und Kind im Spiel der Phantasie vorzukommen. In der gemeinsamen Phantasie beginnt die Welt außerhalb der rein privaten Interessen des Kindes zu existieren. Die Regelhaftigkeit der Natur wird in Erwartungen und Überzeugungen integriert. Aber auf dieser Stufe werden den Ereignissen noch dynamische Ausdrucksqualitäten wie Liebe, Haß, Nachgiebigkeit, Gleichgültigkeit und Feindseligkeit zugeschrieben. Die Externalisierung beginnt aufgrund einer narzißtischen Identifizierung unter dem Zwang von Bedürfnissen und Wünschen. Bedürfnisse und Wünsche schaffen sich Gegenstände und verleihen ihnen eine Bedeutung. Der Primärnarzißmus bildet die Grundlage eines kulturellen Reifezustands, den wir uns als einen »Gruppennarzißmus« vorstellen können, der sich herausbildet, sobald das Individuum die späteren Stadien einer Internalisierung kulturell verpflichtender Darstellungen erreicht hat. Gemeinsame Identifizierungen sind charakteristisch für ein Volk, das eine Tradition besitzt. Aufgrund dieser Tradition wird an kulturell verpflichtenden Darstellungen deren Weisheit, künstlerische Leistung und stilistische Kontinuität erkannt, und sie werden als Anlaß für die weitere Verfertigung von Gegenständen in dieser Tradition wahrgenommen.

2. Das zweite Stadium, in dem moralische Entscheidungen einset-

zen, hängt im Reifungsprozeß mit dem ersten Stadium der Trennungen zusammen und entwickelt sich parallel mit ihm. Im moralischen Stadium entsteht eine Internalisierung von Regeln, Vorschriften und Ermahnungen sowie der Gebrauch kultureller Gegenstände zur Verstärkung der Identität des Über-Ich. Kulturell verpflichtende Darstellungen spielen hier eine bedeutsame Rolle, da in ihnen zahlreiche Reifungsprobleme des moralischen Lebens behandelt werden. In einem von Freuds Aufsätzen, in dem er einen Überblick über die Komplexität von Objektbeziehungen gibt, findet sich eine Passage, welche die Rolle kulturell verpflichtender Darstellungen im Hinblick auf Entwicklungsfragen beschreibt.

»Im Laufe der Kindheitsentwicklung, welche zur fortschreitenden Loslösung von den Eltern führt, tritt deren persönliche Bedeutung für das Über-Ich zurück. An die von ihnen erübrigten Imagines schließen dann die Einflüsse von Lehrern, Autoritäten, selbstgewählten Vorbildern und sozial anerkannten Helden an, deren Personen von dem resistenter gewordenen Ich nicht mehr introjiziert zu werden brauchen. Die letzte Gestalt dieser mit den Eltern beginnenden Reihe ist die dunkle Macht des Schicksals, das erst die wenigsten von uns unpersönlich zu erfassen vermögen.«[19]

Unsere moralische Sensibilität reagiert auf kulturell verpflichtende Darstellungen, weil sie viele jener Vorbilder bereithalten, auf die sich auch Freuds Aufsatz bezieht. Kulturell verpflichtende Darstellungen tragen zum moralischen Leben nicht nur durch ihre Repräsentationen bei, sondern auch durch die kulturellen Bedingungen, unter denen sie gemeinschaftlich erlebt, erlernt und bezeugt werden; denn es ist wesentlich, daß eine Gemeinschaft an ihnen partizipiert.

In diesem Stadium existieren starke Übertragungsbeziehungen zwischen einer Person und dem Objekt, da jede Seite der Repräsentation und Reaktion die jeweils andere widerspiegelt. Das Objekt verwirklicht sich im Bewußtsein dessen, der es aufnimmt und der so Zeuge des im Objekt enthaltenen Bewußtseins wird. Wie in der Beziehung zwischen Analytiker und Patient, für die der Begriff der Übertragung entwickelt wurde, gehen zwischen einer kulturell verpflichtenden Darstellung und ihrem Publikum Affekte hin und her. Reflexionen werden immer wieder aufgegriffen in einer Tradition, die diese Beziehungen kommentiert und stets erneut reflektiert. In diesem Stadium findet tendenziell eine tiefe Internalisierung kultureller Normen statt. Das Individuum, das sie aufnimmt, projiziert sie in kulturell verpflichtende Darstellungen. Freuds Hinweis auf die »dunkle Macht des Schicksals« erkennt die enge Beziehung an, die zwischen einem Individuum und dem Objekt existiert, während beide sich mit der Unvermeidlichkeit des Todes beschäftigen.[20]

3. Das dritte, das ästhetische Stadium befreit uns von tiefen Internalisierungen durch eine erneute Externalisierung von Objekten, die nunmehr autonom als Objekte innerhalb einer Tradition existieren. Diese Objekte müssen durch einen Anpassungsprozeß während des Erwachsenwerdens kennengelernt und beherrscht werden. Dieser Prozeß setzt sich das ganze Leben hindurch fort; denn kulturell verpflichtende Darstellungen müssen bei jeder Veränderung der historischen Perspektive und mit der Einführung neuer Theorien überprüft werden. Damit wird nun die wechselseitige Abhängigkeit von kulturell verpflichtenden Darstellungen und jenen Theorien deutlich, die sich mit ihnen befassen. In diesem Stadium ist zu erkennen, daß die Philosophie der Kunst und die Kunst selbst sich funktional zueinander verhalten. Darum ist dieses Entwicklungsstadium das der *Manifeste*. In gewisser Hinsicht besteht unsere gesamte kulturelle Tradition aus einer Serie von Manifesten, die den kulturell verpflichtenden Darstellungen eine jeweils neue Interpretation gegeben haben. Die Achtung vor einer Theorie ebenso wie die Achtung vor kulturellen Gegenständen versetzt Personen in die Lage, unter kulturellen Bedingungen, die ich als solche einer gemeinsamen Tradition bezeichnet habe, private Erinnerungen mit öffentlicher Anerkennung zu verbinden.

4. So entsteht das vierte Stadium einer erneuten Internalisierung der kulturellen Wirklichkeit. Kulturell verpflichtende Darstellungen setzen sich durch als eine erkennbare Wirklichkeit, die ebenso dauerhaft und wertvoll ist, wie es die Ereignisse der physikalischen Welt sind. In der Erinnerung bleiben bestimmte Gestaltungen erhalten, und außergewöhnliche Begabungen setzen die Verfertigung kultureller Gegenstände kreativ fort. Eine derartige Fortsetzung gründet sich auf den *Stil*, wie er durch die Tradition festgelegt ist. Das letzte Stadium der Internalisierung verleiht dem Stil

eine Flexibilität, kraft derer er sowohl eine traditionale Struktur wie ein schöpferisches Instrument ist, das in seiner Wandelbarkeit zur Durchsetzung neuer Wertvorstellungen erprobt werden kann.
Viele Ethnologen halten eine Identifizierung mit einem Stil in dessen traditionellen Formen sowie die Auswertung traditionaler Stile in neuen formalen Strukturen für eine notwendige Vorbedingung der Kultur und einer kulturellen Kommunikation. Material zur Stützung dieser Hypothese ist überaus systematisch in der französischen Schule der Ethnologie durch Durkheim, Mauss und Lévi-Strauss zusammengetragen worden. Umstritten blieb jedoch dabei, was genau durch die Anerkennung konstanter Stilmuster kommuniziert wird. Aber trotz gewisser Abstriche bleibt die These überzeugend, daß die Menschen ihre Anschauungen und Wertvorstellungen in kulturell verpflichtenden Darstellungen objektivieren. Dieser Anspruch erscheint deutlicher auf dem Niveau der Charaktere und Handlungen, also bei jenen Phänomenen, mit denen sich die psychoanalytische Theorie befaßt, als auf dem Niveau vertrauter stilistischer Wiederholungen. In beiden Fällen muß jedoch eine Unterscheidung getroffen werden, die sich auf das Wesen kulturell verpflichtender Darstellungen als Kommunikationsmedien bezieht. Kulturell verpflichtende Darstellungen kommunizieren in der Tat Wertvorstellungen, Haltungen, Anschauungen sowie Auffassungen von Natur und Kunst bzw. eine Vielzahl anderer »Botschaften«. Ihre Fähigkeit, eine so große Vielzahl von Inhalten zu kommunizieren, beruht auf der Komplexität ihrer Darstellungen. Sie repräsentieren die Welt und die kulturelle Tradition, ebenso aber auch die Subjektivität ihres Herstellers, jenes Individuums, das nur durch die Privatheit von Ereignissen bekannt ist, die in und durch kulturell verpflichtende Darstellungen zum Ausdruck gelangen. Darüber hinaus sind kulturell verpflichtende Darstellungen *selbst*bezüglich: sie beziehen sich auf die Macht ihrer Repräsentationen hinsichtlich der Welt und in eins damit jener Privatheit der Wirklichkeit, die nur am Objekt selbst zu erkennen ist. Ethnologische Theorien einer kulturellen Kommunikation vernachlässigen die Privatheit kulturell verpflichtender Darstellungen, ihre Verborgenheit und Subjektivität. Die psychoanalytische Theorie sieht die selbstbezüglichen Aspekte der kulturell ver-

pflichtenden Darstellungen, weil sie sich mit beiden Seiten des Kommunikationsprozesses befaßt: dem Bedürfnis nach Kommunikation und dem nach Aufrechterhaltung der Privatheit. Aber ihre Begrenzung führt sie immer wieder zur Beschäftigung mit dem Verborgenen zurück. Die Bemühungen, ihre Theorie durch das Konzept kulturell verpflichtender Darstellungen auszuweiten, stellen Ansprüche an sie, die, wie ich hoffe, in Zukunft fruchtbarere Überlegungen in bezug auf kulturelle Phänomene erzwingen werden. In dieser Hinsicht haben wir von den neueren klinischen Arbeiten von Psychoanalytikern wie D. W. Winnicott profitiert, der ein überaus feines Gespür für die Begrenztheit der klassischen Theorie besaß. Er schrieb:

»Wenn auch gesunde Menschen kommunizieren und es genießen, so ist doch die andere Tatsache ebenso wahr, daß jedes Individuum *ein isoliertes ist, in ständiger Nicht-Kommunikation, ständig unbekannt, tatsächlich ungefunden.*
Im Leben und Erleben wird diese harte Tatsache gemildert durch die Teilhabe, die zum Gesamtbereich des kulturellen Erlebens gehört. Im Zentrum jeder Person ist ein Element des »incommunicado«, das heilig und höchst bewahrenswert ist.«[21]

Winnicott entwickelt seine Vorstellungen anhand von Materialien aus der psychoanalytischen Therapie. Er verweist darauf, daß Kommunikation in vielerlei Arten auftreten kann: sie kann ausdrücklich oder stillschweigend vor sich gehen bzw. eine mittlere Position zwischen Stillschweigen und Ausdrücklichkeit einnehmen. Diese mittlere Position bedient sich der Geheimhaltung und einer gelegentlich dramatischen Offenbarung im Prozeß einer Selbstoffenbarung. Oft wird sie bei der Kommunikation kulturell verpflichtender Darstellungen verwendet.
Winnicott hielt es für notwendig, bei der Arbeit mit Kindern deren Privatsphäre zu respektieren. Er untersuchte die verschiedenen Arten der Kommunikation und Nicht-Kommunikation, die von der kulturellen Tradition begünstigt werden. Jede kulturelle Tradition schützt das Gebiet des Verborgenen, das Winnicott als »etwas Nicht-Kommunizierendes (incommunicado)« bezeichnet, aber jede heranwachsende Person ist dem Anspruch einer Bloßstellung und Veröffentlichung ausgesetzt, der den »heiligen« Teil ihrer selbst gefährdet. Das Risiko, zu einer Enthüllung

gezwungen zu werden, wird selbst zur Grundlage der Schaffung kulturell verpflichtender Darstellungen; denn sie sind in der Lage, heikle Fragen, die Diskretion fordern, subtil zu behandeln und das zu enthüllen, was sonst nicht auszudrücken wäre. Kulturell verpflichtende Darstellungen sind selbst sowohl kommunizierende wie nicht-kommunizierende Objekte.
Unter diesem Gesichtspunkt war die Komplexität kultureller Gegenstände eine der Ursachen, die Freuds Nachfolger dazu veranlaßten, seine Theorie neu zu formulieren. Sie widmeten der Arbeit des Ich und seiner Fähigkeit, mit den Objekten fertig zu werden, größere Aufmerksamkeit. Freud hatte seine Beobachtungen in übertriebenem Ausmaß auf den Primärprozeß des Es gestützt. Die Fähigkeit des Ich, primärprozeßhaftes Denken zu verwenden, war eines der Themen der sogenannten Ich-Psychologie, die von Denkern entwickelt wurde, die Freud nahestanden. Durch das Ich treten gemeinsame kulturelle Gegenstände und Beurteilungen in das Leben der Individuen ein.

IV

Der Vorgang der Anpassung an eine kulturelle Tradition und ihre Beherrschung ist von dem Teil der psychoanalytischen Theorie behandelt worden, der als »Ich-Psychologie« bezeichnet wird, weil das Ich die Funktion des Seelenlebens ist, in der kognitive und adaptive Prozesse vor sich gehen. Das Ich ist ferner als jener Teil des Seelenlebens betrachtet worden, in dem die Kraft der Triebe kognitiv verstärkt und zu konstruktiver Arbeit angehalten wird. Nach den Worten von Anna Freud tendiert der Reifungsprozeß zu einer »Intellektualisierung des Trieblebens«. Dies impliziert eine Bearbeitung triebhafter Objektbeziehungen mit dem Ziel der bewußten Integration von Objekten in das Leben eines Individuums. Zu erreichen ist dies nicht ohne die Schaffung von Repräsentationsobjekten wie etwa Werken der Kunst. Ohne kulturell verpflichtende Darstellungen ist eine Intellektualisierung des Trieblebens unmöglich. – Anna Freud schreibt:

»Diese Intellektualisierung des Trieblebens, der Versuch, der Triebvorgänge dadurch habhaft zu werden, daß man sie mit Vorstellungen verknüpft, mit denen sich im Bewußtsein hantieren läßt, gehört zu den allgemeinsten, frühesten und notwendigsten Erwerbungen des menschlichen Ich.«[22]

Mit der »Intellektualisierung des Trieblebens« bezieht sich Anna Freud auf mehrere Vorgänge: Auf den Reifungsvorgang im allgemeinen, dessen Ziel eine Beherrschung von Triebregungen ist; auf den Vorgang einer Stärkung des Ich durch die Verbindung von Vorstellungen und Gefühlen sowie auf den Vorgang einer Ausweitung des Bewußtseins, damit Triebenergien konstruktiv zur Schaffung von Objekten verwendet werden können. Eine der bedeutsamsten konstruktiven Verwendungen von Trieben gipfelt in kulturell verpflichtenden Darstellungen. In diesem Vorgang werden sowohl Natur wie Kultur für *mich* vermittels eines Objekts, dessen Repräsentationen selbst solche einer Intellektualisierung des Trieblebens sind. Denn kulturell verpflichtende Darstellungen repräsentieren nicht nur Ereignisse (wie beim Erzählen einer Geschichte), sondern präsentieren Objekte, die selbst durch die Kreativität ihrer Herstellung strukturiert sind. Die Intellektualisierung des Trieblebens kommt im *Stil* zum Ausdruck.

Als Ergänzung zu Anna Freuds entwicklungsgeschichtlicher Darstellung zeigt Heinz Hartmann, daß sich das Triebhafte und das Intellektuelle gemeinsam aus einer zunächst undifferenzierten Reihe organismischer Aktivitäten entwickeln. Schon sehr früh, sobald es überhaupt Objektbeziehungen gibt, setzt die Intellektualisierung des Trieblebens ein. Nach Winnicotts Beschreibung des dritten Bereichs und der Macht des Spiels im kulturellen Leben sehen wir, daß sich das Spiel und das Ich gemeinsam entwickeln. Dies ist die These, die Hartmann in *Ich-Psychologie und Anpassungsproblem* analysiert:

»Durch die Innenwelt und die Innenweltsvorgänge wird also ein zweigliedriger Anpassungsprozeß geschaffen: Rückziehung von der Außenwelt – zu ihrer besseren Bewältigung. Die Tatsache, daß auf das Ziel nicht direkt losgegangen wird, sondern Umwege (Mittel) eingeschaltet werden können, ist ein entscheidender Entwicklungsfortschritt.«[23]

Die Zurückziehung und erneute Hinwendung erfordern all jene kulturelle Mittel, die sich über Jahrtausende des menschlichen Gemeinschaftslebens entwickelt haben. Unter diesen Mitteln sind kulturell verpflichtende Darstellungen von entschiedenster Bedeutung, weil sie die Individuen dazu anhalten, an den Erfahrungen einer Tradition zu partizipieren. Wir begnügen uns im allgemeinen damit, uns die Tradition als eine Reihe von Momenten vorzustellen, die wir kennenlernen, die wir uns wünschen und die wir schätzen. Doch ihr Beitrag zu unserem Leben geht über die Dankbarkeit für Schönheit und Weisheit hinaus. Sie formen uns, wie sie selbst geformt worden sind. Hartmanns Betonung der Anpassung formuliert diese seelische Integration folgendermaßen:

»Wir haben gesehen, wie es für das Ich entscheidend wird, daß es sich der rationalen Steigerung bedienen kann, während es gleichzeitig die Irrationalität der anderen seelischen Leistungen einbezieht. Im rationalen Entwurf muß das Irrationale als Faktum eingeschlossen sein. (Dabei sind wir uns, wenn wir hier rational und irrational einander gegenüberstellen, der Relativität dieser Gegensätzlichkeit sehr wohl bewußt.) Wir werden sogar nicht vergessen, daß sogar im Bereich wissenschaftlichen Denkens anthropomorphe irrationale Denkmotive offenbar werden können. Es kann auch in pathologischen Fällen die Tendenz zum rationalen Symptomcharakter haben oder Abwehr sein usw. ... Eine kurze Überlegung zeigt auch, daß im Ansatz der Psychoanalyse als therapeutischen Verfahrens jenes Verhältnis zwischen der Berücksichtigung rationaler und der Berücksichtigung irrationaler Elemente schon weitgehend gegeben ist.«[24]

Kulturell verpflichtende Darstellungen sind die Mittel, die uns zur Verfügung stehen, um die rationalen und irrationalen Anteile unseres Seelenlebens miteinander zu verbinden; denn sie befinden sich in ständiger Auseinandersetzung um eine seelische Integration. Aufgrund der Stellung, die sie in der Kultur einnehmen, besitzen sie die Macht, sich auf den Austausch starker Affekte in einer Übertragungsbeziehung zu konzentrieren. Die dabei zu erreichende Realitätsbewältigung geht zum Teil auf jenen Vorgang zurück, den Hartmann als »regressive Anpassung« bezeichnet. Er versteht darunter »eine seelische Leistung (die ja generell auch im Archaischen fußt)« und »gerade durch diesen Umweg über das Archaische für die Synthese und gegenüber der Außenwelt neue Bedeutung« gewinnt.[25]
Hartmanns Beobachtungen können im Kontext der hier geführten Diskussion erweitert werden. Der Herstellungsvorgang der

Kunst, der sich auf das primärprozeßhafte Denken stützt (und den die Rede vom »Umweg über das Archaische« meint), kommt in den Objekten selbst zur Darstellung und zum Ausdruck. Die Geschichte kultureller Gegenstände, insbesondere die Kunstgeschichte, ließe sich unter dem Gesichtspunkt der zu diesem Zweck verwendeten artistischen und ästhetischen Mittel schreiben. Eine psychoanalytisch ausgerichtete Kunstgeschichte würde nach dem Vorbild der Überlegungen von Hartmann den Versuch unternehmen, die Theorie der Interpretation über die in den frühen psychoanalytischen Schriften eingehaltenen engen Grenzen hinaus auszudehnen. Mit dem Begriff des »Anpassungsvorgangs« beginnt Hartmann diese Ausarbeitung, indem er zeigt, daß die Kulturgeschichte teilweise erklärt, wie die Bewältigung des primärprozeßhaften Denkens vor sich ging. Sie vollzog sich durch die Schaffung jener Objekte, die ich als »kulturell verpflichtende Darstellungen« bezeichnet habe, und ging einher mit einer Zunahme des Selbstbewußtseins im Vorgang seiner Anpassung. Erhöhtes Selbstbewußtsein und tieferer Einblick in menschliches Handeln ergeben sich aus einer genauen Untersuchung der kulturell verpflichtenden Darstellungen.

Es gibt eine interessante, vielleicht theoretisch bedeutsame Parallele zwischen Hartmann und Kernberg in bezug auf das Problem einer Interaktion zwischen primär- und sekundärhaftem Denken. Kernberg vertritt die Auffassung (vgl. S. 79), daß sekundärprozeßhaftes Denken sich auf das primärprozeßhafte, welches wir uns als einer Entwicklung unterworfen vorstellen müssen, auswirkt. Er tritt damit in einen Gegensatz zu Freuds Ansicht, das primärprozeßhafte Denken werde früh angelegt und entwickle sich nicht während des Reifungsprozesses. Hartmann meint, im Vorgang der »regressiven Anpassung« werde das sekundärprozeßhafte Denken durch die Fähigkeit einer Person beeinflußt, sich in der Auseinandersetzung mit Objekten auf primärprozeßhaftes Denken zu verlassen. Insgesamt nehmen die Ergänzungen und Zusätze zur Ich-Psychologie an, daß die Entwicklungsgeschichte während des lebenslangen Umgangs mit Objekten sehr viel komplexer verläuft, als die psychoanalytische Theorie ursprünglich meinte. Doch selbst bei der Weiterentwicklung durch Hartmann und Kernberg wird *ein* Aspekt kulturell verpflichtender Darstellungen vernachlässigt, nämlich deren Fähigkeit, als Knotenpunkt einer Interaktion von primär- und sekundärprozeßhaftem Denken zu dienen. Gerade darin besteht die Eigenart des *Stils*. Er ist eine vom Ich kontrollierte Organisationsstruktur, die tief im Unbewußten wurzelt. Durch ihn sind kulturell verpflichtende Darstellungen in der Lage, eine Tradition zu etablieren, deren hochbesetzte Objekte gleichzeitig besessen werden (sie gehören »mir«) und expressiver Natur sind (sie sind Manifestationen einer Subjektivität). In der Welt existieren sie als Gegenstände für andere, die sie als Teile der Privatgeschichte ihrer Subjektivität erleben.

V

Stil ist eine den kulturell verpflichtenden Darstellungen eigentümliche Struktur. Soweit sie Qualitäten besitzen, die denen von Personen ähnlich sind, gelingt ihnen dies eben durch ihren Stil. Wie wir Personen eine Intention zuschreiben, so schreiben wir kulturellen Gegenständen einen Stil zu. Als hergestellte Dinge, die das Kennzeichen einer Tradition und die Handschrift ihres Herstellers tragen, zeigen kulturelle Gegenstände ihre Intentionen durch ihren jeweiligen Stil. Das läuft nach einer Art Analogie auf die These hinaus, daß diese Gegenstände Qualitäten besitzen, die denen von Personen ähnlich sind, denn sie verfügen über Eigenschaften, also über Stile, und auf diese Eigenschaften wird in der Wahrnehmung reagiert, wie man auf die intentionalen Akte von Personen reagiert. Wenn ich so argumentiere, meine ich den strukturellen ebenso wie den motivationalen Wortsinn des Begriffs »Intention«, wobei bewußte und unbewußte Aspekte in eine derartige Definition mit eingehen. Wenn man die These vertritt, Stil sei die Intention kulturell verpflichtender Darstellungen, so heißt dies, daß solche Darstellungen stilistisch ebenso wie thematisch einen bewußten und einen unbewußten Aspekt besitzen und daß man auf sie mit bewußten wie mit unbewußten Affekten, Überzeugungen und Einstellungen reagiert.

Freud war der Ansicht, daß der Zusammenhang kulturell verpflichtender Darstellungen in ihrem thematischen Material zu finden sei, daß also bestimmte psychosexuelle Themen immer wieder auftreten. Wie wir gesehen haben, liegt dieser Annahme die Auffassung einer besonderen Art von psychischer Zweckmäßigkeit zugrunde, eben ein Bedürfnis nach Wunscherfüllung. Nachdem die psychoanalytische Traumtheorie ausgearbeitet war, war es relativ leicht, die Unterscheidung von manifesten und latenten Strukturen auf kulturell verpflichtende Darstellungen anzuwenden. Diese Unterscheidung blieb bei der Erörterung der Kunst in Freuds theoretischen Schriften unentwickelt. In ihnen wurden die komplexen Organisationsprinzipien des Stils ausdrücklich übergangen.

Meine These ist nun, daß die Beständigkeit und Dauer kulturell verpflichtender Darstellungen ebensosehr (oder sogar mehr) von ihrem Stil abhängt wie von dem üblicherweise in der psychoanalytischen Theorie betrachteten thematischen Material. Aber die Idee des Stils muß als eine funktionale Ganzheit mit einer Struktur aufgefaßt werden, die eine dauerhafte Wirkung zeitigt. Die Intention eines Objekts besteht darin, durch den Stil eine Wirkung hervorzurufen. Das Objekt wird selbst in der Reaktion auf es als etwas wahrgenommen, das eine Intention und einige von den Eigenarten der Person besitzt, weil es über einen expressiven Inhalt und eine zweckmäßige Organisation verfügt.

Jede Theorie der Kunst legt sich auf eine Charakteranalyse fest und behauptet, die *wirkliche* Intention eines Objekts offenzulegen. Schauen wir uns aber die Geschichte der Manifeste an, so sehen wir, daß jedes von ihnen bestenfalls eine begrenzte Interpretation bereithält. Begrenzt ist sie, weil die Festlegung einer Intention eine Auswahl widerspiegelt. Eine Auswahl bringt eine unbewußte und historisch traditionale Art zum Ausdruck, eine Grenze anzugeben, innerhalb derer eine Interpretation stattfindet. Im Fall einer psychoanalytischen Interpretation (und hier ist wie anderswo die Theorie eine Ideologie) wird ein breites Spektrum unspezifischer Variablen einfach außer acht gelassen. Darin gleicht die psychoanalytische jeder anderen Theorie. Weil nun aber alle Theorien so sind, muß man davon ausgehen, daß jede von ihnen notwendig unvollständig ist. Jede Interpretation zieht eine Grenze um die Variable, die sie berücksichtigt. Diese Grenze ist in der Tat Teil ihrer selbst. Wenn der Gegenstand der Interpretation eine kulturell verpflichtende Darstellung ist, ist dessen Intention eine Funktion des Stils sowie des Manifests, und zwar in der Weise, wie beide durch das Objekt zum Ausdruck gebracht und von den Leuten, die sich des Objekts bedienen, verstanden werden. Wird eine »Intention« in dieser Weise analysiert, dann stellt sich die psychoanalytische Interpretation in einen größeren theoretischen Zusammenhang, der seinerseits Raum läßt für konkurrierende und sie ergänzende Interpretationsmethoden. Da die Intention eines kulturellen Gegenstandes wie etwa eines Werks der Kunst ideologisch beeinflußt und historisch veranlaßt ist, bildet die Geschichte der Interpretationen einen notwendigen Teil der Kunstgeschichte. In einer derartigen Geschichte ist die Psychoanalyse eine Interpretationsmethode und zugleich eine Theorie, die selbst eine ähnliche Intention besitzt wie die kulturellen Gegenstände, die sie interpretiert.

Eine Schlußfolgerung der von mir vorgeschlagenen Ausweitung der psychoanalytischen Theorie geht dahin, daß das Konzept der Intention uns gestattet, Objekte in einem begrenzten Kontext zu behandeln, aber uns den Trost ideologisch fixierter oder letztlich beweisbarer Interpretationen versagt. Es gibt keine »korrekte« Interpretation, wenn wir darunter die Deutung eines Objekts verstehen, die alle anderen Interpretationen *ausschließen* würde. Ganz gleich, auf welcher theoretischen Grundlage eine Interpretation ausgeführt wird – die Intention des Objekts läßt zwei Bezugsebenen erkennen. Die eine stellt Realitäten dar, die in Natur und Kultur bereits teilweise bekannt sind, aber in dieser besonderen kulturell verpflichtenden Darstellung weiter erforscht werden. Die andere bezieht sich auf unbewußte Annahmen und Anlagen, die in einem Objekt in genau der gleichen Weise externalisiert werden, wie dies mit latenten Traumgedanken im manifesten Inhalt eines Traums geschieht. Sie stecken »in« dem Objekt als ikonographische Elemente einer Struktur, auf die wir mit Gefühlen und Gedanken reagieren.

Wenn wir in der Konfrontation mit kulturellen Gegenständen Gefühle und Gedanken haben, erforschen wir unsere eigenen unbewußten Überzeugungen und Anlagen, wie sie externalisiert und identifiziert werden. Daß sie »identifiziert« sind, heißt nicht, daß sie bewußt unterhalten werden; denn was identifizierend festgestellt wird, kann unbewußt ebenso wie bewußt sein. Durch kulturell verpflichtende Darstellungen ausgelöste Gedanken werden bewertet, ohne deshalb notwendig in spezifische Ideologien übersetzbar zu sein. Denn Ideologien sind keine Intentionen von kulturellen Gegenständen, sondern können zu »für wahr gehaltenen« Bedeutungen kulturell verpflichtender Darstellungen werden. Und dies geschieht immer wieder in ihrer wechselhaften Geschichte.

Als Reste ihrer feierlichen Verherrlichung, als Gefäße des Glaubens und als Anhaltspunkte von Traditionen sind kulturell verpflichtende Darstellungen in unserer Kultur zu den einzigen Objekten geworden, die eine Tradition zu konstituieren vermögen. Die Weisheit dieser Schöpfungen ist vielleicht die letzte Art von Erlösung, die uns zuteil werden kann. Daß sie zu einzigen Untersuchungsobjekten der Geisteswissenschaften geworden sind, scheint überzeugend. Daß sie auch zu einer bildenden Kraft in der Naturwissenschaft und den technischen Disziplinen werden können, versuchen wir zu zeigen. Darin liegt eine zentrale Aufgabe unserer heutigen Kultur. Und dies erscheint zuweilen trivial; denn kulturell verpflichtende Darstellungen sind weithin mißbraucht, in Frage gestellt und mißverstanden worden. Wie können wir ein gemeinsames Verständnis ihrer Energien und Befriedigungen wiedergewinnen? Mit einer Philosophie der Kunst, die ihre Entwicklungsstruktur aus der psychoanalytischen Theorie entlehnt, habe ich einen Weg in diese Richtung zu zeigen versucht. Sie stützt sich auf das Erbe kulturell verpflichtender Darstellungen und legt sich fest auf ein Engagement für die äußere Welt der Kultur, in der wir leben. Die Erforschung dieses Gebiets muß niemals enden, da der Forscher gezwungen ist, seine Untersuchungsobjekte ebenso zu schaffen wie zu studieren.

In den folgenden Kapiteln werden, ausgehend von der psychoanalytischen Theorie, einzelne Begriffe und besondere Themen detailliert untersucht.

IV

Die psychoanalytische Theorie in der Praxis: Stil, Ausdruck, Wahrheit

I

Die psychoanalytische Betrachtungsweise der Kunst führt zu eigenen interessanten Interpretationen ebenso wie zu einer ganzen Reihe von Einwänden. Ein gutes Verfahren, die psychoanalytische Theorie in der Praxis zu beobachten, besteht darin, die Analyse eines prominenten Kritikers zu lesen und zugleich die Einwände zu berücksichtigen, die sich aufgrund einer besonderen historischen Orientierung ergeben haben. Die folgenden Darstellungen befassen sich mit dem Werk des österreichischen Bildhauers Messerschmidt und stützen sich auf die Arbeiten des Kunsthistorikers und Psychoanalytikers Ernst Kris sowie der Kunsthistoriker Rudolf und Margot Wittkower.[1]

Kris beginnt seine Interpretation der Portraitbüsten von Messerschmidt mit der Beobachtung, daß in den Arbeiten dieses Künstlers eine stilistische Veränderung eingetreten sei, als er sich von höfischen Skulpturen abwandte und sich mit physiognomischen Studien von Köpfen befaßte. »Dieses neue Interesse beruht auf verschiedenen Faktoren, von denen einige unmittelbar mit seiner Geisteskrankheit und dem spezifischen Gehalt seiner Wahnvorstellungen verknüpft sind.« Die Kausalanalyse, die Kris vornimmt, stützt sich auf psychologische eher als auf politische oder im engeren Sinn stilistisch-historische Ursachen.

Kris setzt seine Analyse fort, indem er sich den stilistischen Problemen zuwendet, die durch die Änderung der skulpturalen Darstellung aufgeworfen werden: »Menschlicher Ausdruck verkehrt sich zur Grimasse und erfüllt magische Funktionen, die in groben Zügen gedeutet werden konnten.« Gedeutet wurden sie zunächst künstlerisch, dann psychologisch. In künstlerischer Hinsicht führt Kris aus:

»Daß, sozusagen auf einer zweiten Ebene künstlerischer Tätigkeit, der Künstler sich bemüht, die magische Bedeutung der Grimassen mittels äußerer Attribute zu verbergen, z. B. mit wechselnden Frisuren oder einer Verfärbung der Gesichts-Konstellation mit einigen ausdruckshaltigen Elementen. Er versucht, die größtmögliche Anzahl von solchen Elementen zu rechtfertigen, die ihm seine Wahnvorstellungen und die magische Funktion vorschreiben; also dem, was ursprünglich nur für ihn selbst Bedeutung hatte und Teil seines wahnhaften Denkens war, einen für sein Publikum verständlichen (und sekundären) Sinn zu verleihen.«

In psychologischer Hinsicht meint Kris:

»Ist nicht anzunehmen, daß persönliche oder ›geheime‹ Bedeutungen an allen oder an vielen Elementen des Kunstwerkes haften, besonders an den formalen Elementen, die der Künstler in der einen oder anderen Weise bevorzugt? Im Falle Messerschmidts, eines Psychiotikers, sind wir durch günstige Umstände mit Angaben versorgt, die einiges Licht auf dieses Problem werfen. Uns ist möglich, zumindest im groben und annähernd bei der Behandlung seines Mediums jene Elemente, die durch seine individuellen seelischen Voraussetzungen bestimmt sind (in diesem Fall seinen Wahnsinn), von anderen zu unterscheiden, die ohne Rückverweis auf einen individuellen Bezugsrahmen allgemein verständlich sind und daher allgemein wirksam sein können. Individuelle und ›Eigen‹-Bedeutungen dieser Art sind zweifellos auch in die Struktur von Werken ›normaler‹ Künstler eingebettet. Im Idealfall lassen sich diese Bedeutungen von der Strukturganzheit nicht trennen; wahrscheinlich sind alle Einzelheiten und Merkmale sozial sinnvoll. Die Vermutung liegt nahe, daß die Art, in der die ›Eigenbedeutungen‹ in den Aufbau des Kunstwerkes eingefügt sind, für das Wesen (und vielleicht den ›Wert‹) der künstlerischen Leistung entscheidend sind.«

Die Untersuchungsmethode, die Kris auf die Büsten des Bildhauers Messerschmidt anwendet, hat ihren Ursprung in der Interpretationstechnik, die Freud in seinen Erörterungen von Kunstwerken skizziert hat. Wir sehen, wieviel stärker Kris diese Skizze ausfüllt und wieviel mehr er zu einem einzelnen Thema zu sagen hat als vorherige psychoanalytische Interpreten. Die Gründe für die größere Kompetenz und Subtilität von Kris liegen zum einen in seiner Ausbildung als Kunsthistoriker und zum anderen darin, daß er von der Entwicklung der Ich-Psychologie profitierte, die er gemeinsam mit Hartmann und Loewenstein geschaffen hatte. Diese Weiterentwicklung der psychoanalytischen Theorie betonte die Rolle des Ich bei der Anpassung des menschlichen Organismus an seine Umwelt sowie die Bedeutung des Reifungsvorgangs für das bewußte Denken.

Kris lenkt bei seiner Beschreibung der Skulpturen von Messerschmidt die Aufmerksamkeit auf die Art und Weise, in der die rein plastischen Strukturen des Gesichts für den Künstler und für den Betrachter bestimmte Funktionen übernehmen. Kris verläßt sich dabei auf seine Ausbildung als Kunsthistoriker, um uns etwas bewußt werden zu lassen, was ich nunmehr als »Ikonographie des Mediums« bezeichne. Wie einzelne Objekte der Malerei und Skulptur ikonographisch gedeutet werden können, so besitzen gerade die formalen Elemente der Kunst für die unmittelbare Wahrnehmung und die direkten Affekte eine Bedeutung.[2] Die psychoanalytische Sensibilität für ein Medium wie die symbolische Form stellt eine Ausweitung der Beobachtungen dar, die den kleinsten unterscheidbaren Elementen von Gestik, Sprache, Ausdruck und Körperhaltung gelten. Kris stützt sich auf Deutungen, die sich während der klinischen Analysen ergeben und lenkt unsere Aufmerksamkeit auf die scheinbar nebensächlichen expressiven Züge der Büsten Messerschmidts. Dabei weitet er die Interpretationsmethode der psychoanalytischen Theorie auf die Teile einer Skulptur aus, durch die nichts direkt repräsentiert wird.

Die von Rudolf und Margot Wittkower vorgebrachten Einwände gegen die Schlußfolgerungen von Kris betreffen nicht die Behandlung des Mediums an sich, sondern richten sich eher gegen die psychologische Einschätzung von Messerschmidt. Sie meinen, das Werk eines Künstlers könne durchaus sowohl offiziöse wie private Arbeiten umfassen, ohne deshalb eines psychologischen Erklärungsmodells zu bedürfen. Sie verweisen darauf, daß »die Praxis (sowohl öffentliche wie private Arbeiten anzufertigen) bereits im 16. Jahrhundert aufkam, sich mehr und mehr verbreitete und z. B. kennzeichnend für das Werk von Goya ist, dem großen Zeitgenossen von Messerschmidt. Es ist auch kein Zeichen einer Geisteskrankheit, daß Messerschmidt seinen ›privaten‹ Arbeiten eine private Bedeutung verlieh.«[3]

Gegen diese These ließe sich einwenden, daß man in bezug auf Goya zu demselben Schluß gelangen könnte wie im Hinblick auf Messerschmidt. Unabhängig davon jedoch sowie von allen jenen Problemen, die eine allgemeine Feststellung in bezug auf die Persönlichkeit von Künstlern aufwirft, muß darauf hingewiesen werden, daß eine Argumentation, die sich auf historische Kontinuität und eine allgemein anerkannte künstlerische Zielsetzung stützt, die Interpretation von Kris nicht widerlegt. Nicht nur ist das Werk von Messerschmidt ungewöhnlich zerrissen, sondern aus uns vorliegenden Berichten geht hervor, daß in seinem Wahnsystem die privaten Bedeutungen die öffentlich dargestellten Formen überwältigten. Wir *sehen* in seinem Werk etwas Bizarres, und wie sehr wir auch immer durch die Arbeiten eines Mannes wie Goya verwirrt sein mögen, so reagieren wir doch nicht in gleicher Weise auf dessen Gemälde. Weiterhin ist zu bedenken, daß unabhängig davon, wie sich das historische Material jeweils darbietet, die Relevanz psychischer Erklärungen in jedem Einzelfall festgelegt werden muß. Bei unserer Bewertung und Interpretation müssen wir uns von unseren Reaktionen auf ein Objekt leiten lassen. Gerade im Hinblick auf die Sensibilität für Reaktionen sowie auf die Fähigkeit, sich analytisch zu Affekten und Assoziationen zu verhalten, sind die Kenntnisse der Psychoanalyse von wesentlicher Bedeutung. Die Wiederholung stilistischer und thematischer Merkmale in ein und demselben Zeitalter läßt nicht auf gemeinsame Reaktionen schließen und erklärt bei genauerem Hinsehen ebensowenig die Individualität von Gedanken und Assoziationen.

Nach Auffassung von Rudolf und Margot Wittkower bleiben die »verborgenen Bedeutungen« im Verborgenen. Kris dagegen versucht, sich dem Wahnsystem des Künstlers zu nähern und sich dabei auf eine grundlegende Entdeckung anhand klinischer Beobachtungen zu stützen. Das scheinbar Verborgene und Obskure kann sich bei Verwendung der richtigen Methode als zugänglich und künstlerisch sinnvoll erweisen. Dieser Verdacht, den Kris durch seine Untersuchung bestätigen will, zieht eine Parallele zwischen den Mitteln der Psychoanalyse zum Verständnis psychotischen Verhaltens und den Mitteln, die ein Kunsthistoriker zum Verständnis außergewöhnlicher Phänomene auf dem Gebiet der Kunst verwendet.

Freud hat beobachtet, daß in gewissen psychotischen Zuständen Bilder ähnliche Funktionen übernehmen wie Wörter und daß Psychiotiker Dinge und Wörter durcheinanderbringen. Er meinte, daß Dinge, die im Unbewußten bildlich repräsentiert werden, in extremen psychotischen Zuständen die Worte des Bewußtseins ersetzen und anfangen können, wie eine Sprache zu funktionieren. Bilder und nicht Worte repräsentieren Vorstellungen, und das Ergebnis ist ein primärprozeßhaftes Denken, das sich im Bewußtsein durch eine »Sprache« der Bilder statt der Worte ausdrückt. Freuds klinische Bemerkungen zum psychotischen Verhalten sind zu kursorisch, um generell als theoretische Erklärung dienen zu können, aber Freud wies auf eine Einstellung des Denkens hin, bei der die Dinge im linguistischen Sinn als vorstellungshaft aufgefaßt und syntaktische Beziehungen innerhalb der Sprache in gegenständliche Kräfte übersetzt werden, von denen der Kranke glaubt, daß sie sein Verhalten erzwingen.[4]

Weil sie auf die begrenzte Erfahrung einer extremen Gedankenentstellung beschränkt sind, tragen Freuds Beobachtungen über psychotische Zustände sowohl zu der Interpretation bei, die Kris den Portraitbüsten von Messerschmidt widmet, wie sie uns gleichzeitig Probleme bereiten. Kris versucht, eine Beobachtung von Freud auf die Kunst anzuwenden. Dieser schrieb in dem Aufsatz »Das Unbewußte«, ein einzelnes Wort könne einen ganzen Gedankengang repräsentieren. Diese an sich richtige Vorstellung läßt sich auf die metaphorische Funktion von Wörtern sowohl wie von Bildern in den Künsten anwenden. Sie kann jedoch zwei Arten von symbolischen Funktionen nicht unterscheiden: die Funktion, die das Symbolische für jemanden besitzt, der psychotisch ist wie Messerschmidt, und diejenige, die es für einen normalen Betrachter jener Kunstwerke besitzt, die vielleicht in psychotischen Zuständen hergestellt worden sind. Für Messerschmidt waren die Details der von ihm verfertigten Portraitbüsten vielleicht durchaus *konkret* in demselben Sinn, in dem sie für ihn sowohl mehr als auch weniger repräsentierten als für uns. Für Messerschmidt könnten die Büsten eine konkrete Gegenwärtigkeit besessen haben; für uns, die wir außerhalb seines Wahnsystems stehen, sind sie eindeutig strukturierte Objekte mit einem Stil, auf den wir mit komplexen Gefühlen reagieren. Die psychoanalytische Theorie muß das Erleben eines Beobachters zu erklären suchen, ohne sich dabei ausschließlich auf den möglicherweise psychotischen Künstler einerseits zu stützen und sich andererseits von der Kunstgeschichte vollständig abhängig zu machen. Mir kommt es also auf eine psychoanalytische Deutung des *Gegenstandes* und nicht des Künstlers an.

Aber auch die Beziehung von Künstler und Gegenstand muß im Rahmen der psychoanalytischen Theorie begrifflich erfaßt werden. In meinen früheren Erörterungen zur Übertragung und Gegenübertragung (vgl. oben, Kapitel II, Abschnitt II) habe ich die Auffassung vertreten, daß diese Konzepte über die klinische Verwendung hinaus, auf die sie gewöhnlich beschränkt werden, auszuweiten sind. Im folgenden werde ich die Bedeutung dieser Begriffe in ihrer Anwendung auf den Künstler, den künstlerischen Gegenstand und das Publikum näher ausführen.

Unter »Gegenübertragung« verstehe ich die Reaktionen eines Betrachters auf die Eigenarten eines Gegenstandes durch die Assoziationen und Interpretationen, die sein unbewußtes Denken bereitstellt. Die Gegenübertragung wird metaphorisch auf den Fall Messerschmidt ausgedehnt; denn normalerweise verwenden wir das Wort im selben Sinn wie das der »Übertragung«. Die Verwendung beider Wörter im klinischen Zusammenhang setzt einen Austausch zwischen Patient und Analytiker voraus, durch den sich eine Wahrheitsfindung herstellt. Denn im klinischen Austausch treten Assoziationen von beiden Seiten auf, wobei neues Material aus der Vergangenheit dazu beiträgt, daß einige Deutungshypothesen verworfen und andere bestärkt werden. Im Falle von Kunstwerken ist das Konzept der Gegenübertragung schwieriger anzuwenden und doch meiner Auffassung nach relevant. Das Problem, welches sich mit ihm stellt, ist folgendes: Wie wissen wir, daß unsere Reaktionen auf Gegenstände wie die Portraitbüsten Messerschmidts einen objektiven Status in einer Welt allgemein anerkannter Reaktionen beanspruchen können und daß diese Reaktionen nicht einfach privat und idiosynkratisch sind?

An diesem Punkt muß die Auffassung von Rudolf und Margot Wittkower ins Spiel gebracht werden; denn man könnte die Ansicht vertreten, eine Überprüfung hänge von kunsthistorischen Kriterien ab, also von gemeinsamen Themen und Stilen sowie dem aus Dokumenten zugänglichen Material usw. Der Nachteil des kunsthistorischen Ansatzes der Wittkowers liegt gerade im Bereich starker Affekte, jener Art von Gefühlen, die Werke der Kunst als unmittelbare Reaktionen in uns auslösen und die keine noch so große historische Bezugnahme zu erklären vermag. Der Nachweis, daß auch andere Künstler ein Doppelleben geführt haben, kann die Eigenarten der Portraitbüsten von Messerschmidt ebensowenig erklären, wie er uns zu einem besseren Verständnis der extremeren Kunst eines Malers wie Goya verhilft. Wir suchen eine Bedeutung in den Gegenständen unserer Interpretationen, einen Sinn oder eine Reihe von Gefühlen, die wir mit anderen ausgehend von der Privatheit unserer individuellen Reaktionen teilen können, bis hin zur Erklärung der Gegenstände in ihrer Einzigartigkeit.

Um in den Genuß der Einzigartigkeit von Objekten zu gelangen, müssen wir den kunsthistorischen Ansatz mit jenem psychoanalytischen zusammenbringen, bei dem es den meisten Mitgliedern des Publikums an der notwendigen Information und Vorbildung fehlt. Aber auch sie werden auf das unbewußte Material reagieren. Wenn ein psychoanalytischer Interpret über die unbewußten Reaktionen zum unbewußten Material vordringen soll, dann muß er seine Reaktionen ins Bewußtsein heben – das heißt, er muß eine Sprache finden, in der er ihre Bedeutung *erklären* kann.

Der Begriff des »Erklärens« erhält hier einen anderen Sinn als in den üblichen Deutungen, welche der von Freud entwickelten Methode zugrunde lagen. Freud arbeitete auf der Ebene umfassender ikonographischer Darstellungen. Kris dagegen, der Kunsthistoriker, bezieht sich auf die grundlegenden formalen Strukturen der Kunst und versucht, sie zu interpretieren. Selbstverständlich kann Kris dies teilweise deshalb tun, weil die Bedeutung von »Inhalten« in dem von Freud unterstellten Sinn von der modernen Kunst geleugnet wird. So verteidigte etwa der Bildhauer Boccioni, als wollte er ein Manifest für die von Kris angebotene Interpretation herausbringen, den Zweck der modernen materialbezogenen Kunst folgendermaßen: In allen Künsten müsse »die traditionell hohe Stellung des Gegenstandes ... abgeschafft werden; ... die Bildhauerei kann sich eine episodische Rekonstruktion der Realität nicht zum Ziel nehmen«.[5] Die nachdrückliche Betonung eines abstrakten Formalismus in der modernen Bildhauerei hält bewußt an einem universalen und fundamentalen Wert von Skulpturen fest, der in einer materialbezogenen Kunst stets eine Rolle gespielt hat. In dieser Hinsicht sind die ikonographischen Elemente, die von psychoanalytisch orientierten Kunsthistorikern untersucht werden, grundlegend für eine jede »Lektüre« nicht nur jener Werke, wie sie Boccioni geschaffen hat. Die Feststellung der expressiven Formen, welche die Ikonographie eines Mediums begründen, ist für jede Interpretation wesentlich. Darum ist eine psychoanalytische Lektüre der Portraitbüsten von Messerschmidt für jede Arbeit auf dem Gebiet der Kunstgeschichte von Bedeutung. Der Beitrag von Kris hat eine Verfeinerung der Methoden und eine erhöhte Sensibilität auf dem Gebiet der Wissenschaft zur Folge. Mir scheint, daß die scharfe Kritik von Rudolf und Margot Wittkower die These von Kris bei weitem nicht trifft. Beide übersehen eine Forschungsrichtung, die für die Kunstgeschichte zunehmend wichtig werden wird, da sie ihre Aufmerksamkeit auf die formalen Eigenschaften des unmittelbar Wahrgenommenen konzentriert. Eine Möglichkeit, mit dieser notwendigen Verengung der Aufmerksamkeit fertig zu werden, besteht darin, dem Kunsthistoriker die Verpflichtung zu übertragen, die ästhetischen Interessen des Künstlers als Künstler mit zu übernehmen. Die Kunstgeschichte muß nicht nur in der Kontinuität gemeinsamer Wertvorstellungen denken, sondern auch die Privatheit des Künstlers und die mit ihr zusammenhängenden idiosynkratischen Werte berücksichtigen, die aus künstlerischer Notwendigkeit heraus schließlich eine neue Richtung einzuschlagen erlauben. Die psychoanalytische Interpretation der Kunst versucht, die Aufmerksamkeit des Kunsthistorikers auf einzigartige ebenso wie auf überall verbreitete Elemente in den zu interpretierenden Gegenständen zu lenken. In dieser Hinsicht leistet der psychoanalytische Ansatz mehr, als nur eine Interpretation nach Art einer beliebigen Theorie vorzulegen. Er liefert das Material, auf das sich andere Theorien beziehen. Darauf hat in etwas anderem Zusammenhang, aber in einer durchaus für die vorliegenden Erörterungen relevanten Weise Norman Holland hingewiesen:

»Die psychoanalytische Lektüre eines literarischen Werks unter dem Gesichtspunkt seiner Phantasie besitzt einen besonderen Status. Sie ist nicht einfach nur eine Lektüre neben anderen, die sich auf Ideologien wie die von Marx, Swedenborg, des christlichen Humanismus etc. stützen, sondern sie ist vielmehr das Material für andere derartige Lektüren.«[6]

Das Wahnsystem eines Künstlers, wie es hier von Kris entdeckt und interpretiert wird, kann, wenn sich aus ihm eine wirklich schöpferische Kreativität entwickelt, die Strukturen der künstlerischen Komposition (seien dies nun Worte, Gestalten, Farben oder Harmonien) ergreifen und mit *ästhetischen* Eigenschaften versehen. Gerade auf sie reagiert ein Betrachter zuerst. Psychoanalytische Beobachtungen verstehen sehr wohl, daß bei diesem ersten Zusammentreffen »das Ästhetische« weit mehr umfaßt als formale Eigenschaften; es umfaßt insbesondere jene unmittelbaren Ausdrucksqualitäten des Gefühls, auf die das Publikum unweigerlich mit einer Gegenübertragung reagiert. Ein Künstler, der einen Gegenstand in der überkommenen kulturellen Tradition schafft, bringt in seinem Werk unbewußt seine gesamte Übertragung zum Ausdruck. Und das Publikum reagiert mit einer Gegenübertragung, die es sowohl bewußt wie unbewußt erlebt.

Die Übertragung des Künstlers kann sich offensichtlich auf den Betrachter nicht in derselben Weise richten, wie sie in seinen Reaktionen auf eine Tradition zum Ausdruck kommt. Dennoch antizipiert ein Künstler die Reaktionen des Publikums in einer bestimmten Weise, welche seine Übertragung formt. Im selben Ausmaß tritt eine Gegenübertragung zu jener Übertragung auf, die metaphorisch das Publikum repräsentiert. In den Portraitbüsten von Messerschmidt sehen wir nicht nur ein privates Wahnsystem, sondern ein künstlerisches System, dessen sich der Wahn bemächtigt hat und das mit Wertvorstellungen besetzt ist, die zum Teil aus dem Wahnsystem stammen. Das künstlerische Schaffen steht in einer Tradition, die der Künstler ererbt hat bzw. kennt und die sich auf ein Publikum ebenso wie auf andere Objekte bezieht. Mithin tritt die Übertragung des Künstlers bei einer Vielzahl überkommener *topoi* auf, die immer wieder neu arrangiert, verändert, verformt und in genau der Weise revidiert werden, wie wir dies an den Büsten von Messerschmidt sehen. Trotz tiefreichender Unterschiede gibt es eine Kontinuität zwischen der offiziellen höfischen Kunst und den nur für das eigene Atelier geschaffenen Portraitbüsten in allen ästhetischen Details. Um die Atelierbüsten so zu verstehen, daß wir unsere Gegenübertragung voll in unsere Reaktionen einbringen können, brauchen wir sowohl kunsthistorische wie psychoanalytische Interpretationen. Denn diese stützen sich auf Kräfte, die im Werk des Künstlers als Künstler wirksam sind, und wirken in jener Gegenübertragung, die unsere Reaktion auf die Übertragung des Künstlers darstellt.

Zweifellos hat jeder Interpret, wie Norman Holland dies andeutet, private Bedürfnisse, von denen einige ideologischer Natur sind und die durch die besondere Verwendung einer psychoanalytischen Interpretation befriedigt werden können. Denn eine derartige Interpretation bietet Beobachtungen an, die zu unterschiedlichen Arten von Erklärungssystemen passen. Die Vielfalt der Ziele, denen psychoanalytische Interpretationen untergeordnet werden können, ist selbst Teil der großen Geschichte der Philosophie der Kunst, und Aufgabe des Kunsthistorikers ist es, eine Chronik der vielfältigen Interpretationen künstlerischer Gegenstände zu erstellen. In dieser Hinsicht ist die Interpretation, die Kris von den Portraitbüsten Messerschmidts gibt, aller Wahrscheinlichkeit nach durch das moderne Interesse an diesem Medium und dessen eigener Expressivität beeinflußt, wie es sich in dem Manifest von Boccioni ausdrückt. In die Formulierungen dieses Manifests sind gewiß keine psychoanalytischen Deutungen eingegangen, aber es lag (vielleicht unbewußt) der kunsthistorischen Betrachtung von Kris zugrunde. Weil es Kris nicht gelang, die Ikonographie des Mediums als bewußtes Ziel seiner Interpretation zu erkennen, verfiel er wieder auf eine Psychoanalyse des Künstlers und schrieb letzten Endes eine Untersuchung, die anknüpft an das, was Freud geschrieben hätte, wenn er die Portraitbüsten Messerschmidts interpretiert hätte. Aber Kris wollte sich aus dieser Tradition lösen. Wenn wir uns das Scheitern seiner Bemühungen und zugleich die Kritik von Rudolf und Margot Wittkower vor Augen führen, sind wir vielleicht in der Lage, von einer Psychoanalyse des Künstlers zu einer analytischen Deutung des Kunstwerks vorzudringen. Denn dies, so scheint mir, ist das Ziel einer psychoanalytischen Kunsttheorie.

Die Beobachtungen von Kunsthistorikern bieten dabei zweifellos eine Orientierungshilfe; denn die Kunstgeschichte kann die gemeinsamen künstlerischen Intentionen einer Epoche und eines Kulturraums feststellen. Aber diese gemeinsamen künstlerischen Strukturen werden, wie wir gesehen haben, von vielen Systemen des Glaubens, des Denkens und der Phantasie mobilisiert. Festzustellen, welches von ihnen in einem Einzelfall wirksam ist, setzt eine Ausbildung sowohl als Kunsthistoriker wie als psychoanalytisch sensibilisierter Interpret voraus. In der Auseinandersetzung zwischen Kris und den Wittkowers entsteht das interessante Problem, ob und aus welchem Grund eine psychoanalytische Ausbildung anderen Zusatzausbildungen bei Kunsthistorikern vorzuziehen sei.

Ich werde auf diese Frage im Kapitel V, Abschnitt V zurückkommen. Im Augenblick möchte ich einfach nur folgendes feststellen. Unabhängig davon, welche theoretische Einstellung sich die Kunstgeschichte zu eigen macht, stellt die psychoanalytische Deutung eines Werks Ansprüche, die sich von denen anderer Theorien unterscheiden. Eine psychoanalytische Darstellung durch einen Kunsthistoriker setzt ein hohes Maß an Reflektiertheit ebenso wie weitreichende Kenntnisse über eine Epoche und deren Traditionen voraus. Jede Theorie macht zu ihrer Anwendung im Einzelfall eine Ausbildung und eine Vorbereitung erforderlich. Die Frage ist also, ob die Ausbildung auf dem Gebiet der Psychoanalyse die Anstrengung wert ist. Die Antwort lautet, daß sie der historischen Forschung Aspekte kulturell verpflichtender Darstellungen zu erschließen vermag, die sonst nicht interpretiert werden würden.

Die psychoanalytische Theorie stellt eine Herausforderung für klinische ebenso wie für kunsthistorische Untersuchungen dar. Die Herausforderung für den Kliniker (die sich ebenso für diejenigen ergibt, die Werke der Kunst interpretieren wollen) skizzierte Freud mit seinen Überlegungen zu dem Problem, wie Patienten darauf vorbereitet sind, ihre eigenen Träume konstruktiv zu verwenden:

»Wie man sieht, handelt es sich darum, einen psychischen Zustand herzustellen, der mit dem vor dem Einschlafen ... eine gewisse Analogie in der Verteilung der psychischen Energie (der beweglichen Aufmerksamkeit) gemein hat. Beim Einschlafen treten die ›ungewollten Vorstellungen‹ hervor durch den Nachlaß einer gewissen willkürlichen (und gewiß auch kritischen) Aktion, die wir auf den Ablauf unserer Vorstellungen einwirken lassen ... die auftauchenden ungewollten Vorstellungen verwandeln sich in visuelle und akustische Bilder ... Bei dem Zustand, den man zur Analyse der Träume und pathologischen Ideen benützt, verzichtet man absichtlich und willkürlich auf jene Aktivität und verwendet die ersparte psychische Energie (oder ein Stück derselben) zur aufmerksamen Verfolgung der jetzt auftauchenden ungewollten Gedanken, die ihren Charakter als Vorstellungen ... beibehalten. *Man macht so die ›ungewollten‹ Vorstellungen zu ›gewollten‹.*«[7]

Die Deutungen von Träumen und von Werken der Kunst besitzen gewisse gemeinsame Merkmale. Bei beiden tritt eine Vielzahl visueller und akustischer Bilder ins Bewußtsein. Sie erscheinen häufig als Vorstellungen, die sich aber zunächst der Kontrolle dessen entziehen, bei dem sie auftreten. Diese Kontrolle wird in der klinischen Situation unter Anleitung des Arztes gewonnen. In der Begegnung mit der Kunst wird die Kontrolle durch eine Vielzahl von Erfahrungen, durch Wissen sowie durch die Fähigkeit erlangt, auf die »richtigen Dinge in der richtigen Weise« zu reagieren. Mit dieser Formulierung soll nicht das Problem der Kompetenz umgangen werden. Sie soll vielmehr die Notwendigkeit betonen, daß ein Beobachter ein hohes Maß an Sensibilität für eine Vielzahl von Ansprüchen entwickeln muß, die sich im Gefühl der Angemessenheit und Erforderlichkeit ausdrücken. Durch die Einführung der Begriffe »Angemessenheit« und »Erforderlichkeit« beziehe ich mich auf die Wahrnehmungsanalysen der Gestaltpsychologie, die ein Verhalten angesichts von bestimmten Gegenständen, wie etwa von Werken der Kunst, als notwendig beschreiben. Der Sinn für das Passende und Unpassende, für das Erforderliche und Nichterforderliche wird zum Teil durch das Studium der Kunstgeschichte erworben. Aber die Kunstgeschichte neigt dazu, die visuellen und akustischen Bilder zu »rationalisieren« und sie so zu behandeln, als seien sie vom Seelenleben, in dem sie entstehen, weit entfernt. Das Seelenleben ist jedoch in den Werken vorhanden, die durch ihre Strukturen eine Kontrolle über das Denken und die richtigen Reaktionen eines Betrachters ausüben. Die formalen Strukturen der Kunst legen einen Künstler ebenso fest wie sie ihn befreien. Der Kunsthistoriker neigt dazu, die Festlegungen zu betonen, während ein psychoanalytischer Interpret die Freiheit der Kreativität hervorhebt. Beide jedoch erfassen einen Gegenstand nicht in seinem vollen Funktionszusammenhang als ein kulturelles Phänomen, das an einer Tradition teilhat. Ich werde auf diesen Aspekt der Kunst im letzten Kapitel zurückkommen.
Die Zwecke und Ziele einer klinischen Selbstbeobachtung unterscheiden sich von den Zwecken der Kunst, aber auch die Kunst bietet ein Paradigma der inneren Suche und des äußeren Ausdrucks. Die Kunst stellt Gegenstände in die Welt der Öffentlichkeit. Ich meine, daß Freuds Fallgeschichten für ihn ein ähnliches

Ziel hatten, und dies mag für die Art und Weise verantwortlich sein, wie er über die Kunst schrieb. Bei ausreichender Begabung kann ein Therapeut den Vorgang, durch den das Ungewollte gewollt wird, so gestalten, daß er auch außerhalb des Behandlungszimmers eine öffentliche Existenz gewinnt. Freud stimmt mit vielen idealistischen Philosophen darin überein, den Bereich des Ästhetischen und der Kunst für den Gipfel möglicher Erfahrung zu halten. Nicht im Verhalten eines Patienten finden wir das, was an ihm künstlerisch ist, sondern zu finden ist es allenfalls in jenen Fallgeschichten, die sich, wie ich bereits gesagt habe, gegen Ende des 19. Jahrhunderts als eigenes Genre etablieren. Die Fallgeschichten boten wertvolle Anregungen zu einer genaueren Untersuchung der Kunst.

Sowohl in der Analyse von Träumen wie in der der Kunst muß der Interpret lernen, auf das kleinste Detail des Bewußtseins und auf alles genau zu achten, was überhaupt nur zu erinnern ist. Die Sensibilität fürs Detail läßt sich auch auf unser Verständnis der Kunst anwenden; denn die psychoanalytische Methode macht deutlich, daß die scheinbar unbedeutenden, am wenigsten beachteten Elemente der Kunst wichtige Punkte sind, an die sich vielleicht bedeutsame Phänomene anschließen.

In seinem Aufsatz »Der Moses des Michelangelo« vergleicht Freud seine Methode der Traumdeutung mit der des Kunsthistorikers Morelli, der dazu anhielt, das kleinste Detail eines Gemäldes zu beachten. Indem er vorgab, seinerseits Kunsthistoriker zu sein, zog er Parallelen zwischen der Psychoanalyse und der Kunstgeschichte:

»Lange bevor ich etwas von der Psychoanalyse hören konnte, erfuhr ich, daß ein russischer Kunstkenner, Ivan Lermolieff, dessen erste Aufsätze 1874 bis 1876 in deutscher Sprache veröffentlicht wurden, eine Umwälzung in den Galerien Europas hervorgerufen hatte, indem er die Zuteilung vieler Bilder an die einzelnen Maler revidierte, Kopien von Originalen mit Sicherheit unterscheiden lehrte und aus den von ihren früheren Bezeichnungen frei gewordenen Werken neue Künstlerindividualitäten konstruierte. Er brachte dies zustande, indem er vom Gesamteindruck und von den großen Zügen eines Gemäldes absehen hieß und die charakteristische Bedeutung von untergeordneten Details hervorhob, von solchen Kleinigkeiten wie die Bildung der Fingernägel, der Ohrläppchen, des Heiligenscheines und anderer unbeachteter Dinge, die der Kopist nachzuahmen vernachlässigt, und die doch jeder Künstler in einer ihn kennzeichnenden Weise ausführt. Es hat mich dann sehr interessiert zu erfahren, daß sich hinter dem russischen Pseudonym ein italienischer Arzt namens Morelli verborgen hatte. Er ist 1891 ... gestorben. Ich glaube, sein Verfahren ist mit der Technik der ärztlichen Psychoanalyse nahe verwandt. Auch diese ist gewöhnt, aus gering geschätzten und nicht beachteten Zügen, aus dem Abhub – dem ›refuse‹ der Beobachtung – Geheimes und Verborgenes zu erraten.«[8]

Wie der Kunsthistoriker mit dem Psychoanalytiker die Genauigkeit der Beachtung von bedeutungsvollen Details teilt, so weitet die Kunstgeschichte als Disziplin den Kreis ihrer Beobachtungen auf all das aus, was zu den unbemerkten und vernachlässigten Aspekten der Kunst zählt. Die psychoanalytische Sensibilität hat sehr zu unserer Fähigkeit beigetragen, bisher nicht erkannte oder vernachlässigte Elemente der Sprache oder visuellen Symbolik zu verstehen. Die psychoanalytische Forschung kann jedoch ebenso an dem ansetzen, was offensichtlich ist, also am Aufbau einer Handlung oder Abfolge einzelner Szenen wie an kleinsten stilistischen Details. Die größte Herausforderung für ihre Interpretationen besteht jedoch darin, beide Aspekte aufeinander zu beziehen.[9]

Die voraufgegangenen Beschreibungen von Arbeitsweisen der Psychoanalyse unterstellen, daß der Vorgang der Interpretation eine zweistufige Reaktion auf die Kunst voraussetzt:

1. Der erste Schritt verlangt von uns eine Bereitschaft, das Kunstwerk auf unser Bewußtsein wirken zu lassen bzw. es wieder aus dem Bewußtsein zu verlieren, um dabei zu lernen, Unwillkürlichkeit durch Einsicht und Kontrolle zu ersetzen. Freud lehrt uns, unsere Sensibilität zu vergrößern, Gefühle und Gedanken zuzulassen, die traditionell als Reaktion auf Werke der Kunst für unangemessen gehalten worden sind. Die psychoanalytische Theorie versucht, ähnliche Umstände beim Künstler wie beim Publikum zu schaffen, indem sie uns zur Offenheit veranlaßt. Wie ein Künstler aus der Offenheit seines bewußten oder unbewußten Denkens heraus schafft, so muß auch das Publikum lernen, in gleicher Weise psychisch auf bestimmte Inhalte zu reagieren.

2. Mit dem zweiten Schritt beginnt die Interpretation eines Kunstwerks. Ist erst einmal eine volle psychische Reaktion

erreicht, so muß eine Zentrierung, Fokussierung und Aussonderung von Elementen eintreten. Es findet eine Analyse des repräsentierten sowohl wie des nichtrepräsentierten symbolischen Inhalts statt. Der Wahrnehmende fragt, was ein bestimmtes Phänomen, Thema, Element oder eine bestimmte Form »bedeuten«. Um das Ziel dieses Schrittes zu verstehen, müssen wir die Bedeutung des Begriffs *Ausdruck* erörtern, der im psychoanalytischen Sprachgebrauch die Bewegung vom manifesten zum latenten Inhalt bezeichnet.

II

Psychoanalytische Interpretationen beginnen oft mit der Frage: Was bringt x zum Ausdruck? Eine derartige Redeweise ist bei ausdrucksbezogenen Theorien der Kunst verbreitet. Sie setzt voraus, daß ein Werk der Kunst sich in einer Sprache präsentiert, die zum Teil aus Symbolen besteht, deren Bedeutungen verborgen bleiben, obwohl sie einen verfügbaren, manifesten Sinn besitzen. Vom Ausdruck ist immer dann die Rede, wenn ein manifester Sinn den Ausgangspunkt bildet, von dem ein Beobachter auf einen versteckten, latenten Inhalt schließen kann. Bei näherem Zusehen erweist sich das Latente als eine Art von Denken. Wenn man sich die Äußerung Freuds aus dem Aufsatz »Zur Geschichte der psychoanalytischen Bewegung« in Erinnerung ruft, Träume seien lediglich eine Form des Denkens, dann wird verständlich, daß diese Verallgemeinerung auf die latenten Inhalte der Kunst, der Sagen, Märchen, Mythen und vieler anderer Arten von kulturellen Gegenständen angewandt werden konnte.
Ein schönes Beispiel für die psychoanalytische Verwendung des Ausdrucks findet sich in Freuds Aufsatz »Das Motiv der Kästchenwahl«, der den Versuch unternimmt, ein Thema zu interpretieren, das in vielen verschiedenen Geschichten auftaucht.[10] Obwohl seine literarische Form unterschiedlich ist (Märchen, Mythos und Drama), bleibt das zugrundeliegende Motiv stets dasselbe – das heißt, ein Mann muß sich für eine von drei Frauen entscheiden. Manchmal findet diese Entscheidung wie im Mythos vom Urteil des Paris ausdrücklich zwischen drei Frauen statt; manchmal werden diese drei Frauen wie in Shakespeares *Der*

Kaufmann von Venedig symbolisch durch drei Kästchen repräsentiert, und in wieder anderen Fällen wie im *King Lear* handelt es sich um drei Töchter. Freud genoß es (nach Art von Lévi-Strauss), die verschiedenen Formen und Erscheinungsweisen eines Symbolzusammenhangs thematisch zurückzuverfolgen. Im »Motiv der Kästchenwahl« wirft er die Frage auf, was die drei Frauen zum Ausdruck bringen und was die Entscheidung zwischen ihnen bedeutet. Seine Antwort lautet, daß die Entscheidung für eine von drei Frauen eine Reihe von Gedanken ausdrückt. (1) Sie bringt eine normale Lebenssituation zum Ausdruck, in der »die drei für den Mann unvermeidlichen Beziehungen zum Weibe ... dargestellt sind: die Gebärerin, die Genossin und die Verderberin. Die drei Formen, zu denen sich ihm das Bild der Mutter im Laufe des Lebens wandelt: Die Mutter selbst, die Geliebte, die er nach deren Ebenbild gewählt, und zuletzt die Mutter Erde, die ihn wieder aufnimmt.« (2) Sie drückt auch die Angst aus, die wir vor dem Tod empfinden, sowie die Versuche, mit dieser Angst dadurch fertig zu werden, daß wir (durch Negation) den Tod in etwas verwandeln, was überaus schön und darum frei gewählt erscheint. (3) Sie verwandelt den furchterregenden, häßlichen Tod in eine schöne, begehrenswerte Frau. (4) Die Geschichte bringt auch eine Schicksalsverfallenheit zum Ausdruck, die wir alle im Übergang vom Leben zum Tod wiedererkennen. (5) Aufgrund der thematischen Ähnlichkeit mit anderen Versionen läßt sich die Gestalt der Cordelia in *King Lear* folgendermaßen interpretieren: »Cordelia ist der Tod«, behauptet Freud in einer überraschenden Gleichsetzung.[11]

Mit dieser Gleichsetzung durch die Verwendung der Kopula »ist« faßt Freud eine Vielzahl von Interpretationen zusammen, welche die Psychoanalyse in ihrer Anwendung auf die Kunst vorgetragen hat. Cordelia wird manifest als ein Charakter mit einer Reihe von Eigenschaften wahrgenommen, die wir durch Beobachtung ihres Verhaltens leicht entdecken können. Ihnen aber das Substantiv »Tod« hinzuzufügen erscheint weit hergeholt. Freud will mit dieser Gleichsetzung sagen, daß der manifeste sich auf einen latenten Inhalt bezieht und daß wir von einem zum anderen durch eine Betrachtung der gesamten symbolischen Situation gelangen können, die wir gewöhnlich als eine »Interpretation« des *King Lear* im weiteren Sinn auffassen. Die Methode der Interpretation besteht in einer Übersetzung (das heißt, wir übersetzen die Figur der Cordelia in die Vorstellung des Todes), in einer Erweiterung (das heißt, wir fügen die Vorstellung des Todes den anderen Vorstellungen hinzu, die wir von Cordelia haben) und in einer Transformation (das heißt, wir sehen nun die Beziehung zwischen Lear und Cordelia anders, sozusagen aus einer neuen Perspektive).

Die Behauptung »Cordelia ist der Tod« verbindet das manifeste Element des Dramas *King Lear* mit einem latenten Thema des Stückes, dessen manifeste Erscheinungsweisen so zahlreich sind, daß wir sie in jeden seiner Gedanken und Aussagen verwoben finden. Der Satz »Cordelia ist der Tod« bietet nicht nur eine Interpretation der Schlußszene des Stücks, sondern meint, daß das Stück in Wahrheit vom Tod handelt und sich durchweg mit ihm als einer Realität befaßt. Dies sollte uns auf die Tatsache aufmerksam machen, daß eine psychoanalytische Theorie der Kunst mit der Unterscheidung von Manifestem und Latentem eine Unterscheidung philosophischer Art zwischen Erscheinung und Wirklichkeit einführt. In der psychoanalytischen Theorie bezieht sich die »Wirklichkeit« nicht ausschließlich auf die äußere Welt einer »gegenständlichen Wirklichkeit«, sondern eher auf eine innere, von Freud als »psychische Wirklichkeit« bezeichnete Realität. Unter diesem Gesichtspunkt begründen das Manifeste und Latente den Gegensatz zwischen dem, was der Wahrnehmung in der Erfahrung gegeben ist, und dem, was sich durch eine Interpretation nach psychoanalytischen Prinzipien als psychische Wirklichkeit enthüllt.[12]

Freuds Erörterung des *King Lear* ist selbstverständlich nur ein kurzes Beispiel in einem Aufsatz, der einem umfassenderen Thema gewidmet ist, doch er übergeht in seinen Bemerkungen (wie an anderen Stellen seines Werks) voll und ganz die für das Werk so zentralen politischen Themen. Das bietet mir wiederum Gelegenheit, das Psychosexuelle auf das Politische zu beziehen, wie dies bei der Ausarbeitung einer psychoanalytischen Philosophie der Kunst notwendig ist.

Im *King Lear* gibt es eine enge Verbindung zwischen Lears psychisch bedingter Sorge und seinen politischen Bemühungen, ein guter Herrscher zu sein. Die Eingangsszene des Dramas eröffnet den Konflikt und verweist schon von sich aus auf eine Möglichkeit, Freuds kulturelle und ästhetische Einsichten miteinander zu verbinden.

Lear verfolgt mit der Aufteilung seines Königreichs zwei Zwecke: der eine ist ihm bewußt, und er hat sehr viel Überlegung daran gewandt; der andere ist ihm nicht bewußt, hat aber weitreichenden Einfluß auf seine Handlungen. Bewußt versucht Lear seine Verpflichtungen als Herrscher zu erfüllen, den Frieden im Königreich zu wahren, die Kontinuität seiner Herrschaft zu sichern und seine Absichten zu veröffentlichen, damit jeder über seine Pläne zur politischen Organisation des Landes nach seinem Tod informiert ist. Gleichzeitig setzt er sich mit einem konkreten politischen Problem auseinander, das seinen unbewußten Vorsätzen etwas näherliegt. Es ist das Problem der Erbfolge angesichts einer Generation, die nur aus Töchtern besteht. Da ein erstgeborener Sohn, wenn es ihn gäbe, das Erbe zu übernehmen hätte, muß Lear dieses komplizierte Problem auf andere Weise lösen. Freud verweist darauf, daß es im Mythos häufig behandelt worden ist. Dabei übersieht er, daß dieses praktische Problem auch einen politischen Aspekt besitzt. Denn es ist hier sowohl eine psychologische wie eine politische Lösung erforderlich. Lears Handlungen zeigen uns, daß er durch unbewußte Bedürfnisse angetrieben wird, die persönlicher Natur sind und in Konflikt mit den politischen Verpflichtungen eines Herrschers liegen. Er hat drei Töchter, von denen er nur einer seine Liebe und sein Vertrauen zu schenken vermag. Sie ist die jüngste und soll gerade verheiratet werden, vorausgesetzt ihr zukünftiger Ehemann läßt sich überreden, sie zu akzeptieren. Lear will einen von zwei Bewerbern um ihre Hand (Burgundy) vorziehen und den anderen (France) zurückweisen. Dies hat weitreichende politische Implikationen, denn Burgundy ist der mächtigste Herrscher des Kontinents. Eine Verbindung zwischen Lears Tochter Cordelia und Burgundy würde das englische Herrscherhaus mit dem mächtigsten Herrscher des Auslands verbinden. Eine derartige Allianz würde sicherstellen, daß die beiden Töchter (Regan und Goneril) Cordelia nie überwältigen könnten. Damit wäre die Sicherheit des Königreichs garantiert.[13]

Aber bei der Schaffung dieser Allianz verhält sich Lear merkwürdig. Es ist häufig festgestellt worden, Lear beweise mit der Forderung, seine drei Töchter sollten ihm ihre Liebe erklären, entweder schlechtes Urteilsvermögen oder Senilität. Psychoanalytisch gesehen ist eine derartige Forderung »überdeterminiert«, das heißt, Lear hat für sie viele Motive und will mit den öffentlichen Erklärungen, bei denen die Höflinge anwesend sein sollen, mehrere Ergebnisse erzielen. Politisch wären öffentliche Liebeserklärungen vor dem gesamten Hof als ein Ausdruck der Loyalität zu verstehen. Durch derartige Erklärungen würden die Töchter ihr Einverständnis mit der Teilung des Königreichs sowie mit der fortdauernden Anwesenheit ihres Vaters im Reich kundgeben. Denn Lear plant, mit der furchtbaren Streitmacht von einhundert Rittern bei Cordelia zu leben. Bei Cordelia zu leben, zugleich König und kein König zu sein, das Reich so zu sehen, wie es nach dem eigenen Tod sein wird, zeigt (wie im Wahn) einen merkwürdigen und wirklich unmöglichen Geisteszustand. Es ist nicht nur unmöglich, den eigenen Tod zu überleben; es ist politisch außerordentlich ungewöhnlich, auf ein Königreich zu verzichten, bevor man tot ist. Darin kommt der widersprüchliche Geisteszustand und Affekthaushalt zum Ausdruck, unter dem Lear leidet. Hier liegt ein Anhaltspunkt für die tieferen Konflikte, die ihn beunruhigen und letzten Endes daran hindern, ein erfolgreicher Herrscher zu sein.

Wenn Lear also fordert, daß seine Töchter ihm ihre Liebe erklären sollen, so tut er damit mehrere Dinge zugleich. Bewußt strebt er eine öffentliche Loyalitätserklärung an, die Anerkennung seiner Macht und die Zustimmung zu seinen Plänen. Goneril, Regan und ihre Ehemänner sollen dankbar je ein Drittel des Reiches annehmen. Aber er verlangt von ihnen, daß sie Teile akzeptieren, die in zweierlei Hinsicht ungünstiger sind als das Cordelia zugedachte Drittel. Erstens werden sie geographisch getrennt: Cornwalls Reich soll im Süden, das von Albany im Norden liegen. Cordelias »Drittel« ist nicht nur größer, sondern liegt in der Mitte und trennt die beiden weniger zuverlässigen Schwestern voneinander. Zweitens ist das Drittel Cordelias nicht nur größer, sondern die von Lear geplante Heirat soll sie mit der größten Kontinentalmacht verbinden. In jeder Hinsicht behandelt Lear also seine drei Töchter nicht als gleichwertig. Doch er muß ein konkretes politisches Problem lösen, und angesichts der Charaktere der drei Töchter ist sein Plan schlau und gut durchdacht.

Da jedoch die Liebeserklärung an ihn auf anderen Motiven und

Zwecken beruht, dürfen wir die Entwicklung eines Konflikts erwarten; denn der »dunklere Zweck« besteht nicht in dem, was Lear meint. Zum Konflikt kommt es, als Cordelia sich weigert, Lear dessen Wunsch gemäß ihre Liebe zu erklären. Sie glaubt, daß sich hinter dieser Forderung etwas verbirgt, das sie zerstören würde. Aus dieser Wahrnehmung und der schrecklichen Zurückweisung Lears entsteht die Tragödie. Lear möchte zunächst ihre Heirat mit Burgundy (oder mit irgendeinem anderen Mann) verhindern, da er Cordelia ganz für sich will. Dabei wird er durch die Bereitschaft von France, Cordelia deren Wunsch entsprechend zur Frau zu nehmen, in seinen Hoffnungen enttäuscht. Daß dieser Treuebruch eine letzte Zurückweisung für Lear bedeutet, wird an seiner unmittelbaren politischen Reaktion deutlich. Er tut gerade das, was sein Plan verhindern sollte, und widerspricht damit seinen offenkundigen äußeren wie seinen verborgensten inneren Intentionen. Er teilt das Königreich in zwei Teile. Indem er Goneril und Regan gleich große Teile zuweist und sie in eine Lage bringt, die er angeblich selbst überwachen will, indem er abwechselnd in der Begleitung seiner hundert Ritter bei einer von ihnen leben möchte, macht er einen Konflikt zwischen beiden unausweichlich. Aufgrund ihres Temperaments können Goneril und Regan die Anwesenheit der jeweils anderen nicht ertragen. Darum verkehrt sich Lears Plan, den Frieden zu wahren, in die Garantie eines Krieges.
Dieser überaus tragische Umschwung zeigt, wieviel hintergründiger und psychologisch komplexer Lears Zwecksetzungen waren, als wir zunächst annehmen konnten. Das Stück beruht auf einer bemerkenswerten Ökonomie. In einer einzigen Szene kehrt sich die gesamte politische und affektive Orientierung um, die Beziehungen aller Herrscher und Familienangehörigen geraten so vollkommen durcheinander, daß manifeste Überlegungen von latenten Absichten überwältigt und rationale Rücksichtnahmen von Triebansprüchen überflutet werden.
Unsere Analyse von *King Lear* ist ein Beispiel für die in Kapitel II dargestellte Notwendigkeit, Freuds klinische und kulturtheoretische Schriften aufeinander zu beziehen. Wenn wir über eine Interpretation von Lears Absichten verfügen und seine komplexe Einstellung zu öffentlichen Verpflichtungen und privaten Bedürfnissen, zu Herrschaft und Liebe kennen, dann entgeht uns noch

immer die politische Dimension, die von der psychosexuellen verschüttet zu sein scheint. In der Figur des Lear wird eine politische Sorge zum Ausdruck gebracht, die wir in der Schrift »Das Unbehagen in der Kultur« behandelt finden. Hier liegt eine Interpretation vor, die eine Integration von zwei Themen notwendig macht, die Freuds gesamtes Denken durchziehen. Die Tragödie selbst berührt die in Freuds Essay aufgeworfene Frage. Der Teil III der Schrift »Das Unbehagen in der Kultur« bietet in der Tat eine Zusammenfassung der Themen des *King Lear*:

»Die Übermacht der Natur, die Hinfälligkeit unseres eigenen Körpers und die Unzulänglichkeit der Einrichtungen, welche die Beziehungen der Menschen untereinander in Familie, Staat und Gesellschaft regeln. In betreff der beiden ersten kann unser Urteil nicht lange schwanken... Anders verhalten wir uns zur dritten, zur sozialen Leidensquelle. Diese wollen wir überhaupt nicht gelten lassen, können nicht einsehen, warum die von uns selbst geschaffenen Einrichtungen nicht vielmehr Schutz und Wohltat für uns alle sein sollten. Allerdings, wenn wir bedenken, wie schlecht uns gerade dieses Stück der Leidensverhütung gelungen ist, erwacht der Verdacht, es könnte auch hier ein Stück der unbesiegbaren Natur dahinterstecken, diesmal unserer eigenen psychischen Beschaffenheit.«[14]

Wenn wir *King Lear* betrachten, wird dieser Verdacht zur Gewißheit, doch ein Verständnis dieser Enthüllungen setzt sowohl politischen wie psychologischen Einblick voraus. »Das Unbehagen in der Kultur« beschäftigt sich in der Folge mit politischen Konflikten:

»So haben auch die beiden Strebungen, die nach individuellem Glück und die nach menschlichem Anschluß, bei jedem Individuum miteinander zu kämpfen, so müssen die beiden Prozesse der individuellen und der Kulturentwicklung einander feindlich begegnen und sich gegenseitig den Boden bestreiten.«[15]

Dieser Disput wird in seinem ganzen Ausmaß und in seinen unterschiedlichen Erscheinungsweisen in Freuds Schriften nicht entfaltet. Nach meiner Auffassung besteht eine seiner Erscheinungsweisen in der von uns als »Tragödie« bezeichneten Kunst. Vielleicht liegt im Zentrum jedes tragischen Konflikts jene feindliche Begegnung, von der Freud spricht. Ob dies nun so ist oder nicht, die Schrift »Das Unbehagen in der Kultur« orientiert sich an sehr viel weiteren Interessen. Menschliche Wesen haben ein grundlegendes Bedürfnis, sich selbst in den Formen der Kunst jene Grenzen, Konflikte und Widersprüche zu repräsentieren, zu externalisieren und vorzuführen, die sie in sich selbst, in ihren aktuellen Bedürfnissen und in ihren Wunscherfüllungsbemühungen entdecken, durch die sie mit jenen Bedürfnissen fertig werden wollen. In dieser Hinsicht sind Werke der Kunst nicht einfach auf jene Frustrationen zurückzuführen, die Freud in seinem frühen Aufsatz »Der Dichter und das Phantasieren« beschrieben hat. Freud selbst drang tiefer in menschliche Bedürfnisse ein und verwies auf die Mittel zu deren Befriedigung. In ihren größten Leistungen ermöglicht es die Kunst menschlichen Wesen, die Konflikte zwischen dem Individuum und der Gesellschaft, zwischen dem Selbst und der politischen Realität, in der jeder von uns lebt, zu überprüfen und durchzuarbeiten. Wenn wir die psychoanalytische Theorie in einem breiteren Kontext betrachten, so gestattet uns dies, die ihr eigene Tendenz eines trivialisierenden Reduktionismus zu überwinden. Die Kunst ist nicht einfach nur ein Durcharbeiten von Problemen und Konflikten eines Künstlers; sie ist die Repräsentation universaler gemeinschaftlicher Konflikte, in die jeder Mensch verstrickt ist.

III

»Das Unbehagen in der Kultur«, so hatte ich gesagt, leistet in der Tat einen Beitrag zu einer allgemeinen Theorie der Künste durch die skizzierte Theorie der Tragödie, und das Studium der Tragödie trägt dazu bei, die Konflikte zu veranschaulichen, die »Das Unbehagen in der Kultur« beschreibt und an deren Lösung es letztlich verzweifelt. Es scheint mir jedoch, daß die Künste selbst, wenn sie als kulturell verpflichtende Darstellungen aufgefaßt werden, zu einer möglichen Lösung jener Probleme beitragen, welche die psychoanalytische Theorie zu überwinden suchte. Einleuchtend ist, daß die in der Tragödie repräsentierten Konflikte häufig von jener Art sind, wie sie Freud in »Das Unbehagen in der Kultur« beschrieben hat. Alle Stücke, die wir als Tragödien betrachten, stellen uns einen Protagonisten vor, der zu einer Übereinstimmung seiner inneren Wünsche, Bedürfnisse, Befriedigungen und Begierden mit seinen öffentlichen Verpflichtungen gegenüber anderen – gegenüber der gesamten Gesellschaft – zu gelangen sucht, wobei er an der fortdauernden Macht solcher Verpflichtungen im Gemeinwesen festhält.

Wird das Problem in diesen breiteren Kontext gestellt, dann muß die psychoanalytische Theorie die Frage aufwerfen, wie sich der Anblick jener Konflikte, welche die Tragödie repräsentiert, auf ein Publikum auswirkt. Da die Kultur, wie Freud argumentierte, auf der Verdrängung sowie auf Verhaltensnormen, die sie voraussetzt, beruht, könnte die »Botschaft« der Tragödie für den gesellschaftlichen Zusammenhalt sehr wohl destruktiv sein. Gerade die Unmöglichkeit, Privates und Öffentliches miteinander zu vereinbaren – eine der tiefen Wahrheiten, die von der Tragödie entdeckt wurden –, könnte einige Mitglieder des Publikums zu schweren Depressionen, zur Hoffnungslosigkeit und letztlich zur Indifferenz gegenüber politischen Wertvorstellungen führen. Platon sah dies und vertrat die Auffassung, die Tragödie solle nicht erlaubt sein. Auch Aristoteles sah dies und vertrat die Auffassung, daß das durch die Tragödie vermittelte Wissen befreiend und zivilisierend eher als anarchisch sein könne. Bringt man die Positionen dieser klassischen Debatte mit Freuds Überlegungen in »Das Unbehagen in der Kultur« in Verbindung, so kann dies zu einer sehr viel befriedigenderen Theorie der Tragödie führen, als sie bisher von uns formuliert worden ist.

Während »Das Unbehagen in der Kultur« fragt, ob nicht vielleicht der Preis, den wir für die Kultur zahlen, zu hoch ist, wird durch das Wesen der Tragödie, wie es sowohl von der klassischen wie von der psychoanalytischen Lehre dargestellt wird, nahegelegt, daß die Kunst selbst – und vielleicht insbesondere die Tragödie – zur Lösung des Konfliktes zwischen den Individuen und ihren kulturellen Verpflichtungen beitragen kann oder zumindest ein Verständnis für diese Konflikte zu fördern vermag. Kann es nicht sein, daß die Kunst einen Konflikt abschwächt, indem sie ihn darstellt? Eine Gesellschaft, die die Künste, insbesondere die ernsteren wie die Tragödie unterstützt und ermutigt, geht mit tiefsten seelischen Konflikten um und hilft damit den Individuen, mit den Konflikten fertig zu werden, die sie während ihres Heranwachsens als Mitglieder einer Familie sowohl wie der Gesellschaft erleben.

Diese Auffassung, die ich einer phantasievollen Rekonstruktion von »Das Unbehagen in der Kultur« verdanke, wurde von Aristoteles in der *Poetik* mit der Erklärung formuliert, man müsse von der Tragödie nicht jede Art von Vergnügen erwarten, sondern nur das ihr eigentümliche (53 b 11). Indem sie die Auffassung verteidigt, es sei ein *Vergnügen*, Zeuge gräßlicher, fürchterlicher und oft auch schreckenerregender Ereignisse zu sein, stellt sich die »Poetik« in eine Tradition, der sich die psychoanalytische Theorie leicht anzuschließen vermag. Aristoteles griff natürlich die Position von Platon an, die später durch Augustin und Rousseau weitergeführt wurde, daß die Darstellung schmerzhafter Ereignisse und das bei ihrem Anblick auftretende Vergnügen ein Zeichen menschlicher Verworfenheit seien. Wenn sich zeigen ließe, daß es eine richtige Art der Reaktion auf eine Tragödie gibt, dann wäre der von einem politischen Puritanismus des Gemeinschaftslebens vorgetragene Angriff abgeschwächt und der Weg freigegeben für eine Repräsentation, die positive politische Konsequenzen hätte.

Daß die Tragödie Auswirkungen auf das Gebiet des Politischen hat, haben sowohl Platon wie Aristoteles anerkannt. Sie gelangten dabei allerdings zu unterschiedlichen Schlußfolgerungen in bezug auf die Rechtfertigungsfähigkeit der politischen Inhalte, die Aufschlüsse über die großen Schwierigkeiten zuließen, zu einer gerechten Herrschaft zu gelangen. Platon hielt es für notwendig, den pessimistischen Inhalt tragischen Handelns vor der Gemeinschaft zu verbergen. Aristoteles vertrat die Auffassung, ein derartiger Inhalt biete einen profunden und politisch stärkenden Einblick. Den Traditionen der klassischen Philosophie zufolge zeige die Tragödie einen tiefen, überzeugenden, unabweisbaren Konflikt zwischen privaten Bedürfnissen und öffentlichen Verpflichtungen. Die ersten sind sexueller, die zweiten moralischer und politischer Natur. Das bekannteste Beispiel eines tragischen Konflikts stellt die Geschichte des Ödipus dar. Doch wir sehen denselben Konflikt bei allen tragischen Helden, bei Lear, Hamlet, Othello in unterschiedlichen Formen und mit einer jeweils anderen Entwicklungsgeschichte. Aber in jeder Tragödie und in sehr vielen ernsthaften Theaterstücken ist der Konflikt eindeutig zwischen privaten sexuellen Bedürfnissen und öffentlichen politischen Verpflichtungen angesiedelt. Die Handlungsführung gewinnt ihre ungeheure Energie und Kraft aus einem Konflikt, der unlösbar ist, weil das Bedürfnis einer jeden Seite nicht zu befriedigen ist, ohne daß die andere verletzt würde. Lear kann nicht zugleich sein Königreich teilen und Cordelia besitzen. Ödipus kann nicht zugleich als König herrschen und seine Mutter zur Frau haben. Keine Lösung dieser Konflikte ist möglich. Unausweichlich ergibt sich aus ihnen, wie Aristoteles gezeigt hat, das tragische Leid. Eine gut gebaute Handlungsführung ließe sich als ein Syllogismus des Leids bezeichnen. Ereignisse dieser Art in ihrer Struktur aufzufassen, bereitet Vergnügen, ein Vergnügen der Erkenntnis, aber mehr als das: Der unausweichliche und unlösbare Konflikt erweckt ein tieferes Vergnügen in uns; denn wir reagieren auf ihn mit der Erkenntnis eines durchgängigen und für alle Menschen gültigen Verbots sowie mit dem Gefühl, selbst eine gottähnliche Macht zu besitzen. Wir überblicken die tragische Handlung, als wäre es an uns, sie zu beherrschen und zu kontrollieren. Wir erreichen die Voraussicht der Unsterblichen, und dies gestattet uns, das Leiden als Beweis unserer eigenen, nunmehr transzendenten (obwohl leider transitorischen) Macht zu zelebrieren. Wir suchen den unausweichlichen Konflikt unserer eigenen Natur mit dem Wahn übermenschlicher Allmacht zu lösen.

Eine Frage in bezug auf unsere Fähigkeit, an Darstellungen des Schmerzes Vergnügen zu finden, bleibt jedoch unbeantwortet. Warum reagieren wir mit einem wahrhaft ästhetischen Entzücken auf etwas, was für uns im wirklichen Leben sowohl moralisch wie politisch inakzeptabel wäre? Die Psychoanalyse trägt nicht nur dazu bei, die Natur des tragischen Konflikts zu definieren, sondern sie weist auch Wege, wie dieser Konflikt abgeschwächt und internalisiert werden kann. Denn die Beziehung des Publikums zum Drama hat teil an dem bereits beschriebenen umfassenderen Komplex von Übertragungsbeziehungen. Die Teilnahme an der Vorstellung eines Dramas – also an einer Klasse von Ereignissen, die ich im vorigen Kapitel als »kulturell verpflichtende Darstellungen« analysiert habe – konfrontiert das Publikum mit Ereignissen und Gefühlen, die im bewußten und unbewußten Erleben eines jeden Betrachters ihren Ort haben. Die Handlungsführung, die Charaktere, Gedanken und Szenen des Leidens in einem Stück repräsentieren in metaphorischer Form die verschiedenen Affekte, Überzeugungen, Wünsche, Befürchtungen, Ängste, Hoffnungen und Phantasien, deren Verbindungen für jede Person eine psychosexuelle Geschichte herstellen. Die dramatische Vergegenwärtigung erreicht jedoch mehr als eine bloße Widerspiegelung; sie ist eine »Durcharbeitung« der Ereignisse hin zu einer Lösung und zwingt das Publikum, etwas zu akzeptieren, was es manifest nicht zu akzeptieren vermag. In einer derartigen Lösung setzt sich eine »Katharsis« nicht einfach nur des Gefühls, sondern des Glaubens und des Denkens in bezug auf Personen und Ereignisse angesichts von privaten und öffentlichen Verpflichtungen durch, deren einander widerstreitende Ansprüche erkannt werden müssen. Der Schluß einer gut gebauten Handlung führt also zu den Erkenntnissen, die Teil eines Vorgangs sind, der Ähnlichkeit mit dem therapeutischen Prozeß besitzt. Es war in der Tat eine der tiefsten Einsichten von Aristoteles, daß die Tragödie in mancherlei Hinsicht ähnlich, fundamental aber verschieden ist von den Ekstasen und Wunscherfüllungen der Bacchanten. Der Unterschied liegt vor allem darin, daß die Bacchanten ihre Ekstasen immer erneut herbeiführen müssen, während die gelungene Handlungsführung einer Tragödie zu einer dauerhafteren Erkenntnis und einer veränderten Einstellung zur eigenen Identität und zum Staat sowie zu dem Urteil führt, daß die einander widerstreitenden Ansprüche unmöglich gleichzeitig zu befriedigen sind.[16]

In anderem Zusammenhang hätte Freud dieses Ergebnis als eine Art Sublimierung bezeichnet, als jenen Zustand also, in dem eine sexuelle Triebregung sich in einem Ziel verwirklicht, das zumindest manifest nicht sexuell ist. Die Tragödie bezieht sehr viel Energie aus sexuellen Ursprüngen und verändert deren Ziele, indem sie sie anhand einer durch und durch politischen Reihe von Ereignissen analysiert. Einen derartigen Vergleich zwischen den Einsichten eines klassischen Texts und denen der Psychoanalyse anzustellen, heißt einfach, Freuds Beobachtung zu wiederholen, daß die Psychoanalyse keineswegs als erste die tiefreichenden Wechselwirkungen zwischen dem Sexuellen und dem Politischen erkannt hat. Aristoteles und Freud würden darin übereinstimmen, daß die Sublimierungskräfte ernsthafter künstlerischer Repräsentationen eine große Kulturleistung darstellen.

Psychoanalytische Erklärungen lassen sich mit den Spekulationen der Klassik verbinden, um die mysteriösen Wirkungen zu begründen, welche die Tragödie bei einem Publikum herbeiführt,

das schmerzhafte Affekte genießt. Diese Wirkungen zeigen sich zunächst im Reifungsprozeß des Menschen, der sich als Kind von »dem dritten Gebiet« zu voller kultureller Funktionstüchtigkeit entwickelt. Auch hier wieder stütze ich mich, um die Entwicklungsaspekte der Tragödie zu rechtfertigen, auf Gedanken von D. W. Winnicott ebenso wie auf die traditionelleren Theorien.[17]
Ich verweise in meiner Ausarbeitung der Auffassungen Winnicotts darauf, daß eine kulturell verpflichtende Darstellung wie etwa die Tragödie eines der Mittel ist, mit denen sich ein Individuum aus der Unmittelbarkeit innerer und familiärer Konflikte hin zu jener Wirklichkeit bewegen kann, die der übliche Handlungsaufbau eines Dramas darstellt. Wenn wir den Handlungsaufbau von Tragödien auf seine Vertrautheit, Wiederholungen und Zusammenhänge mit einigen der ersten Geschichten untersuchen, die ein Kind hört, dann stehen die frühen Übergangsobjekte in einer Folge, in der die Gegenstände, die wir für *Kunst* halten, sich entwicklungsgeschichtlich auf die spielerischen Manipulationen des Kindes beziehen, die es im Zusammensein mit seinen Eltern an bestimmten Objekten vornimmt. Dabei rufen furchterregende Darstellungen wirklich einen Schrecken hervor, der erst dann abgeschwächt werden kann, wenn der Repräsentationscharakter einer Erzählung als solcher verstanden wird. Wird ein Übergangsobjekt zu einem Kunstwerk, das als solches von einer Gemeinschaft anerkannt wird, so bleiben ihm in mancher Hinsicht die Eigenschaften der früheren Objekte erhalten; es bleibt jedoch auch in seiner Wirkung von psychischen Bedingungen abhängig, die in frühen Jahren festgelegt wurden und die auch späterhin noch wirken, wenn ein Übergangsobjekt von anderen Dingen, wie etwa dem Handlungsaufbau einer Tragödie, abgelöst worden ist.
Daß die früheren Voraussetzungen jedoch in vieler Hinsicht noch wirksam sind, wird daran deutlich, daß der Handlungsaufbau von Tragödien mit fast denselben Risiken behaftet ist wie frühe Übergangserzählungen: wer sie hört, wird von Angst befallen und durchleidet jene schmerzhaften Affekte, die Aristoteles als »Furcht« und »Mitleid« bezeichnete. Sein Erleben verleiht ihm insgesamt eine tiefe und fortdauernde Befriedigung, die ihn für die Übernahme der Risiken entschädigt.
In zwei späten Arbeiten spekulierte Freud über die psychischen

Vorgänge, durch die die Ambivalenz unserer Erfahrung mit der Tragödie ebenso zu verstehen ist wie unsere Bereitschaft, die geschilderten Risiken einzugehen. Im unvollendeten »Abriß der Psychoanalyse« sowie in dem Fragment »Die Ichspaltung im Abwehrvorgang« führte Freud den Begriff der psychischen »Spaltung« ein, um damit ein Mittel zu bezeichnen, mit furchterregenden und bedrohlichen Situationen fertig zu werden.[18] Er schrieb: »Es bildeten sich zwei psychische Einstellungen statt einer einzigen, die eine, die der Realität Rechnung trägt, die normale, und die andere, die unter Triebeinfluß das Ich von der Realität ablöst. Die beiden bestehen nebeneinander.« Die Ichspaltung, so fährt Freud fort, charakterisiert viele psychische Vorgänge, und wir finden häufig, insbesondere bei Psychosen und Neurosen sowie bei vielen Interaktionen zwischen dem Ich und der Außenwelt, daß gleichzeitig zwei entgegengesetzte Einstellungen unabhängig voneinander vorhanden sind.[19]

Bei der Entwicklung dieser Auffassungen in einem postum veröffentlichten Fragment verweist Freud darauf, daß wir bei Kindern die Fähigkeit beobachten können, einen »Konflikt zwischen dem Anspruch des Triebes und dem Einspruch der Realität« dadurch zu ertragen, daß zwei Positionen gleichzeitig eingenommen werden, wobei das Ich gespalten wird. Das Kind wendet sich von der Realität ab und wendet sich ihr gleichzeitig zu. Es löst dabei einen Widerspruch, indem es gleichzeitig verschiedene Behauptungen aufstellt. Dies läßt Raum für A sowohl wie für Nicht-A; es duldet die Gegensätze A und B, indem es an einer Phantasiekonstruktion neben seinem realistischen Weltentwurf festhält.[20]

Übergangsobjekte (in dem von Winnicott untersuchten engeren sowie in dem hier vorgeschlagenen weiteren Sinn) werden durch eine Spaltung zu den ersten kulturellen Gegenständen. Wer ihnen ausgesetzt ist, nimmt zwei Positionen gleichzeitig ein: er erkennt den Schrecken und das Leiden einer Handlung und leugnet doch auch die Wirklichkeit einer Präsentation, weil es sich bei ihr um eine Repräsentation handelt. Das Erzählen von Geschichten, ganz gleich, ob im einfachen Zusammenhang eines vertrauten Spiels oder im Raffinement einer Tragödie, beruht wegen des besonderen Vergnügens, das es erzeugt, auf einem Spaltungsvorgang. Ermutigt und manifest toleriert wird diese Lust gerade durch den Inhalt und die Struktur der dramatischen Handlung, denn auch sie bedient sich eines Spaltungsvorgangs. In der Tragödie tritt die Spaltung von Objekten und Identitäten in vielfach faszinierender Weise auf. Der Konflikt zwischen privaten sexuellen Bedürfnissen und öffentlichen politischen Verpflichtungen spaltet Personen und Handlungen in einer scheinbar unversöhnlichen Weise, obwohl sie doch in derselben Handlung möglichst nebeneinander existieren müssen. Das Publikum ist dadurch aufgerufen, sich an der Aufspaltung und Versöhnung zu beteiligen. Während wir Zeuge einer Handlung werden, werden wir gleichzeitig vor verschiedene Entscheidungen gestellt, die uns zu einer Reihe zwiespältiger Reaktionen veranlassen, durch die wir das Schmerzhafte und das Lustvolle in einer ungelösten Spannung halten, die beide aufeinander abgestimmt sind. Das Publikum muß sich affektiv so arrangieren, daß diese Zwiespältigkeit zu einer akzeptablen Reaktion führen kann. Wie aber läßt sich dies erreichen?

Eine akzeptable Reaktion soll sich auf das Vergnügen beziehen, das die Szenen des Leidens am Ende einer Tragödie auslösen. Dieses Vergnügen unterscheidet sich von dem der Rache, von dem einer einfachen Erregung und von dem, welches uns das Schöne bereitet. Denn das der Tragödie eigentümliche Vergnügen, von dem Aristoteles spricht, unterscheidet sich von dem, einen Feind fallen zu sehen, sich zu unterhalten oder etwas ästhetisch zu genießen, in jeder Hinsicht und nach Maßgabe aller Wertvorstellungen. Die Tragödie soll uns nicht jede Art von Vergnügen bereiten, sondern nur die, die ihr eigentümlich ist.

Da die Tragödie mächtige Gefühle wachruft und in eine bestimmte Richtung lenkt, die in anderen Zusammenhängen schmerzhaft sind, bedeutet das Erlebnis des ihr eigentümlichen Vergnügens, daß die Gefühle in einer für diese Art der Repräsentation typischen Weise veränderbar sind. Es genügt nicht, zu sagen, daß das Vergnügen, welches wir empfinden, aus der Repräsentation als solcher stammt; denn es gibt viele Wirkungen einer Repräsentation, die abstoßend bzw. durch und durch unannehmbar sind. Tragische Repräsentationen müssen für uns und auf uns in besonderer Weise wirken, um das Vergnügen zu erklären, das uns Szenen des Leidens bereiten. Ich meine, daß der bereits erörterte Vorgang der Spaltung für das der Tragödie eigentümliche Vergnügen verantwortlich ist.

Zweifellos entdecken wir dieses Vergnügen in einem späten Stadium unserer kulturellen Reifung. Es folgt auf eine stärker vereinfachte und vereinfachende Auffassung unserer selbst, die sich in unserer Auseinandersetzung mit Übergangsobjekten zu formen beginnt. Jedes der Ereignisse, die im Handlungsaufbau einer Tragödie verkörpert sind, kommt immer und immer wieder in den Geschichten vor, die wir hören, während wir heranwachsen.

Der zentrale kulturelle Konflikt, die Unvereinbarkeit privater sexueller Bedürfnisse und öffentlicher politischer Verpflichtungen, treibt die Handlung einer Tragödie zur Aufdeckung jener ungeheuren Widersinnigkeit, mit der die Menschen immer wieder zu kämpfen haben. In ihren lebenslangen und historisch gleichbleibenden Bemühungen kommt ein innerer Zwiespalt der Personen und Objekte zum Ausdruck. Indem sie die Spaltung zum Bestandteil ihrer eigenen Repräsentationen macht, trennt die Tragödie das Schmerzhafte und das Vergnügliche im Aufbau einer Handlung, so daß wir als Zeugen und Zuschauer in uns selbst zu einer kathartischen Klärung gelangen.

Durch das psychoanalytische Konzept der Spaltung erfährt der klassische Begriff der Katharsis eine breitere Anwendung. Wir versuchen, die Implikationen der scheinbar einfachen Wendung festzustellen, mit der Aristoteles in seiner Antwort auf Platon von dem der Tragödie eigentümlichen Vergnügen spricht. Die Entwicklungslinie unserer Suche nach einer Ganzheit in uns selbst als Teil einer Zugehörigkeit sowohl zur historischen Tradition wie zum politischen Leben der Gegenwart findet Unterstützung in vielen verschiedenen kulturellen Unternehmungen.

Aus dem psychoanalytischen Beitrag zum Verständnis der Tragödie ließe sich folgern, daß Freuds Schriften zur Kultur insgeheim auf die Bedeutung verweisen, die eine Ausweitung des Einflusses und der Verfügbarkeit bedeutender Formen der Kunst für die Kultur hat. Mir scheint, daß die psychoanalytischen Reflexionen über Kunst und Kultur die therapeutische Kraft mancher Künste nachweisen. Doch Freud hat den Ort der Kunst in der Gesellschaft unter diesem Aspekt nicht ausdrücklich behandelt.

Wenn wir einen Zusammenhang herstellen zwischen der Kunst und der Entwicklungsfolge des Heranwachsens, müssen wir einen einfachen Reduktionismus vermeiden. Psychoanalytisch bedeutsam sind die Künstler und ihre Werke letzten Endes durch ihren Beitrag zur Kultur und durch ihre Kritik an ihr. Obwohl

Freud dies nicht ausdrücklich sagt, könnte es sich auf der Grundlage seines Denkens sehr wohl erweisen, daß die Künste das wichtigste gesellschaftliche Instrument sind, um eine Reife des Individuums sowohl wie einer Kultur herbeizuführen. Ich habe auf die Notwendigkeit hingewiesen, in der Darstellung von Freuds Denken die psychosexuellen und die kulturtheoretischen Überlegungen aufeinander zu beziehen, um der psychoanalytischen Theorie zu dem zu verhelfen, was sie als Philosophie der Kunst zu leisten vermag. Ich verweise hier noch einmal auf die Erörterungen in Kapitel III. Dort habe ich die Auffassung vertreten, daß eine Analyse kultureller Gegenstände, die sich auf Freuds Überlegungen stützt, die große Bedeutung dieser Gegenstände für den Funktionszusammenhang einer Kultur nachweisen muß. Die Bedeutung dieser Gegenstände für ein Verständnis der psychoanalytischen Theorie der Kunst und Kultur liegt gerade in ihrer Substanz; denn die bedeutendsten von ihnen repräsentieren die Wechselbeziehung zwischen den kulturellen Gegenständen und der Kultur. So ist die zu Beginn des Dramas *King Lear* von der Figur des Lear verfolgte Absicht genau dieselbe, die wir als Zeugen in unserem Alltagsleben verfolgt haben (ganz gleich, ob wir dies nun bewußt bemerkt haben oder nicht); es ist ein Unternehmen, das wir in uns selbst darstellen, während wir seiner kulturell verpflichtenden Darstellung beiwohnen. Daß Lear scheitert, bedeutet nicht, daß wir in unserm Entwicklungsprozeß scheitern, obwohl in der Tat das Drama eine auch von uns akzeptierte Feststellung in bezug auf den möglichen Erfolg seines Unternehmens in unserem politischen und psychosexuellen Leben trifft. Als Zeugen einer kulturell verpflichtenden Darstellung reagieren wir auf diese und bedienen uns ihrer in einer Art und Weise, die den darstellenden Charakteren nicht zur Verfügung steht. Gerade dieser Unterschied zwischen den Charakteren innerhalb einer Darstellung und den Zuschauern außerhalb ist eine der Ursachen dafür, daß die kulturell verpflichtende Darstellung zu einer Übergangsbewegung führt, die uns aus unserem eingekapselten Bewußtsein in entfernte Gebiete unserer selbst (des Unbewußten) sowie außerhalb unserer selbst (der Wirklichkeit der Natur und des Gemeinschaftslebens) versetzt. Die Erfahrung des Übergangs hängt von mehr ab als nur von einem einzigen Objekt und von dem einzelnen Besuch einer einzigen Aufführung. Die Zuschauer unterscheiden sich gerade darin von den Charakteren. Ihnen ist nicht nur eine einzige Darstellung zugänglich, sondern viele Darstellungen innerhalb einer Tradition und zahlreiche Beispiele eben dieses besonderen Dramas *King Lear*. Die Charaktere des Stücks besitzen Kenntnisse über andere Gegenstände dieser Tradition, und sie bringen ihre Kenntnisse in den Worten zum Ausdruck, die sie sprechen, sowie in den Situationen, in denen sie sich befinden. Sie können sich auf andere kulturell verpflichtende Darstellungen beziehen, sie zitieren, repräsentieren oder imitieren. Die Kenntnisse der Charaktere gehen in unsere Reaktionen als Zuschauer ein. Doch was wir als Zuschauer wissen, geht stets über das breite Spektrum von Affekten und die Details von im Einzelfall übermittelten Kenntnissen hinaus, weil wir Zugang zu anderen Darstellungen haben.

Aber auch der Einzelfall erfüllt die Funktion eines Übergangs: er setzt uns der Welt des Lear und der mit ihr in Verbindung stehenden Gegenstände aus und entläßt uns aus dieser Welt mit jenen Fragmenten ihrer Gegenwart, die uns etwas »gegeben« haben. In der Abfolge von Reflexionen und Vergleichen wird mit der Zeit die Tradition, die wir besitzen, umgeformt. Das geschieht durch die Abfolge von Gegenständen und Einsichten, denen wir übermitteln können, was uns die Gegenwart des Lear »gegeben« hat. Dies erfolgreich zustande zu bringen ist die Aufgabe einer Interpretation, und diese Aufgabe wird mit Hilfe verschiedener (unter Umständen zahlreicher) Theorien erreicht. Es ist nicht möglich, eine einzige Theorie anzugeben, die allen Anforderungen eines Gegenstandes und unserem Erleben als Zuschauer gerecht wird. Die Tradition verpflichtet uns, jene Theorien zu beherrschen, welche den Gegenständen entsprechen und in denen sich unsere Tradition konkretisiert. Die Psychoanalyse kann diesen Theorien eine Anleitung geben; sie kann Interpretationen verfertigen und Wahrheiten bereitstellen. Daß Interpretationen der Wahrheit dienen, ist selbst eine Überzeugung jener Tradition, die uns zu eigen ist.

IV

In der idealistischen Tradition der Kunstphilosophie hängen ausdrucksorientierte Theorien sehr eng mit Wahrheitstheorien zusammen. Hier gilt der Anspruch, daß der zum Ausdruck gebrachte Inhalt der Kunst zumindest teilweise als eine Abfolge von wahren Äußerungen verstanden werden kann. Verkürzt wird dies zuweilen so ausgedrückt, daß »die Kunst die Wahrheit enthüllt«. In dem gerade erörterten Beispiel des *King Lear* gelangt eine psychoanalytische Interpretation des Stücks zu der Überzeugung, daß der latente Inhalt nicht einfach nur die »Dramengedanken« in Analogie zu den »Traumgedanken« darstellt, sondern wahr ist. Diese Methode versetzt den Interpreten in die Lage, Denken und Handeln in die Funktion von Propositionen zu übersetzen, deren Wahrheit oder Falschheit dann überprüft wird. Idealistische Theorien behandeln kulturelle Hervorbringungen wie etwa das Drama als Zugang zur äußeren, gegenständlichen ebenso wie zur inneren, psychischen Wirklichkeit.
Der Begriff »Wirklichkeit« ist ebenso schwer auf die Kunst anzuwenden wie der der »Wahrheit«. Wenn sich ausdrucksorientierte Theorien der Kunst auf Wahrheitsansprüche künstlerischer Gegenstände beziehen, so behandeln sie diese, als brächten sie zum Ausdruck, wie die Dinge wirklich sind. Wenn Kunst die Wahrheit enthüllt, dann muß sie in irgendeiner Hinsicht die Wirklichkeit beschreiben oder repräsentieren, also sagen, wie die Dinge *wirklich* sind. Nach Hegels Theorie drücken kulturelle Hervorbringungen ebenso jene tieferen, grundlegenderen Kräfte aus, welche historische Ereignisse bewegen, wie jene tieferen Schichten des Bewußtseins, die den Menschen nicht zugänglich waren, welche diese Objekte angefertigt haben. Freud würde mit Hegel darin übereinstimmen, daß die richtige Methode der Interpretation eine grundlegende psychische Wirklichkeit aufdecken kann, die sich hinter allen Ausdrucksformen zu verbergen vermag. Das Problem, das sich der psychoanalytischen Theorie stellt und auf das Freud viel gedankliche Anstrengung verwendet hat, besteht in der Frage, wie eine Bezugnahme auf die Wirklichkeit im manifesten Material von Kunstwerken zu erkennen ist und wie festgelegt werden soll, auf welche Weise das zum Ausdruck gebrachte Material interpretiert werden kann. Denn Interpreta-

tionen sollten auf jene Wirklichkeit zurückführen, die im Ausdruck indirekt repräsentiert wird.
Bei der Erörterung der verschiedenen Beziehungen des Ausdrucks zur zugrundeliegenden Realität unterscheidet Freud zwei Formen, die sich ihm in seiner klinischen Praxis eröffnet haben. Er beschreibt sie als »Realitätsverlust« und »Realitätsersatz«.[21] Seine Ausdruckstheorie richtet ihr Augenmerk insbesondere auf jene Punkte des Seelenlebens, an denen die Wirklichkeit entweder verloren, entstellt oder symbolisch in metaphorischen und analogischen Formen repräsentiert wird. In dem Aufsatz »Der Realitätsverlust bei Neurose und Psychose« schreibt Freud:

»Die neue phantastische Außenwelt der Psychose will sich an die Stelle der äußeren Realität setzen, die der Neurose hingegen lehnt sich wie das Kinderspiel gern an ein Stück der Realität an – ein anderes als das, wogegen sie sich wehren mußte, – verleiht ihm eine besondere Bedeutung und einen geheimen Sinn, den wir nicht immer ganz zutreffend einen *symbolischen* heißen. So kommt für beide, Neurose wie Psychose, nicht nur die Frage des *Realitätsverlustes,* sondern auch die eines *Realitätsersatzes* in Betracht.«[22]

Die Aufgabe der Analyse besteht darin, die verlorene Wirklichkeit wiederzuerlangen; der Weg dorthin führt über ein Verständnis der symbolischen Repräsentationen, durch die die Realität und ihr Ersatz in der psychischen Ökonomie eines Individuums Verwendung finden. In ähnlicher Weise beschäftigt sich die psychoanalytische Theorie mit kulturellen Gegenständen und behandelt sie als symbolische Repräsentationen einer sowohl gegenständlichen wie psychischen Realität, die durch einen Ersatz verlorengegangen oder verschoben worden ist. Die psychoanalytische Auffassung von kulturell verpflichtenden Darstellungen als Ausdruckssystemen betrachtet die Objekte stets im Hinblick auf ihre metaphorischen und symbolischen Strukturen, die eine Interpretation erforderlich machen. In deren Verlauf taucht der repräsentierte Realitätsersatz auf, und es zeigt sich jene Wirklichkeit, die hinter ihm verborgen war. Dann aber stößt die Methode einer Wiederherstellung durch Interpretationen auf größere Schwierigkeiten. Denn was Werke der Kunst angeht, so sind Realitätsverlust und Realitätsersatz etwas, was *innerhalb eines Kunstwerks* auftritt. Freuds Methode bestand darin, die psychoanalytische Theorie vom Klinischen auf das Künstlerische auszudehnen, ohne die besonderen Erfordernisse des Bereichs kulturell verpflichtender Darstellungen zu bedenken. Wenn sich die Psychoanalyse mit Gegenständen befaßt, dann ist eine der Fragen, die sie sich stellen muß, die nach dem Ausmaß, in dem ein besonderer Gegenstand seine eigene Wirklichkeit etabliert, ohne sich auf Schlußfolgerungen außerhalb seiner stützen und eine Analogie zu psychotischen Ersatzbildungen herstellen zu müssen.

Es geht hier um feine Unterschiede zwischen den Vorgängen im Behandlungszimmer und den Reaktionen auf kulturell verpflichtende Darstellungen. Ein Analytiker muß in der Lage sein, zwischen der Realität und ihren verschiedenen Affirmationen und Negationen *innerhalb* eines Objekts unterscheiden zu können. Psychoanalytische Untersuchungen der Kunst machen häufig den Fehler, aus dem Werk heraus ins Leben eines Künstlers zu springen. Aber wenn es der Zweck einer Untersuchung ist, eine psychoanalytische Interpretation *der Kunst* zu liefern, dann müssen im Zentrum der Aufmerksamkeit der Gegenstand selbst und jene Realität stehen, die er sich schafft. In diesem Teil werde ich zeigen, wie eine psychoanalytische Untersuchung, die nicht autobiographisch ausgerichtet ist, nach einer Repräsentation der Wirklichkeit im Werk suchen kann, um den Wahrheitsansprüchen eines latenten Inhalts Genüge zu tun. Ich beziehe mich dabei auf eine Kurzgeschichte von Herman Melville.

Die Geschichte »Das Paradies der Junggesellen und der Tartarus der Mädchen« stellt zwei Szenen dar, die sowohl realistisch wie phantastisch sind. Das Problem ist, sie in ihren beiden Teilen aufeinander abzustimmen. Ich werde die verschiedenen inneren Beziehungen untersuchen und beginne mit der Beschreibung der Geschichte.

Die wörtlichen Bezüge sind eindeutig: Es handelt sich um einen Klub von Junggesellen in London und um eine Papierfabrik in Neuengland. Die Szenen sind durch die Zweiteilung des Texts gegeneinander abgesetzt. Die einzige ausdrückliche Verweisung des einen Teils auf den anderen geschieht in der Äußerung des Icherzählers, daß er sich an die warmen, gemütlichen Räume des Londoner Junggesellenklubs erinnert, als er das dunkle Tal der Fabrik in Neuengland verläßt. Warum beide Teile in *einer*

Geschichte erzählt werden, wird nie gesagt; doch es ist klar, daß sie einer überaus privaten Erinnerung entstammen.

Trotz der realistischen Beschreibungen sind die berichteten Ereignisse in einer fast schon aufdringlichen Weise vielfältig aufeinander bezogen. Das wohl auffälligste Beispiel (welches übrigens, wie ich festgestellt habe, viele Leser übersehen) besteht darin, daß die Papiermaschine und die Fabrikräume in einer Sprache beschrieben werden, die man, wie es scheint, als eine Beschreibung von Schwangerschaft und Geburt auffassen muß. Die Bezeichnungen sind so ausdrücklich doppeldeutig gewählt, daß der Leser die Geschichte eher als Allegorie begreifen, statt sie als »symbolisch« bezeichnen sollte. Industrielle und biologische Vorgänge werden gleichzeitig beschrieben. Dieser Sprachgebrauch bietet einen (schwerlich subtilen) erzählerischen Hinweis, der den Leser dazu anhält, in der gesamten Geschichte nach mehrdeutigen Bezügen und Darstellungen zu suchen.

Die symbolische Beschreibung des zweiten Teils zwingt den Leser, sobald er sie durchschaut, die Beschreibungen der gesamten Geschichte zu überprüfen, die sich dann ihrerseits als symbolische Substitutionen und Verschiebungen psychosexueller Art erweisen. Es gibt einen verblüffenden Kontrast zwischen der aufdringlich sexuellen Beschreibung der Frauen (nicht nur durch die Fabrik, sondern auch durch die Landschaft) und der fast vollständig asexuellen Beschreibung der Männer auf der Junggesellenparty. Im ersten Teil sind wir bei einem familiären, gemütlichen Treffen zugegen, das in jeder Hinsicht das genaue Gegenteil der Atmosphäre in der eisigen Fabrik ist. Mitten im kalten Winter herrscht dort die Hitze einer auf Fortpflanzung ausgerichteten Sexualität, während in der Wärme der tafelfreudigen Kameraderie die Kühle der sexuellen Abstinenz zu spüren ist.

Sind erst einmal die vielfältigen Bezüge und Widersprüche deutlich geworden, wird der Leser durch die Erzählung immer tiefer in das Unbewußte des Textes hineingeführt. Die Geschichte vermittelt bei ihrer Lektüre ein Entdeckungserlebnis. Es wird deutlich, daß der Vorgang, den Freud anhand klinischer Situationen beschrieben hat, hier ebenfalls auftritt: Realitätsverlust und Realitätsersatz sind die weitestgehenden metaphorischen Ansprüche, denen der Leser ausgesetzt wird. Wir können auf die

Erzähltechniken reagieren, durch die Verlust und Ersatz möglich werden, ohne uns über den Text hinaus nach dem Künstler umzusehen.
Die beiden deutlich voneinander unterschiedenen Szenen der Geschichte stellen komplementäre Phantasien dar, es ist jedoch verwirrend festzustellen, wie genau sie aufeinander bezogen sind. Eine Ähnlichkeit scheint recht eindeutig zu sein: Sie haben teil an frühkindlichen Phantasien in bezug auf den Geschlechtsunterschied und biologische Überzeugungen, die früh im Leben gewonnen wurden und noch latent im Erwachsenenalter vorhanden sind. Aber sobald man dies feststellt, werden die Ansprüche der Geschichte deutlich, denn die erzählerischen Ereignisse führen, indem sie berichtet werden, zur Wiedererlangung einer verlorenen Welt in der Erinnerung. In jedem Stadium der Analyse, in dem der Leser die psychoanalytische Interpretation beispielhaft verwirklicht sieht, wird die Geschichte zur Theorie, so daß wir Sorge tragen müssen, daß sie sich selbst interpretiert und wir ihr nicht eine unbegründete Interpretation aufzwingen.
Die Vergangenheit der frühkindlichen Phantasien, die in den beiden Szenen so nachdrücklich zu neuem Leben erweckt werden, ist in einer Hinsicht ebenso auf immer verloren, wie es die merkwürdigen Ereignisse sind, die dem Erzähler angeblich zustießen. In anderer Hinsicht sind jedoch die frühkindlichen Phantasien ebenso gegenwärtig und wirksam in der Geschichte, welche eine verschüttete Vergangenheit wiederentdeckt und in die Gegenwart hereinholt. Dadurch erkennt der Leser die Ereignisse in der Unmittelbarkeit ihrer Präsentation und kann auf sie mit einer Ansammlung verdrängter Phantasien und augenblicklicher Aktualisierungen reagieren, die durch die Macht der Beschreibungen hervorgerufen werden. Wie die Erinnerungen im Verlauf der Geschichte in ihrem eigenartigen Nebeneinander auftreten, so treten auch beim Leser (obwohl unbewußt) ergänzende Interpretationen der Sexualität auf, die in den umfassenderen Zusammenhang des Erwachsenenalters eingebettet sind. Die beiden Teile der Geschichte folgen nicht einfach aufeinander, sondern existieren nebeneinander und müssen mit dem Gedanken an den jeweils anderen gelesen werden.
Obwohl die beiden Teile der Geschichte von unverheirateten Männern und Frauen (»Junggesellen« und »Mädchen«) handeln,

bleibt die Nähe zu Heirat und Kinderkriegen eine ständige Bedrohung. Das Paradies der Junggesellen, so berichtet die Geschichte, liegt nahe der »Fleet Street – wo die unverheirateten Geschäftsleute mit Hauptbuchfurchen zwischen den Brauen vorbeieilen, über das Steigen des Brots und die geringe Nachfrage nach Babys nachdenkend«. Gefurchte Brauen tauchen auch in dem Tartarus der Mädchen auf: »Ich betrachtete die Brauen des ersten Mädchens und sah, daß sie zerfurcht und verknittert waren.« Abgehärmt, erschöpft von der Arbeit an der Maschine, die in Wirklichkeit eine Schwangerschaftsmaschine ist, fehlt den Frauen im zweiten Teil der Geschichte das Glück, die Geselligkeit und die kindliche Freiheit der Junggesellen. Aber sie sind jungfräulich, so daß ihr Leiden nicht vom Gebären, sondern generell aus ihrer Weiblichkeit herrührt.

Trotz der Verdrängung ihrer Sexualität bleiben sowohl die Junggesellen wie die Mädchen Sklaven ihrer sexuellen Antriebe. Die Junggesellen sind auf einen Zustand frühkindlicher Befriedigung regrediert, und die Mädchen sind Sklavinnen einer Maschine, die Kinder macht. Reife, genitale Sexualität gilt als angstauslösend und jenseits der Möglichkeiten sowohl der Junggesellen wie der Mädchen, obwohl nicht klar wird, warum dies so ist. In beiden Skizzen scheinen Reichtum und Armut, hohe und niedere soziale Klassenzugehörigkeit, Alte und Neue Welt entscheidende Faktoren für die Bestimmung der Lebensumstände zu sein. Obwohl alle diese »Ursachen« zusammentreffen, scheint der grundlegende Bestimmungsfaktor bei den Junggesellen und Mädchen selbst zu liegen. Eine Interpretation der Geschichte setzt daher sorgfältige Trennung des bewußten und unbewußten Denkens als Teil der Erzählung selbst voraus. Aber auch während wir interpretieren, sollten wir die konkrete Welt nicht aus den Augen lassen, in der die Charaktere leben. Sie ist zugleich psychosexueller, sozialer und ökonomischer Natur.

Die beiden Teile der Erzählung stellen füreinander das dar, was der jeweils andere verdrängt. Die Umgebung des Woedelorbergs, in die ein Samenhändler fährt, um Papierumschläge für seine Samen zu holen, ist eine Landschaft in Neuengland, die geformt ist wie die »unsichtbaren Niederungen« des weiblichen Körpers, die gefürchtete und aus dem Bewußtsein der Junggesellen verdrängte Realität. Der Klub in London, der jene körperliche Sinn-

lichkeit repräsentiert, die aus der Arbeit der Frauen vollständig entfernt ist, bildet einen Kontrast zu ihrer Sklaverei. Er stellt eine lebhafte, geschäftige Welt dar, deren körperliche Zufriedenheit für die Hetze in der Fabrik unerreichbar bleibt.
Der Samenhändler dringt in das Tal ein (das mit anatomischer Präzision als weibliches Genitale beschrieben wird) und beobachtet, wie die Maschine, die die Kinder macht, diejenigen fesselt, die sie bedienen. Indem die Männer diese Szene von ihrem Londoner Glück aus betrachten, versetzen sie sich in den Traum einer Gnade, in dem die Mutter nur als sorgende und nährende Umwelt gegenwärtig ist und in dem die »Babys« versorgt werden. Die Männer haben die konkrete Sexualität durch und durch verdrängt und in die grimmigste Jahreszeit der Neuen Welt verbannt. Die Verschiebungen, Ausschlüsse, Ersetzungen und interpretierten Ereignisse sind unmittelbar an der Geschichte abzulesen. So hat z. B. der Winter in Neuengland einen direkten Bezug zu der Verleugnung in London.
Dieser Winter ist kalt, weit entfernt und schreckenerregend für die männliche Wärme und sexuelle Labilität; er stört eine Triebbefriedigung, die sich allein auf die Nahrungsaufnahme richtet. Männer haben das Kinderkriegen in kalte, entfernte Täler verbannt, die von unpersönlichen Samenhändlern beaufsichtigt werden, während sie sich mit der Oralität eines Festgelages und ihrer Reden verwöhnen. Dies könnte eine »Lösung« für die Ängste ihrer Sexualität sein; in der Geschichte *ist* es eine erzählerische Lösung in dem Sinn, daß es sich hier um eine manifeste Phantasie handelt, die tieferliegende, latente Gedanken der Erzählung verdeckt.
Jede Hälfte der Geschichte ist eben nur die Hälfte, nur die halbe »Lösung« des Problems, eine Hälfte, der die Ganzheit fehlt, die der Leser darum bei der anderen Hälfte suchen muß, wie eben Männer und Frauen ohne das jeweils andere Geschlecht nur die Hälfte vom Leben der Erwachsenen darstellen. Die unerzählte Hälfte einer jeden Hälfte ist das Verdrängte, das durch die Darstellung der jeweils anderen Hälfte zu rekonstruieren bleibt. Die Geschichte halbiert sich selbst durch die Art, wie sie erzählt wird ebenso wie durch ihren Titel. Männer und Frauen sind durch die Verleugnung ihrer Ganzheit in eschatologische Bereiche verbannt. Würden sie das Reich der Toten bewohnen, so wären sie

frei von den Verpflichtungen der Lebenden. Durch die Verwendung der Worte »Paradies« und »Tartarus« macht die Geschichte deutlich, daß sie sich für die Phantasie engagiert. Zugleich ist sie aber von einem schmerzhaften Realismus durchdrungen, der den Leser daran hindert, beide Szenen einfach ins Reich der Phantasie zu versetzen. Die Realität macht sich geltend durch die überaus kunstvoll irreführende, manifeste Unterhaltung hindurch, mit der die Geschichte beginnt: eine ganz dem Wohlbehagen hingegebene Abendgesellschaft. Während wir unterhalten werden, wird uns das ganze Unbehagen der menschlichen Existenz deutlich, und eine Mahnung wie ein Momento mori zeichnet sich ab.
Die beiden Hälften der Geschichte reflektieren sich gegenseitig, so, als seien sie spiegelbildlich aufeinander bezogen. Die neuere psychoanalytische Theorie, die von Objekten fasziniert ist, weist nach, daß sich in den Rollen, welche Objekte für Individuen spielen, deren innere psychische Verfassung ausdrückt. Und auch in dieser Geschichte ist jede Hälfte ein Objekt der anderen. Ihre Spiegelbildlichkeit wird von dem Samenhändler bemerkt.
Die spiegelbildlichen Umkehrungen der beiden Teile manifestieren sich in ihrer äußeren Anordnung, den Farben, Jahreszeiten, Charakteren und (was am wichtigsten ist) in der Sprache. Man betrachte nur die beiden folgenden Passagen, die jeweils einem der beiden Teile entstammen:

1. »Nicht lange, nachdem das Tischtuch abgenommen worden war, blinzelte unser Gastgeber Sokrates zu, der feierlich zu einem Tischchen schritt und mit einem riesigen geschwungenen Horn zurückkehrte, einer wahren Posaune von Jericho, mit blankem Silber beschlagen und auch sonst verziert und kunstvoll geschmückt, nicht zu vergessen zwei naturgetreue Ziegenköpfe mir vier weiteren Hörnern aus massivem Silber, die einander gegenüber zu Seiten des Mundstücks des edlen großen Horns hervorragten.«
2. »Black, mein gutes, eben sechsjähriges Pferd, war über und über mit Flocken von gefrorenem Schweiß bedeckt und weiß wie ein milchweißer Widder; bei jedem Atemzug fuhren aus seinen Nüstern zwei hornförmige Wolken heißen Atems. Bei einer plötzlichen Wegbiegung scheute es, weil quer über der Fahrbahn eine vor kaum zehn Minuten gestürzte, verkrümmte alte Schierlingstanne lag, dunkel gewunden wie eine Anaconda.«

Das Pferd erinnert an das Horn mit dem Schnupftabak, da von ihm gesagt wird, daß es weiß ist »wie ein milchweißer Widder« und »aus seinen Nüstern zwei hornförmige Wolken heißen Atems« in die kalte Winterluft entläßt. In beiden Teilen der Geschichte wird auf Tiere angespielt, die aber nie ausdrücklich genannt werden dürfen. Der Gast beim Fest der Junggesellen ist etwas verstört über die Ochsenschwanzsuppe, weil sie ihn an »die Peitschenstücke von Fuhrleuten und die Lederriemen von Türhütern« erinnert. Hin und her gehende Bezüge zeigen immer erneut die bewußte und unbewußte Strukturierung, wie sie auch in den Wiederholungen der Träume auftritt. Jedes Thema kommt mit unterschiedlicher Tonlage und Stimmführung mehrfach vor, einmal in zeremonieller Gemessenheit, das andere Mal in organischer Unziemlichkeit. Doch trotz aller Anspielungen auf die Sexualität scheint es nicht gestattet, sie offen zu erwähnen.

In Melvilles Geschichte werden einige Anstrengungen unternommen, die Sprache, während sie erzählt, zum »Sprechen« zu bringen. Die Satzstrukturen weisen bedeutsame Veränderungen auf:

»Geh in milder Nachdenklichkeit durch die Kreuzgänge, erfreue dich, genieße deine Muße in den Gärten nach dem Wasser zu, verweile in der alten Bibliothek, verrichte deine Andacht in der mit Skulpturen geschmückten Kapelle, aber mit alledem hast du noch wenig gesehen, weißt noch gar nichts, hast den lieblichen Kern noch nicht gekostet, bis du mit den vereinten Junggesellen diniert, ihre festlichen Augen und Gläser hast funkeln sehen.«

»Weithin erkennbar krönt auf der einen Seite am Rande des Katarakts die Ruine einer alten Sägemühle eine schroffe Felshöhle. Sie ist in jenen frühen Zeiten gebaut worden, als die ganze Umgegend noch dicht voll Fichten und Schierlingstannen stand. Die schwarzbemooste Masse der riesigen, roh behauenen und von Nägeln knotigen Holzklötze, stellenweise während der langen Verlassenheit und Verkommenheit zusammengestürzt oder in ihrer Einsamkeit gefährlich über den düstern Rand des Abgrunds hängend, erteilt dieser rohen, hölzernen Ruine nicht nur fast das Aussehen, als bestehe sie aus rauhen Steinquadern, sondern auch etwas von dem Charakter einer feudalen rheinischen Burg- oder Turmbergruine, wobei auch die zinnenartigen Wipfel der umgebenden, wilden Szenerie mitsprechen.«

In dem Auszug aus dem ersten Teil der Geschichte beleben die Zeichensetzung, die Wortwahl und die Hervorhebung körperlicher Tätigkeiten das Denken und die Struktur. Die Sprache selbst nimmt die Unterhaltsamkeit, Zufriedenheit und Freundlichkeit vorweg, die wir auf dem Fest der Junggesellen erleben. Im genauen Gegenzug zu diesen Strukturen zeichnet der Ausschnitt aus dem zweiten Teil der Geschichte die bedrohlichen Berge und Felsen mit düsteren Umschreibungen und einer schroffen Syntax.

V

Die Geschichte von Melville präsentiert und definiert ihre eigene Wirklichkeit, indem sie von sich aus Verschiebungen, Substitutionen und Verdrängungen erkennen läßt. Man muß nicht die eigene Phantasie zu Hilfe nehmen, um Bezüge zu entdecken. Möglich wäre es immerhin, die Art und Weise aufzuspüren, in der sich diese Geschichte auf Melvilles Biographie bezieht, und dabei zu einem Verständnis der Probleme zu gelangen, mit denen der Autor in seinem Privatleben während der Niederschrift konfrontiert war. Aber die psychoanalytische Theorie sieht sich mit einer ganzen Reihe von Schwierigkeiten konfrontiert, sobald Kunst und Leben als eine Einheit betrachtet werden. Wie dies dennoch möglich ist, soll im vorliegenden Abschnitt dargestellt werden.

Die psychoanalytische Theorie verfügt über Fähigkeiten, die anderen Theorien fehlen. Sie kann zum Beispiel kulturell verpflichtende Darstellungen so erfassen, wie sie im Leben ihrer Schöpfer und Benutzer auftreten. Meine Behauptung, daß die Stärke der Theorie darin besteht, eine Geschichte ohne Bezugnahme auf ihren Autor zu interpretieren, erhebt einen Anspruch, den ich für wichtig halte, wenn gezeigt werden soll, was die psychoanalytische Theorie der Kunst zu leisten vermag. Ich wollte damit jener Kritik an psychoanalytischen Interpretationen der Kunst zuvorkommen, die diesen vorhält, alles einfach nur als eine Funktion der psychosexuellen Konflikte eines Künstlers zu betrachten. Weder ist die Theorie in dieser Weise beschränkt, noch muß sie sich notwendig auf biographisches Material beziehen. Sie kann es erfolgreich und überaus interessant verwenden. Damit gestattet sie uns eine Form der Interpretation, die sich jetzt mehr und mehr ausbreitet: die Verbindung kulturell verpflichtender Darstellungen mit dem Leben derjenigen, die sie geschaffen haben. Wie im Fall der Portraitbüsten von Messerschmidt, hängt ein Erfolg derartiger Bemühungen von einer ausgiebigen Dokumentation ebenso ab wie davon, daß in den Objekten selbst genügend interpretierbares Material vorhanden ist. Wo diese Informationen vorliegen, kann die psychoanalytische Theorie der Kunst ihrerseits zu einer wichtigen kulturell verpflichtenden Darstellung sui generis gelangen, die ich als »Kunst-Leben« bezeichne. Anstrengungen in dieser Richtung sind von George Painter, H. R. Graetz, J.-P. Sartre, Peter Gay, Meyer Schapiro und anderen unternommen worden.[23] Mit dem »Kunst-Leben« erhalten wir Zugang zu einem bemerkenswerten Objekt, welches (in einem mir vertretbar erscheinenden Sinn) in enger Verbindung steht zu den Nachfahren von Freuds Fallgeschichten. Wenn wir, wie ich dies oben angedeutet habe, Fallgeschichten als Werke betrachten, die zu selbständigen kulturellen Gegenständen geworden sind und in der europäischen Tradition kulturell verpflichtender Darstellungen eng mit anderen Werken der Kultur verbunden sind, dann kann das »Kunst-Leben« als ein Glanzstück der psychoanalytischen Interpretation betrachtet werden. Wenn die psychoanalytische Theorie Interpretationen dieser Art liefert, dann geht sie über die Deutung kulturell verpflichtender Darstellungen hinaus zur Schaffung einer neuen Art von kulturellen Gegenständen, die das Leben und Werk hervorragend begabter Künstler in *einer* Erzählung vereinigt.

Darum hat die psychoanalytische Theorie als Methode der Repräsentation zum Bereich kulturell verpflichtender Darstellungen erstens durch das Genre der Fallgeschichten und zweitens durch ihre Ausweitung zur Schaffung des »Kunst-Lebens« von sich aus beigetragen. Obwohl ich dies nicht beweisen kann, bin ich der Überzeugung, daß Freud in seinem Aufsatz über Leonardo da Vinci das »Kunst-Leben« darzustellen versucht hat. Dieser Aufsatz hat die größte Unzufriedenheit über psychoanalytische Interpretationen hervorgerufen.[24] Freud fragte sich, ob uns die Gemälde Leonardos etwas über dessen psychosexuelle Geschichte erzählen können. Zur Beantwortung dieser Frage stützte sich Freud auf autobiographische Berichte, die er für verläßlich hielt; doch es zeigte sich, daß es sich um schlecht informierte Quellen handelte. Trotz der Fehler könnten Freuds Beobachtungen zu einer aufschlußreichen Rekonstruktion von Leonardos Kunst und Leben führen, wenn die psychoanalytische Interpretation auch die historische Realität berücksichtigte. Die falschen Voraussetzungen von Freuds Untersuchung lösten eine Debatte zwischen Kunsthistorikern und Psychoanalytikern aus, die derjenigen nicht unähnlich war, die zu Beginn dieses Kapitels vorgestellt worden ist.

Die Kunsthistoriker vertraten die Auffassung, Freuds Portrait des Malers gehe zu wenig darauf ein, wie sehr die Gemälde Leonardos denen seiner Zeitgenossen ähnelten. Die Debatte wandte sich dann der Frage zu, wie die psychologischen und stilistischen Elemente bei der Analyse eines einzelnen Gemäldes voneinander zu unterscheiden seien. Obwohl dies stets eine strittige Frage bleiben wird, waren die vertretenen Auffassungen eindeutig. So griff der Kunsthistoriker Meyer Schapiro Freuds Aufsatz mit der Begründung an, jeder einzelne Gegenstand auf Leonardos Gemälden lasse sich historisch rechtfertigen. Auch wo einem Bildaufbau besondere Bedeutung verliehen worden sei wie im Falle der »Heiligen Anna selbdritt«, seien eine derartige Pyramidenform und ähnliche Themen auch anderswo zu finden. In diesem einen Gemälde eine besondere psychologische Bedeutung zu entdecken hieße also, seine historischen Verbindungen zu anderen Gemälden verschiedener Künstler zu ignorieren.

Zur Verteidigung von Freuds Positionen argumentierte der Psychoanalytiker Kurt Eissler, daß unabhängig von den historischen Fakten stets sinnvoll gefragt werden könne, warum gerade dies und nicht etwas anderes gemalt worden sei. Was ein Künstler darzustellen suche, sei durch dessen psychische Disposition determiniert, auf die eine psychologische Untersuchung angemessen eingehen könne. Angesichts der Aufgabe, die Jungfrau Maria und die heilige Anna zu malen, habe Leonardo mehrere Entscheidungen zu fällen gehabt. Diese könnten wir nun daraufhin überprüfen, warum er sie so und nicht anders gefällt habe. Eissler hat insofern recht, als die psychologische Frage immer relevant ist. Die Möglichkeit, sie zu beantworten, hängt jedoch von einer Vielzahl detaillierter Informationen ab, die uns im Fall Leonardos nicht in ausreichendem Umfang zur Verfügung stehen.[25]

Noch einmal sollte darauf verwiesen werden, daß ein grundlegender Unterschied besteht zwischen der Suche nach einer Kausalverbindung zwischen der psychosexuellen Entwicklung eines Künstlers und seiner Kunst sowie den Bemühungen, für unsere kulturellen Bedürfnisse ein vollkommen neues Objekt zu rekonstruieren. Ein »Kunst-Leben« ist sehr viel mehr als die Psychoanalyse eines Künstlers. Es muß die psychoanalytischen Eigenschaften eines Gegenstandes als Kunstwerk im gesamten Kontext eines Lebens und zu einem bestimmten historischen Zeitpunkt darstellen. Es mag in der Tat sein, daß derartige Bemühungen unsere Fähigkeiten als Geisteswissenschaftler überschreiten und daß ihr Ergebnis über die Grenzen eines begreifbaren Objekts hinausgeht. Aber derartige Anstrengungen ergeben sich aus einer psychoanalytischen Theorie der Kunst, deren Möglichkeiten noch nicht voll erforscht sind.

Die andere Seite eines »Kunst-Lebens« besteht in der Totalität einer Erfahrung. Auch hier wieder gelangen wir zur Bestätigung von Einsichten, welche für die psychoanalytische Theorie der Kunst vor allem in einigen jener Aufsätze Freuds formuliert worden sind, in denen er über den Ursprung jener besonders mächtigen Gefühle nachdachte, die uns angesichts kulturell verpflichtender Darstellungen befallen. Eine Analyse von Affekten trägt dazu bei, die Wahrheitsansprüche auf seiten kulturell verpflichtender Darstellungen zu verstehen. Ich möchte dieses Kapitel schließen, indem ich kurz darstelle, wie affektive und kognitive Regungen bei der Erfahrung von kulturell verpflichtenden Darstellungen zusammenarbeiten.

Freud macht die Beobachtung, daß die Fiktion von Erzählungen zwei besondere Wirkungen hervorruft: einmal ein Gefühl des Unheimlichen und das andere Mal ein Gefühl der Distanzierung und Entfremdung von der in einer Geschichte geschaffenen fiktionalen Welt. Geschichten unterwerfen die Zuhörer und Leser einem eigenartigen Test: Sie sind ganz offensichtlich erfunden und unwahr, aber doch auch zugleich wahr. In ihrer Unwirklichkeit besitzen sie ein Maß an Wirklichkeit, welches über das bloße Alltagserleben hinausgeht. Kurz gesagt, was wir uns zuweilen als »ästhetische Erfahrung« vorstellen, hat besondere Eigentümlichkeiten, die schwer zu verstehen sind. Unsere Erfahrungen mit erzählerischen Fiktionen sind durchsetzt von scheinbaren Widersprüchen und Paradoxien. In bezug auf diese Eigentümlichkeiten hatte Freud einige besondere Einsichten.

Das Ergebnis unseres Umgangs mit erzählerischen Fiktionen besteht in einem Ineinander von Glauben und Unglauben. Freuds Überlegungen zu diesen Geistes- und Gefühlszuständen stehen in zwei gesonderten Aufsätzen. In einem 1937 geschriebenen Brief an Romain Rolland berichtet Freud von einem Erlebnis, das er bei einem Besuch Athens hatte, als er auf der Akropolis stand. Er dachte: »Nach dem Zeugnis meiner Sinne stehe ich jetzt auf der Akropolis, allein ich kann es nicht glauben.«[26] Offensichtliche Widersprüche dieser Art treten von Zeit zu Zeit in unserem Erleben auf. Ihre besondere Kraft veranlaßte Freud zu der Vermutung, daß sie eine Reaktivierung mächtiger Erfahrungen aus der Vergangenheit in der Gegenwart darstellen, die als unbewußte Erinnerungen weiterleben. Dieses Erleben selbst beschrieb Freud als »Entfremdungsgefühl«, also als eine Entwirklichung. Es gibt eine ganze Reihe derartiger Gefühle, und sie hängen eng mit Erfahrungen zusammen, die wir in bezug auf kulturell verpflichtende Darstellungen machen. Freud faßte sie folgendermaßen zusammen:

»Entweder erscheint uns ein Stück der Realität als fremd oder ein Stück des eigenen Ichs. In letzterem Fall spricht man von ›Depersonalisation‹; Entfremdungen und Depersonalisationen gehören innig zusammen.«[27]

Entfremdungen und Depersonalisationen sind Erfahrungen, die sich der Anstrengung verdanken, »etwas von uns auszuschließen«. Sie stehen im Gegensatz zu den Täuschungen des »Déjà vu«, »in denen wir etwas als zu unserem Ich gehörig annehmen wollen«. Sowohl die Einbeziehung wie der Ausschluß sind verbreitete Arten, auf fingierte Erzählungen zu reagieren. In psychoanalytischen Begriffen ausgedrückt, stellen sie eine »Abwehr« dar, die uns hilft, etwas vom Ich fernzuhalten oder es mit ihm zu vermitteln.

Das von Freud beschriebene Erlebnis auf der Akropolis (»Was ich da sehe, ist nicht wirklich«) hat sein Gegenstück in unserer Erfahrung mit kulturell verpflichtenden Darstellungen, bei denen wir uns sagen: »Die Ereignisse, deren Zeuge ich gewesen bin, sind unwirklich, aber ich halte sie für wahr.« Glaube, Unglaube und Zweifel sind Geisteshaltungen, die sich ebenso wie eine ungeheure Vielzahl von Affekten auf kulturelle Gegenstände beziehen. Wir wissen natürlich, daß vieles von dem, was uns in kulturell verpflichtenden Darstellungen vorgestellt wird, nicht »wahr« ist und daß es sich dabei um »Fiktionen« handelt. Dennoch lassen wir uns auf geheimnisvolle Weise dazu überreden, die Beschreibungen für plausibel zu halten, selbst wenn wir ihre Realität leugnen. Wenn wir der von Freud formulierten Hypothese folgen, dann müßten wir unsere Leichtgläubigkeit auf unbewußte Erinnerungen zurückführen. Das aber würde die ästhetische Erfahrung wieder an das Modell klinischer Untersuchungen zurückbinden und den Strategien, Kräften und stilistischen Verfahren kulturell verpflichtender Darstellungen nicht genügend Aufmerksamkeit sichern. Wie meine Untersuchung der Geschichte von Melville gezeigt hat, ist der stilistische Aufbau eines Gegenstandes weithin dafür verantwortlich, was an Glauben und an Zweifeln in die Geschichte einbezogen und von ihr ausgeschlossen wird. Aber auch Glauben und Zweifel geben den Zustand eines unbewußten und bewußten Denkens wieder, welches sich nur angesichts kulturell verpflichtender Darstellungen in dieser Weise verwirklichen kann. Darum sind Erfahrungen mit derartigen Darstellungen zugleich affektiv mächtig und kognitiv aufschlußreich.

Eine sinnvolle Ergänzung zur Analyse jener Gefühle gegenüber kulturellen Gegenständen, für die das *Entfremdungsgefühl* ein Beispiel ist, liefert Freuds Untersuchung über »Das Unheimliche«. Freud vertrat hier die Auffassung, das Gefühl des Unheimlichen werde durch ein Ereignis herbeigeführt, welches einem zuvor verdrängten Gedanken, einem Wunsch oder einer Phantasie entspreche oder sie bestätige. Wenn dies eintrete, so scheine es, als wäre das, wovor wir uns ängstigen oder was wir zutiefst herbeiwünschen, bestätigt. Wir denken dann: »Es stimmt wirklich, daß dieses oder jenes Ereignis nunmehr eintritt.« So meinen wir etwa: »Es stimmt wirklich, daß die Toten erneut zum Leben erwachen und daß geheimnisvolle magische Kräfte das Universum durchwalten.« In vielen fingierten Erzählungen gelangen wir zu dem Schluß, daß wir als Menschen außerordentliche Macht besitzen oder dazu in der Lage sind, mit der Vergangenheit Kontakt aufzunehmen. Ebenso glauben wir, daß wir dazu verurteilt sind, tragisch zugrunde zu gehen oder daß fremdes Denken in unser Leben eindringen kann usw. Das Unheimliche ist sowohl im alltäglichen Leben wie in Fiktionen anzutreffen. Freuds faszinierende Beschreibung des Gegensatzes zwischen beiden trifft hier genau zu:

»Das Unheimliche der Fiktion – der Phantasie, der Dichtung – verdient in der Tat eine gesonderte Betrachtung. Es ist vor allem weit reichhaltiger als das Unheimliche des Erlebens, es umfaßt dieses in seiner Gänze und dann noch anderes, was unter den Bedingungen des Erlebens nicht vorkommt. Der Gegensatz zwischen Verdrängtem und Überwundenem kann nicht ohne tiefgreifende Modifikation auf das Unheimliche der Dichtung übertragen werden, denn das Reich der Phantasie hat ja zur Voraussetzung seiner Geltung, daß sein Inhalt von der Realitätsprüfung enthoben ist. Das paradox klingende Ergebnis ist, *daß in der Dichtung vieles nicht unheimlich ist, was unheimlich wäre, wenn es sich im Leben ereignete, und daß in der Dichtung viele Möglichkeiten bestehen, unheimliche Wirkungen zu erzielen, die fürs Leben wegfallen.*«[28]

Kulturell verpflichtende Darstellungen von der Art, wie ich sie bisher als Illustrationen in diesem Kapitel verwendet habe, zeigen, daß es in Fiktionen sehr viel mehr Möglichkeiten gibt, unheimliche Effekte zu erzielen, als im wirklichen Leben. Denn fiktionale Erzählungen bestätigen die tiefsitzende, oft unbewußte Überzeugung, daß die Außenwelt eine gegenständliche Wirklichkeit besitzt und die Innenwelt eine psychische. Daher stellt die Erfahrung des Unheimlichen, die uns angesichts von Fiktionen befällt, Verbindungen her zwischen unseren Wünschen und Phantasien einerseits und den darüber hinaus liegenden Bereichen einer gegenständlichen und psychischen Wirklichkeit andererseits, die uns durch die Interpretationsmethoden der Wissenschaften zugänglich werden. Doch dies ist die Annahme, von der Wissenschaftler ausgehen, wenn sie Hypothesen über die gegenständliche und psychische Wirklichkeit verifizieren wollen. Freud bestand in allen seinen Schriften darauf, daß wir im Alltagsleben ebenso wie beim Gebrauch kulturell verpflichtender Darstellungen unsere Schlußfolgerungen in einer zutiefst unwissenschaftlichen Weise ziehen, indem wir diese Verbindungen unseren inneren Bedürfnissen entsprechend affektiv herstellen.
Das Bedürfnis, in einen Bereich jenseits unserer Alltäglichkeit zu gelangen, das sich in vielen Phantasien (darunter auch im Unheimlichen) darstellt, wird durch die kulturell verpflichtenden Darstellungen von Fiktionen befriedigt, die in unserem Umgang mit der Natur und der Kultur als Übergangsobjekte fungieren.

Das hat bemerkenswerterweise zur Folge, daß die Macht einer kulturell verpflichtenden Darstellung in ihrer Funktion als Übergangsobjekt einer zweideutigen und bezweifelbaren Wirklichkeit durch eine unbezweifelbare Fiktion Substanz verleiht.

Daß die Kultur in uns schon zu einem sehr frühen Zeitpunkt unserer Entwicklung wirksam ist, bestimmt das ganze Leben hindurch unsere tiefsten Überzeugungen und Zweifel. Wenn wir die philosophische Frage nach der »Wirklichkeit« stellen und deren Umrisse und Grenzen festlegen wollen, dann müssen wir bei unserer Antwort die Dinge, die wir schaffen und herstellen, ebenso berücksichtigen wie die natürliche Welt, die wir bewohnen. Denn eine »Wirklichkeit« existiert in uns ebenso wie außerhalb.

V

Psychoanalytische Theorie und Geschichte der Kunst

Eine psychoanalytische Theorie der Kunst, die davon ausgeht, daß das Leben durch bestimmte Entwicklungskräfte geformt wird, und die diese Kräfte nach Maßgabe ihrer Beziehung zu Objekten definiert, faßt die Beteiligung eines Individuums an einer Kultur als eine lebenslange Interaktion mit Objekten auf. Aber Individuen leben in einer Geschichte, die sie mit anderen gemein haben, haben teil an einer Tradition und setzen diese durch ihr eigenes bewußtes Handeln fort. Es ist häufig festgestellt worden, daß die psychoanalytische Theorie – insbesondere als Theorie der Kunst – gerade das ignoriert, was unser Leben zumeist erfüllt: die Geschichte als lebendiges Kontinuum gemeinsam erlebter Ereignisse. Wie ich in den voraufgegangenen Kapiteln mehrfach dargelegt habe, ist der Verlauf unserer Entwicklung in zweierlei Hinsicht historisch: in einer psychologischen und in einer weltgeschichtlichen. Aber wie lassen sich beide zusammenbringen? Eine den Gegenständen gewidmete Philosophie der Kunst muß sich, so scheint es, mit der Geschichte befassen.

In Wittgensteins Notizbüchern findet sich aus der Zeit, als er am *Tractatus logico-philosophicus* arbeitete, die folgende düstere Beobachtung: »Was geht mich die Geschichte an? Meine Welt ist die erste und einzige.«[1]

Wittgensteins lakonisches Nachsinnen über den einzelnen und die Geschichte ist ein Nachklang von Freuds allgemeiner Tendenz, die Geschichte in therapeutischen Situationen außer acht zu lassen, als werde die Frage nach ihr im Namen eines Patienten gestellt. Und obwohl »meine Welt« mit dem Ende meines Bewußtseins aufhören mag, kann ich doch kaum beanspruchen, daß mein Bewußtsein die Welt voll und ganz erfaßt oder daß es keinerlei Formen von Gegenwärtigkeit, Wirklichkeit, Objekten und Ereignissen gibt, die nicht von außen in mein Bewußtsein eindringen und mir eine deutliche, stets gegenwärtige Kenntnis meiner selbst und der anderen, des Innen und Außen, der Erinnerung und des Erkennens verschaffen.

Wenn wir Wittgensteins angstbesetzte Frage aufgreifen: »Was geht mich die Geschichte an? Meine Welt ist die erste und einzige«, dann suchen wir nach einer Antwort, die unser Interesse an kulturellen Gegenständen und an der großen Bedeutung rechtfertigt, die sie für unser Leben haben. Umfassen nicht mein Leben und meine Welt – wie immer ich mich zu ihnen stellen mag – mein Unbewußtes ebenso wie das Bewußte? Die psychoanalytische Theorie besteht darauf, daß beide nur gemeinsam die Identität einer Person ausmachen. Zugleich aber hält sie daran fest, daß der Primärprozeß von der Geschichte ausgeschlossen ist. Wenn wir uns darüber klarzuwerden suchen, in welch engem Zusammenhang unser Leben mit bestimmten Objekten steht, dann erscheint die von Freud formulierte Feststellung nicht richtig, daß das Unbewußte außerhalb der Geschichte liegt und sich ihr gegenüber indifferent verhält. Wir dürfen gewiß vermuten, daß das Unbewußte von der Geschichte betroffen wird und Gegenstand historischer Veränderungen ist. Denn schließlich ist es kein »Ding an sich«, also kein unbekannter, unerkennbarer, aber logisch notwendiger Bereich. Es ist vielmehr gerade Deutungen zugänglich und mithin erkennbar. Wenn wir mit Wittgenstein behaupten, daß »die Welt« zuerst und ausschließlich »meine Welt« ist, dann verbergen wir uns in der Tat unter dem Deckmantel des Solipsismus.

Daß Solipsismus die psychoanalytische Theorie bedroht, wenn sie das Unbewußte isoliert, scheint offensichtlich. Aber als eine von Grund auf entwicklungsorientierte Theorie bezieht sie sich auf die Wechselwirkungen zwischen Personen und Objekten. Freuds Neigung, die Identität von der Geschichte abzutrennen, verweist offenbar auf einen Widerspruch in seiner Theorie und droht, sie um ihren notwendigen Bezug zur äußeren Realität der Welt und der kulturellen Tradition zu bringen. Freuds Isolierung des Unbewußten ist ebenso gefährlich wie Wittgensteins Beharren darauf, daß »meine Welt« die einzige ist. Die Welt der Objekte ist öffentlich und historisch zugänglich, ihre Gegenstände reflektieren und beeinflussen sich gegenseitig in wachsendem Umfang, so daß eine Theorie der Objekte ihr Augenmerk auf die wechselseitige Abhängigkeit von Historischem und Privatem lenken muß.

Obwohl Freud behauptete, daß es keine historische Dimension im

Unbewußten gibt, widerspricht dem das Verhältnis zu kulturell verpflichtenden Darstellungen, wie wir es bei uns selbst kennen und in der Vergangenheit anderer rekonstruieren. Die Untersuchung kulturell verpflichtender Darstellungen kann uns, wenn wir sie erst einmal begonnen haben, dazu bringen, die Geschichte des Unbewußten zu begreifen. Die Kunstgeschichte hat, so meine ich, zur Theorie des Seelenlebens einen wichtigen Beitrag zu leisten. Eine psychoanalytische Theorie der Kunst kann gegenüber den Entdeckungen und Methoden der Kunstgeschichte, wie sie sich in den letzten beiden Jahrhunderten entwikkelt haben, nicht indifferent bleiben. Die Reichweite ihrer Interpretationen beruht tatsächlich darauf, daß sich die psychoanalytische Theorie der Kunst und strenge historische Forschungen wechselseitig beeinflußt haben.
In gewisser Hinsicht berücksichtigte Freuds Theorie die Art und Weise, in der Individuen und Objekte interagieren. Seine Untersuchungen des Narzißmus gelangten zu der Auffassung, daß jedes Ichideal ebenso einen sozialen wie einen individuellen Aspekt besitzt. Und daß die Bildung des Gewissens an viele Arten von Objekten gebunden ist, zu denen ich auch kulturell verpflichtende Darstellungen zählen würde. Freud neigte stets dazu, diese Darstellungen als Spiegel der Theorie anzusehen und nicht als Kräfte der sozialen und politischen Welt, die die Inhalte des primärprozeßhaften wie des sekundärprozeßhaften Denkens formen helfen. Die Internalisierung von Objekten ist ein wesentlicher Bestandteil von Entwicklungsprozessen. Unerkannt blieb dabei bisher die metaphorische Macht der *Internalisierung eines Objekts durch ein anderes.* Durch Nachahmung, Zitierung, stilistische Wiederholungen und Verwandtschaften, durch ikonographische Ähnlichkeit, Wiederholung von Formen und Bestätigung von Topoi verhalten sich Gegenstände in einer Tradition kulturell verpflichtender Darstellungen zueinander wie »Ichideale«. Die Beziehungen zwischen Gegenständen in der Geschichte verlaufen analog zu den reaktiven Interaktionen zwischen Personen und Gegenständen, deren Metapher sie sind. Demgemäß sehen wir uns im Besitz einer Welt, in die zahllose andere Welten eingedrungen sind. »Meine Welt« vereinigt in ihrer Form letzten Endes andere Welten. Wenn ich also frage: »Was geht mich die Geschichte an?«, so lautet die Antwort, daß das »Ich«, nach dem

ich frage, durch Gegenstände bekannt ist, die in sich selbst vielerlei Identitäten besitzen, welche Teil meiner eigenen Identität werden.

Entsprechend der Frage »Was geht mich die Geschichte an?« muß im Bereich der Gegenstände gefragt werden: »Was haben Gegenstände wie Kunstwerke mit der Welt zu tun?« So wie ich mich als von der Geschichte isoliert betrachten kann, so könnte ich die einmal hergestellten Gegenstände als frei und unabhängig von der Welt auffassen. Die psychosoziale Geschichte einer Person und die kunsthistorische Stilrichtung eines Gegenstands lassen sich nur vor dem Hintergrund einer Welt beschreiben und verstehen, die der Person und dem Gegenstand gegenübertritt; denn es ist die Welt, in der die Person und das Objekt bestimmte Funktionen innehaben. So werden wir durch die Realität gezwungen, uns selbst als eine Mehrzahl von privaten Bewußtseinsträgern vorzustellen, die in einer Welt leben. Dementsprechend können wir die von uns hergestellten kulturell verpflichtenden Darstellungen so auffassen, daß sie auf vielerlei Weise im Besitz jener Welt sind, welche ihnen die Möglichkeit bietet, sich auf sie zu beziehen. Gegenstände müssen Teile der Welt bleiben, wenn sie Generationen hindurch überleben sollen. Ein Weltverlust hat für sie den Verlust ihrer Anerkennung zur Folge. Die Welt, auf die sich Gegenstände beziehen, umfaßt die vielerlei Arten von Bewußtsein, durch die jene zu Gegenständen gemacht werden. Und die Gegenstände umfassen nach dem Verständnis, das wir von ihnen haben, jene Bewußtseinsformen der Vergangenheit, welche auf sie reagiert haben.

Kulturell verpflichtende Darstellungen besitzen eine komplexe Stellung und Struktur, die eine historische und psychoanalytische Rekonstruktion und Rekonstitution zu einer fortdauernden Aufgabe machen. Deren Leistung betrachte ich als eine kulturelle Hervorbringung besonderer Art, der ich den Namen »Kunst-Leben« verliehen habe. Vielleicht haben wir heutzutage ein größeres Interesse als frühere Generationen am Gesamtwerk eines Künstlers und an dessen ganzer Persönlichkeit, da sie uns als Produkte einer Deutungsanstrengung erscheinen, die nur durch die Beiträge mehrerer Theorien zu erschließen ist. Der Beitrag der psychoanalytischen Theorie zur Ausarbeitung dieser Art von »Kunst-Leben« erscheint mir darum wesentlich, weil sie eine

Methode bereitstellt, verdrängtes Material wiederzuentdecken. Wenn diese Methode über den Bereich des Klinischen hinaus auf kulturelle Phänomene ausgedehnt wird, dann zeigt sie uns, wie Gegenstände rekonstituiert, ja sogar rekonstruiert werden können, die größtenteils zunächst unerreichbar waren. Während dieser Wiederentdeckung, die eine Interpretation möglich macht, kann verdrängtes, latentes Material wieder an seinen Platz gerückt werden. Vielleicht hat die psychoanalytische Interpretation, gerade weil sie sich in erster Linie mit Sprache beschäftigt, in überaus erhellender Weise zur Untersuchung sprachlicher Gegenstände beigetragen. Da im Bereich dieser Gegenstände die Lyrik sich am stärksten auf Verdichtung und Verschiebung stützt, kann sie vielleicht am besten als Beispiel dafür herangezogen werden, welche Schlußfolgerungen zur Rekonstruktion der Gesamtheit eines Objekts führen.[2]

Jede Interpretation wirft die oft schwer zu beantwortende Frage auf, wie weit Schlußfolgerungen gezogen werden dürfen. Zweifellos sind Probleme einer Grenzziehung hier selbst historische Ereignisse, die zu ihrem Verständnis sowohl kunsthistorische wie psychoanalytische Darstellungen erforderlich machen. Aber beide stimmen, obwohl sie stets füreinander relevant sind, in ihren Zielen vielleicht nicht überein. Bei den folgenden Interpretationen, die einigen Gedichten von Emily Dickinson gewidmet sind, werde ich einen Teil jener Schlußfolgerungen beschreiben und vorführen, die (zumindest ansatzweise) zur Rekonstitution des Sinns beitragen.

Das Gedicht 1146 von Emily Dickinson wurde als erstes ihrer Vulkan-Gedichte auf seine syntaktischen Auslassungen hin untersucht. Das führte zu der Beobachtung, daß die Zeile »Than when she shows her Garnet Tooth« in dem Sinn unvollständig ist, daß wir von einer vermuteten Verdichtung auf eine Auslassung schließen können. Das Verb, welches den angenommenen Vergleich vervollständigen sollte, war »roars«; es sollte als viertes, fehlendes Glied dienen. »basks« verhält sich zu »purrs« wie »shows her Garnet Tooth« zu einem fehlenden Verb. In diesem Fall, so vermutete man, war es »roars«.[3] Analysen dieser Art gehen von stilistischen und linguistischen Kriterien aus, die sich auf Traditionen stützen, welche von der Literaturgeschichte aufzudecken sind. Ich unterstelle bei meiner ergänzenden Untersuchung, daß es sich hier um einen umfassenderen Bedeutungsgehalt handelt und daß die psychoanalytische Technik der Aufdeckung eines Sinns nicht nur für ein Verständnis des Gedichts 1146 hilfreich ist, sondern auch für das jener anderen Gedichte derselben Autorin, in denen das Thema des Vulkans entwickelt wird.

> 1146
> When Etna basks and purrs
> Naples is more afraid
> Than when she shows her Garnet Tooth –
> Security is loud –[4]

Die folgenden Gedanken liegen der ersten Zeile des Gedichts zugrunde:

1. Katzen sonnen sich und schnurren.
2. Sich sonnende und schnurrende Katzen sind in einem Zustand entspannter Bereitschaft.
3. Einer der Zustände eines Vulkans ist der entspannter Bereitschaft.
4. Darum ist eine sich sonnende und schnurrende Katze wie ein ruhender Vulkan, und ein ruhender Vulkan wie eine sich sonnende und schnurrende Katze.

Ähnlich führt die Untersuchung der dritten Zeile zu folgenden Ergebnissen:

5. Ein ausbrechender Vulkan ist wie eine wütende Katze.
6. Katzen blecken die Zähne, wenn sie wütend sind.
7. Darum ist ein Ausbruch wie das Blecken der Zähne.
8. Das Maul eines Tieres ist innen rot.
9. Ausbrechende Vulkane speien rote Lava aus einem Feuerschlund.
10. Darum kann ein entblößter Zahn als »rot« beschrieben werden.

Diese den Aussagen des Gedichts zugrundeliegenden Bedingungen sind durch unmittelbare Schlußfolgerungen explizit gemacht worden. Sie sind jedoch nur die Grundlage jener Schlußfolgerungen, zu denen das Gedicht uns nötigt und die wir ziehen müssen, wenn wir das Gesagte verstehen wollen. Es ist also angemessen, nach der Bedeutung des Gedichts zu fragen und bei der Antwort auf diese Frage Schlußfolgerungen zu ziehen und ihnen zu folgen. Wenn wir dies tun, so führt uns das zu interessanten, aber etwas verwirrenden Gedanken.

Die Einwohner von Neapel hätten sehr zu Recht Angst, wenn ein Vulkan in ihrer Nähe ausbräche oder auszubrechen drohte. Doch etwas verwundert müssen wir feststellen, daß der Ätna in Sizilien ist, während bei Neapel der Vesuv liegt. Daß die Dichterin sich in der Geographie auskannte und den Ätna nicht zufällig in die Nähe von Neapel rückte, können wir durch ihre Briefe bestätigt finden. Manche Leser, zu denen ich auch die streng formalistischen Theoretiker unserer Zeit zählen würde, mögen Einwände dagegen erheben, daß ich mich auf die in anderen Dokumenten zum Ausdruck gebrachten Kenntnisse der Dichterin berufe. Ich meine, der Leser kann durchaus die Wahrscheinlichkeit erwägen, daß das Gedicht sich faktisch irrt, also die Überzeugung zum Ausdruck bringt, daß der Ätna und Neapel aneinandergrenzen. Wenn mithin das Gedicht einen schweren Fehler begeht, dann erfordert es von uns Schlußfolgerungen in einer bestimmten Richtung. In eine andere Richtung werden unsere Schlußfolgerungen gelenkt, wenn wir (aufgrund welchen Beweismaterials auch immer – und sei es schließlich aufgrund des poetischen Sinns) annehmen, daß das Gedicht zwei geographisch voneinander entfernte Orte absichtlich nebeneinanderstellt.
Warum sollte das Verhalten des Ätna bei den Einwohnern von Neapel Angst hervorrufen? Wird die Sicherheit der Neapolitaner durch den Lärm eines Ausbruchs des Ätna bedroht? Wenn dies so ist, wie hängt beides zusammen? Die Zeile »Security is loud –« deutet darauf hin, daß die Neapolitaner einen Ausbruch des Ätna hören und das Gefühl haben, in Sicherheit zu sein.
Wenn wir das Gedicht lesen und uns über seinen Inhalt Gedanken machen, so gelangen wir höchstwahrscheinlich zu einigen Hypothesen, von denen drei im folgenden genannt sein sollen:
I Eine geologische Hypothese. Die Einwohner von Neapel leben in der Nähe eines Vulkans, des Vesuv. Wenn der entferntere Ätna ruhig ist, so haben sie beobachtet, hat der Vulkan in ihrer Nähe die Tendenz, auszubrechen; denn der Zustand des Ätna verhält sich genau umgekehrt zu dem des Vesuv. Bricht der Ätna aus, so sind die Neapolitaner erleichtert. Weil ihre Sicherheit vom Zustand des Ätna abhängt, verweist die Zeile »Security is loud –« darauf, daß die Neapolitaner von einem Ausbruch des Ätna hören und Sicherheit bei dem Gedanken finden, daß der Vesuv nicht zur selben Zeit ausbrechen wird.

II Eine psychologische Hypothese. Wenn wir mit anderen Gedichten von Emily Dickinson vertraut sind, können wir wohl eine weitere Hypothese formulieren. Das Gedicht 1146 läßt sich als Darstellung der Beziehungen zwischen den Menschen im folgenden Sinn auffassen: Die beiden Zustände des Ätna, seine Ruhe und seine Ausbrüche, beziehen sich auf die Zustände von Menschen. Auf der Grundlage dieser Hypothese würden wir versuchen, dem Gedicht Aussagen über Menschen und ihre psychischen Zustände zu entnehmen. Die geologische Beschreibung wäre sozusagen die Oberflächenstruktur, unter der durch eine Reihe von Veränderungen hindurch eine Darstellung von Gefühlen, Überzeugungen und Veranlagungen zu entdecken wären. Das Gedicht stellt vielleicht wirklich einen Veränderungsprozeß dar; denn der Vulkan verbirgt etwas, das wir finden müssen, und auch hinter dem Gedicht verbirgt sich etwas, das wir herauszubekommen versuchen. Beide Hypothesen so zu formulieren, stellt einen Rekonstruktionsversuch dar, der sowohl im buchstäblichen wie im übertragenen Sinn in tiefere Schichten vordringt. Das aber bedeutet, daß wir zu unserer Orientierung weitere Informationen benötigen und darum einmal mehr über die Worte des Gedichts 1146 hinaus auf andere Gedichte von Emily Dickinson zurückgreifen müssen.

III Eine Beeinflussungshypothese. Die Ideen des Gedichts erscheinen nicht als ungewöhnlich oder abwegig. Tatsächlich besaßen sie eine gewisse regionale Verbreitung. Denn das Interesse an versunkenen Städten und an den Vulkanen Italiens und Siziliens war im transzendentalistischen Neuengland geläufig. Ein Beleg hierfür und eine mögliche Quelle für Emily Dickinsons Grübeleien über Vulkane ist die folgende Passage aus R. W. Emersons berühmtem Phi Beta Kappa-Vortrag von 1837 unter dem Titel »The American Scholar«. Eine tiefempfundene, quasi religiöse Darstellung der Befriedigung, die aus dem gelehrten Umgang mit der Vergangenheit zu ziehen ist, gipfelt in Worten, die Emily Dickinson über Emersons etwas banale Geistigkeit hinaus poetisch gestaltet hat.

»Kein Mensch hat je gelebt, der uns für immer unterhalten könnte. Der menschliche Geist läßt sich nicht in einer Person einschließen, die in irgendeiner Hinsicht seinem unumschränkten unbegrenzbaren Reich

Schranken zu setzen vermöchte. Es ist *eine* lodernde Flamme, die mal aus dem Mund des Ätna die Vorgebirge Siziliens erleuchtet und dann wiederum aus der Gurgel des Vesuv die Türme und Weingärten von Neapel illuminiert. Es ist *ein* Licht, das von tausend Sternen strahlt. Es ist *eine* Seele, die alle Menschen belebt.«[5]

Aber wie weit entfernt sich die Deutung der Dichterin von diesen Worten! Folgt man all ihren Implikationen, dann können die Methoden und Interpretationsstrategien der psychoanalytischen Theorie eine Hilfe sein. Wird ein Einfluß aufgedeckt, so folgt daraus nicht schon die Kontinuität eines Sinns. Denn in einem neuen Kontext erfahren dieselben Worte eine tiefgehende Umdeutung.
Nach Art altmodischer Lehrbücher der Logik könnten wir nun zwischen direkten und indirekten Schlußfolgerungen unterscheiden. Für die ersteren stünden die unter 1–10 genannten Aussagen, für die letzteren die unter I–III genannten Einflüsse. Aber I, II und III könnten ohne 1–10 nicht benannt werden. Wichtig ist, daß es sich bei 1–10 um Schlußfolgerungen aus den Sätzen des Gedichts selbst handelt, während die Hypothesen I, II und III nur aus Schlußfolgerungen gewonnen werden können, die weit über das unmittelbar verfügbare Material hinausgehen. Je weiter wir uns von den Sätzen des Gedichts entfernen, desto mehr gewinnen Gedichte über ähnliche Themen an Interesse. Einige von ihnen wollen wir nun betrachten. Das Gedicht 175 vergleicht das menschliche Gesicht mit der Ruhe eines Vulkans. Das Gedicht 601 fügt dem einen erhellenden Vergleich hinzu: Die Zeilen »A quiet – Earthquake Style – / Too subtle to suspect« beziehen sich auf eine Gegend weit entfernt von Neapel, in der die Tätigkeit des in der Nähe der Stadt gelegenen Vulkans nicht zu bemerken ist. Der Vulkan wird ausdrücklich als ein »Symbol« bezeichnet, das mit seiner Macht ganze Städte vernichten kann. Seine Zerstörungsgewalt ist halb menschlich, halb tierisch. »Whose hissing Corals part – and shut – / And Cities – ooze away –«. Das Gedicht 754 schließlich stellt eine Verbindung her zwischen dem Ausbruch eines Vulkans und der menschlichen Lust. »It is as a Vesuvian face / Had let its pleasure through –«. Mit weiteren Informationen aus dem Gedicht 1677 können wir zu den für eine Interpretation des Gedichts 1146 notwendigen

Schlußfolgerungen gelangen. Ich schlage zur Stützung meiner These zunächst folgendes vor:
Obwohl der Vesuv geographisch in der Nähe von Neapel liegt, stellt er keine Bedrohung dar. Die wahre Bedrohung geht von dem geographisch entfernten, aber psychisch naheliegenden Ätna aus. Die Verschiebung von der Geographie zur Psychologie zeigt an, daß die Tätigkeit des Vulkans, vor der wir Angst haben und auf die wir reagieren, die der eigenen Person ist. Diese kann mit der Bedrohung nur dadurch umzugehen lernen, daß sie ein Bewußtsein von der bedrohlichen Möglichkeit eigener Ausbrüche und entsprechend auch vom explosiven Verhalten anderer entwickelt. In uns steckt aggressive Wut, die jederzeit ausbrechen kann, und unsere äußere Ruhe ist nur Schein. Darum bringen die Einwohner von Neapel (metaphorisch gesprochen) die aufgestaute Gewalt und potentielle Destruktivität ihres Inneren mit dem entfernten Ätna in Verbindung. Die zerstörerische Kraft der Vulkane bezieht sich also auf die aggressive Wut von Personen, die lernen müssen, sowohl mit den Kräften in sich selbst wie mit den destruktiv von außen auf sie gerichteten Kräften umzugehen.
Die Zeile »Security is loud –« beginnt nun qua Analogie an Bedeutung zu gewinnen: Vulkane sind wie Menschen. Wenn Menschen zum Ausbruch gelangen, so verschafft ihnen dies Lust. Wenn sie ruhig sind, leiden sie. Ausbrüche bieten »Sicherheit« in zweierlei Hinsicht: dem, der einen Ausbruch hat, verschafft er Befriedigung, und dem, der unbeteiligt ist und sich vor einer von außen kommenden Aggression fürchtet, enthüllt ein Ausbruch die wahre Lage der Dinge. Zumindest vorübergehend kann er sich sicher fühlen; denn die Explosion ist sichtbar, die Aggression manifest. Sind beide wieder verschwunden, so lebt man in der Angst, daß sie wiederkommen könnten.
Der Latenz von Gemütszuständen entspricht die Latenz des Gedichts selbst, das die Kraft der Wut und des Sinns unterdrückt, die darauf warten, sich unter dem Druck des Gefühls zur Geltung zu bringen. Das Gedicht ist qua Analogie ein Vulkan wie die Person. Beide, das Gedicht und die Person, sind eng aufeinander bezogen. Darauf, wie dies geschieht, werde ich weiter unten eingehen.
Die Strategien der Eindämmung, der Enthüllung, der Verschiebung des Sinns, der Verdrängung und der durch sie verursachten

Entstellung miteinander zusammenhängender Gedanken – all diese Mechanismen und Kräfte, auf denen die psychoanalytische Theorie basiert – werden in diesem kurzen Gedicht vorgeführt. Gerade sein Ende hat die Formulierung einiger Hypothesen notwendig gemacht, um es auf die Welt zu beziehen, deren Teil es ist. Diese Welt hat nunmehr in Form von psychologischen, geographischen und künstlerischen Strukturen Gestalt gewonnen. Ihre Beziehungen, die weit vom manifesten Inhalt des Gedichts wegführten, sind als eher abstrakte Vorstellungen präsentiert worden, die von der spezifischen Engführung der Beziehungen innerhalb des Gedichts weit entfernt sind. Die psychoanalytische Theorie besteht jedoch darauf, daß ein Sinn sich sowohl durch die Verdichtung von Worten wie auch durch die von Gegenständen ergibt.

Beinahe alle Gegenstände, deren Bilder in den bisher genannten Gedichten auftauchen, lassen sich aus dem komplexesten Vulkan-Gedicht rekonstruieren, dem Gedicht 754. In der Reihe dieser Gedichte gibt es eine verwirrende Zusammenstellung von Dingen wie »Garnet Tooth«, »hissing Corals«, »How red the Fire rocks below –«, »Grass«, »Bird« einerseits und geographischen sowie abstrakt-religiösen Bezeichnungen wie z. B. »Resumption Morn« und »Immortality« andererseits. Die Gegenstände, die Personen und das Leben nach dem Tode überschneiden sich in diesen Gedichten. Ihre weitergehenden Implikationen müssen erst noch in den Blick treten. Im Gedicht 754 wird die enge Verbindung erkennbar zwischen aggressiver Destruktivität und der Hoffnung auf einen Zustand jenseits des Todes, also auf die Unsterblichkeit. Und in diesem Zusammenhang beginnt das Gedicht, Ähnlichkeiten zwischen der Poesie und den Menschen nachzuweisen. Metaphorisch wird diese Verbindung zuerst in den Worten »Vesuvian face« und dann in der letzten Strophe deutlich gemacht, die in die Unterscheidung von »to kill« und »to die« mündet.

Die letzte Metapher setzt die Dichterin und ihr poetisches Handwerk gleich mit der Unterscheidung zwischen einer tödlichen Gewalt und dem Überleben des Geistes. Als Dichterin muß sie beiden gerecht werden. Wenn wir ganz krude und den Feinheiten dieser Gedichte durchaus unangemessen formulieren dürfen, so können wir behaupten, Dichter seien Vulkane. Sie sind in mehrfacher Hinsicht schöpferisch tätig. Ihre Schöpferkraft richtet sich nicht nur auf Destruktion und Überleben, sondern äußert sich in einer Sexualisierung dieser Kraft selbst, die in ihrer Tiefe über bloßen Sex hinausgeht. Im Kontext solcher Überlegungen ist es nicht irrelevant, daß diese Gedichte von einer Frau geschrieben worden sind.

Die Sexualität ihrer Poesie wird in dem Gedicht 754 zusammengefaßt. Es stellt in seiner Erzählung die Gesamtheit eines Lebens voll schöpferischer Kreativität, voll leidenschaftlicher Bindung und voller Erfolg und Scheitern in Liebe und Poesie dar. Die gegenseitige Spiegelung der Themen entwirft ein komplexes Bild, welches nun in den Blick treten kann. Dieses Bild umfaßt die Person der Dichterin (zu der ich mich später noch eingehender äußern möchte) sowie die Natur der poetischen Sexualität. Es zeigt, wie sich Vulkane (als natürliche Gegenstände) und eine Frau (die über Vulkane schreibt) ineinander spiegeln. Vulkane sind Personen, Personen Vulkane. Frauen fassen einen Vulkan durchaus angemessen als sexualisiertes Objekt auf, weil er viele Aspekte der weiblichen Sexualität zur Geltung bringt. Die Dichterin hat (gewiß auch unter dem Einfluß der Geistigkeit Emersons) ihre eigene körperliche und vergeistigte Sexualität entdeckt. Es ist eine wunderbare Ironie der Geschichte, daß der Phi Beta Kappa-Vortrag so nachhaltige erotische Folgen haben sollte. Doch wie kann ein Weiser die Gewalt vulkanischen Begehrens unter Kontrolle halten? Selbst der historische Zufall, daß ein verdrängter Transzendentalist aus Boston zu einer Dichterin und mithin durch jemanden spricht, der eine Verdrängung aufzuheben vermag, hat Vorläufer in der klassischen Vergangenheit. Vielleicht erkannte Emily Dickinson sogar jene grundlegende historische Affinität, daß sie einen klassischen Konflikt künstlerisch sublimierte. Gegenstand dieses Konflikts ist eine von Männern betriebene Verdrängung und die Fähigkeit der Frauen, Latentes manifest werden zu lassen, wenn sie nur Zeugen ihrer vulkanischen Ausbrüche haben.

Wie aber sollen wir nun die Dichterin in ihren Gedichten sehen? Heutzutage redet man oft von »Personen der dichterischen Rede« in der Überzeugung, daß damit eine erkenntnistheoretische Schwierigkeit zu überwinden sei. Kritiker und Philosophen neigen dazu, bei der Analyse sprachlicher Kunstwerke jene Probleme zu verdoppeln, die sie von der modernen Erkenntnistheorie geerbt haben. So wenig wir entscheiden können, in welcher Beziehung wir zu den physischen Ereignissen der Außenwelt stehen, so wenig können wir entscheiden, welche Beziehung wir zur literarischen Welt phantasierter Ereignisse unterhalten. Hier wie dort sind wir von der Angst erfüllt, nicht zur »Wirklichkeit« vordringen zu können. Aus Verzweiflung darüber, daß wir der natürlichen Welt nicht zu begegnen vermögen, haben wir in ferner Vergangenheit die »Sinnesdaten« geschaffen. Aus Unsicherheit darüber, ob wir die »Wirklichkeit« eines Dichters erkennen können oder nicht, verlassen wir uns noch immer auf das »lyrische Ich«.

Nach der Betrachtung der Vulkan-Gedichte von Emily Dickinson scheint mir der literarischen Wirklichkeit eine Umkehrung eher angemessen zu sein: Emily Dickinson steht als Person im Zentrum ihrer Gedichte, und diese stellen nicht unbedingt das lyrische Ich der Dichterin dar.

Wir nehmen Gedichte als die Stimme einer Person wahr, von der wir in gewissem Umfang historische Kenntnisse haben und die wir voll und ganz poetisch *als Lyrikerin* kennenlernen können. Gedichte sind nicht (undurchdringliche oder durchdringbare) Masken, sondern Wirklichkeiten, die wir in ihrer Fülle und Komplexität immer besser verstehen, je öfter wir sie hören und lesen. Wie Personen entsprechen sie durch und durch ihren eigenen Intentionen. Sie sind so tief, wie nur irgendeine Person sein kann. Sie kennenzulernen, nimmt mehr Zeit in Anspruch als die Bekanntschaft irgendeiner Person; denn über Generationen hinweg haben Menschen sich geistig mit ihnen auseinandergesetzt. In mancher Hinsicht könnten sie vielleicht voll erforscht werden, was bei noch lebenden Personen nicht möglich ist.

Dieser fundamentale Unterschied zwischen Gedichten und Personen tritt bei unserer Betrachtung der Vulkan-Gedichte von Emily Dickinson klar zutage. Als Gegenstände, die Teil einer Tradition sind, werden Gedichte einer Analyse unterzogen, welche die Zeit überdauert. Interessanterweise ergibt sich für uns gegenwärtig eine analoge Situation bei Deutungen, die uns überliefert sind, als handle es sich bei ihnen um kulturell verpflichtende Darstellungen. Ich beziehe mich hier vor allem auf die Ausführungen in Freuds Hauptwerk *Die Traumdeutung*. Dieses Werk ist einer immer erneuten Interpretation unterzogen worden, seit sein Autor in ihm eigene Träume deutete. Das versetzt seine Beispiele in einen ähnlichen Kontext wie kulturell verpflichtende Darstellungen. Wir betrachten mittlerweile seine Träume im Licht späteren (im wesentlichen historischen) Materials, welches Freud selbst nicht zugänglich oder ihm vollständig unbewußt war.

Auch die von der psychoanalytischen Theorie der Kunst angebotenen Interpretationen richten ihre Überlegungen noch einmal auf Gegenstände im historischen Kontext; denn die Geschichte ist ja zu einem Teil gerade auch die Geschichte von Personen. In ihrem Leben sind diese über ihre privaten psychosexuellen Geschichten hinaus an das Historische im umfassendsten Sinn gebunden. Und für die psychoanalytische Interpretation ist das Private und dessen psychosexuelle Geschichte eine Maske, durch die hindurch Gegenstände von Dauer entdeckt werden können. Analog dazu ist der Dichter die Maske, durch die wir seine Gedichte entdecken. Die Schaffung der Maske geht einher mit der Entwicklung der Gedichte. Darum ist der Vorgang der »Personifizierung« in der psychoanalytischen Theorie das genaue Gegenteil dessen, wofür man ihn gehalten hat. Die psychoanalytische Methode setzt im Hinblick auf kulturell verpflichtende Darstellungen korrekterweise bei den Gegenständen an; denn diese sind die Wirklichkeit. Nach einer (vielleicht über mehrere Generationen sich erstreckenden) längeren Interpretation und Analyse der Gegenstände bildet sich eine Person heraus: der Dichter. Es ist falsch, der Psychoanalyse den Vorwurf zu machen, alles auf eine Biographie zu reduzieren, so als wäre dies ein notwendiger Bestandteil ihrer Methode. Obwohl dieser Fehler häufig gemacht worden ist, befaßt sich die psychoanalytische Methode, wo sie interessant und konstruktiv verwendet wird, von Anfang an mit den Gegenständen und konzentriert sich dabei auf eine Deutung kulturell verpflichtender Darstellungen. Aus einer sorgfältigen und nachdrücklichen Deutung der konkreten Gegenstände ergibt sich die Maske eines Dichters.

Der Künstler erkennt dies als die wahre Ordnung einer Offenbarung an. Das Gedicht 754 legt die Schwierigkeiten der Beziehung zwischen Dichter und Gedicht dar. Wie jede Person, besitzt der Dichter ein Leben und einen schöpferischen Willen. Aus seiner kreativen Kraft geht das Gedicht hervor, welches unsterblich ist und weiterlebt, während das Leben selbst stirbt. Aber das Leben wird als »Loaded Gun« konzipiert; es wartet auf eine Beute und auf einen Jäger. Das kreative Ich wird zum Agenten der Destruktion und Konstruktion. Um ein unsterbliches Objekt hervorzubringen, muß eine ungeheuer aggressive und destruktive Kraft verausgabt werden. Und nach einer derartigen Verausgabung versiegt das Leben. Doch die Macht zu sterben ist paradoxerweise gerade diejenige, durch die das Gedicht, welches überlebt, Unsterblichkeit erlangt. Der Dichter stirbt zwar, doch sein Gedicht lebt weiter. Es selbst ist das Leben, welches wir besitzen. Es ist konkret, während der Dichter bestenfalls nur eine Maske ist, die sich notwendig selbst aufgibt. Die Bestandteile dieser Maske sind, metaphorisch gesprochen: »Loaded Gun«, »Vesuvian face«, »Yellow Eye« und »emphatic Thumb«. Sie bilden die topographische Physiologie der Maske: extreme, beinahe karikaturenhafte Organe des Ausdrucks und der Zerstörung. Sie töten, aber sie töten nicht das wieder zum Leben erweckte Objekt: »Resumption Morn« ist in der Jagdtasche, es sind die Gedichte, die wir besitzen. Und auch wir müssen hinter den Gedichten her sein wie Jäger, mit derselben aggressiven Kraft und mit der Möglichkeit, unsterbliche Objekte aus ihnen zu machen, wenn wir nur wissen, wie.

Wir können nunmehr eine Antwort auf Wittgensteins Frage formulieren. Die Geschichte geht mich in jeder Hinsicht etwas an; denn sofern ich überhaupt eine Welt habe, wird sie von ihr *erschaffen. Meine* Welt ist gewiß die einzige, die ich erkennen kann. Aber indem ich sie erkenne, trete ich in Verbindung mit der umfassenderen Welt der Geschichte, an die jedes Bewußtsein gebunden ist. Selbst wenn ich »meine Welt« auf kulturell verpflichtende Darstellungen beschränken würde, deren »Realität« ich in Frage stellte, so könnte ich meine Welt doch nur durch die Erforschung dieser kulturell verpflichtenden Darstellungen zu erkennen beginnen. Und bei ihnen handelt es sich notwendig um Gegenstände, die ich mit anderen teile. Um überhaupt eine Welt zu besitzen, muß ich insofern eine Geschichte haben, als es sich bei dieser um eine Folge kultureller Gegenstände handelt, die durch eine Tradition strukturiert sind. Was über diese Minimalanforderung hinaus die Geschichte für mich bedeuten mag, hängt von den Zufällen meiner Entwicklung und Stellung in der gesellschaftlichen Wirklichkeit ab. Die Geschichte erschafft *die* Welt, von der *meine* Welt ein Teil ist. Nur indem ich an der Welt teilhabe, verwirkliche ich mich als Teilhaber einer Tradition. Wie es keine Privatsprache geben kann, so kann es auch keine private Welt geben.

Wer sagt: »Meine Welt ist die erste und einzige«, begibt sich in die Rolle eines Säuglings, der seinen Lebensweg in der narzißtischen Phase eines vollständigen Einsseins mit seiner Umwelt beginnt und erst später zum gemeinsamen Besitz gemeinsamer Gegenstände gelangt. Wenn wir fragen: »Was geht mich die Geschichte an?«, dann lautet die Antwort, daß eine Tradition kultureller Gegenstände die Geschichte im ersten, primitivsten und fundamentalsten Sinn von »Geschichte« begründet. Von hier aus entwickelt sich die Geschichte zu ihrer vollen, viele Dimensionen umfassenden Komplexität. Die Frage müßte also anders formuliert werden: »Wie kommt es, daß ich durch die Geschichte werde, was ich bin?« Und die Antwort würde dann lauten: »Die Geschichte verleiht mir die einzig dauerhafte menschliche Wirklichkeit.« Die erste und einzige Welt ist die einzige, die ich besitzen kann.

Der »Besitz einer Welt« führt zurück auf den Vergleich, mit dem Kapitel II begonnen hat. Die Philosophie der Naturwissenschaften, wie sie durch Newtons Bemühungen repräsentiert ist, die Welt zu erklären, ging davon aus, daß die einzig zu besitzende und in irgendeiner Hinsicht des Wortes »bedeutungsvolle« Welt die der Natur sei, die »Außenwelt« der überlieferten Philosophie der Moderne. Obwohl Freud sich diese Weltanschauung zu eigen machte, begründete seine Form von Wissenschaft eine Alternative zur Realität der gegenständlichen Welt: die Wirklichkeit der Kultur. Die innere »Welt« der kulturellen Wirklichkeit ist die einzige, die ich sinnvollerweise »besitzen« kann. Während ich die gegenständliche Welt erforschen, erkennen, untersuchen, vorhersagen und in bestimmtem Umfang kontrollieren kann, ist *meine Welt* die menschlicher Gegenstände – kurz gesagt: die der kulturell verpflichtenden Darstellungen. Die Welt, die ich besitzen und zum Ausdruck bringen kann, zu der ich einen Beitrag zu leisten vermag, ist die Welt zusammenhängender kultureller Gegenstände, die eine Tradition bilden. Daß ich eine Welt besitze, setzt voraus, daß ich historisch in sie eintrete, sie als eine Reihe aufeinander bezogener, unbelebter Gegenstände erfasse, die sich aufeinander ebenso wie auf mich beziehen.

Daß die gegenständliche Welt zutiefst von den Traditionen einer Kultur abhängig bleibt, ergibt sich aus dem Beispiel der Vulkan-Gedichte. Der Besitz der »Welt« im Sinne der Realität der Physik konkretisiert sich zumindest teilweise durch die Gegenstände, die wir als kulturell verpflichtende Darstellungen kennen. Schrullig, phantasievoll und »falsch« mögen unter dem Gesichtspunkt der Geologie Emily Dickinsons Bemerkungen über Vulkane sein – es sind jedoch wahre Aussagen über Personen und Gegenstände in jener tiefsten Schicht, in der beide sich aufeinander beziehen. Man kann nicht sagen, daß wir eine Sprache beherrschen, wenn wir von ihr nur ein Wort kennen. So können wir auch nicht glauben, kulturell verpflichtende Darstellungen zu kennen, wenn wir nur mit einer (oder wenigen) von ihnen vertraut sind. Die gegenseitigen Beziehungen zwischen kulturell verpflichtenden Darstellungen sind eine Voraussetzung dafür, auch nur eine von ihnen zu kennen.

Und schließlich kann meine Welt nur dann »meine« sein, wenn ich sie mit anderen teile. Eine rein private Erfahrung kann es nicht geben. Ebensowenig kann es reine Objekte in dem Sinn geben, daß nur ich sie zu erkennen vermag, wie sehr uns auch immer unsere Phantasie die Möglichkeit einer reinen Privatheit vormacht. Daß wir derartige Phantasien haben, zeigt uns gerade, wie sehr wir von der Realität entfernt sind. Doch damit entgleitet uns die »Wirklichkeit«, und wir müssen überlegen, was wir darunter verstehen.

Ein Ergebnis der psychoanalytischen Methode besteht darin, daß sie auf der Unmöglichkeit eines sowohl philosophischen wie psychologischen Solipsismus besteht. Freuds therapeutische Theorie und Praxis machte wie nichts zuvor auf der Welt jenen Phantasien einen Strich durch die Rechnung, in denen reine Privatheit angestrebt wird. Die Wirklichkeit, mit der uns die Psychoanalyse in Verbindung bringt, wird in dieser selbst artikuliert. Latente Gedanken (ganz gleich, ob in der Therapie oder in der Tradition kulturell verpflichtender Darstellungen) werden künstlerisch wirkungsmächtig, wenn sie durch den Deutungsprozeß zu Bewußtsein gebracht werden. Trotz der Tatsache, daß für Freud die Geschichte eine »Fallgeschichte« ist, bleibt die Wirklichkeit, die Arzt und Patient teilen, nicht auf die Grenzen des Behandlungszimmers beschränkt. Ihre gemeinsame Wirklichkeit geht weit darüber hinaus in die Kulturgeschichte, die mit ihrer Gegenwart in Objekten und durch sie die Analyse selbst und ihr Ergebnis erst möglich macht. Objektgedanken manifestieren sich in ihrem eigenen Stil, einer Repräsentation tiefer historischer Kräfte. Und es mag in der Tat sein, daß auch Traumgedanken stilistische Individualität besitzen, daß also die Träume einer bestimmten Zeit stilistisch mit denen einer anderen nicht zu vergleichen sind. Wenn primärprozeßhaftes Denken durch seine Gegenstände und durch das sekundärprozeßhafte Denken beeinflußt wird, dann können Träume wie die Kunst einen historisch lokalisierbaren Ort haben. Doch dies sind nur spekulative Vorschläge für mögliche kulturwissenschaftliche Forschungen. Die zentrale Einsicht der Psychoanalyse, die sich die historische Forschung nutzbar machen kann, besteht in der Erkenntnis, daß mit einem vertieften Selbstbewußtsein Verdrängungen aufgehoben werden. Das Verdrängte wird dann in jene Gegenstände integriert, denen sich Untersuchungen zuwenden, die sich mit der Geschichte der Kunst befassen. In dem Maße, in dem über Generationen hinweg Reflexion fortgesetzt wird, enthüllen die Gegenstände ihre eigene Tiefe sowie den Umfang, in dem sie andere Gegenstände repräsentieren. Da sich das verdrängte Material in Gegenständen manifestiert, haben die Historiker mehr und mehr zu interpretieren. Das Verborgene und nicht zur Verfügung Stehende wird immer weiteren Arten von Erklärung zugänglich. Was die Psychoanalyse uns zu erfassen hilft, ist nicht nur für sie selbst von Nutzen. Ihre Entdeckungen können auch von Forschern verwendet werden, die sich anderer Theorien bedienen.

Wie Hegel erkannte und uns erkennen lehrte, bringt der Geschichtsprozeß immer wieder sein eigenes Unbewußtes zu Bewußtsein. Wir erfahren von dieser unablässigen Offenbarung insbesondere durch das Studium der kulturell verpflichtenden Darstellungen innerhalb einer Tradition. In mancher Hinsicht trägt, wer sich mit der Geschichte der Kunst befaßt, dazu bei, indem er seine Leser nach und nach veranlaßt, mit wachsender Bewußtheit etwas zu erfassen, was zuvor unbewußt und dem Bewußtsein nicht zugänglich war. Der Historiker und der Kliniker als Therapeut formen gemeinsam die begrenzte Fallgeschichte in die umfassendere und leichter zugängliche Gegenstandsgeschichte um.

Wie das Historische und das Psychoanalytische bei der Deutung von Gegenständen zusammenarbeiten, läßt sich etwa folgendermaßen formulieren: In *einer* Hinsicht ist jede psychoanalytische Deutung insofern historisch, als sie die Geschichte eines Individuums untersucht und theoretisch dessen Entwicklungsschritte innerhalb einer Biographie beschreibt und vorhersagt. Für die psychoanalytische Theorie und die Geschichte der Kunst entsteht also die Frage: Gibt es in einer psychoanalytischen Darstellung Platz für das Historische im Sinne einer nicht-personalen Geschichte öffentlicher Vorgänge, in denen Kulturen begriffen sind? Der private Aspekt des Psychoanalytischen findet insofern eine umfassendere historische Perspektive, als die Vorgänge der Verdrängung, der Objektbeziehungen, der Neurosen und Psychosen stets in der Welt stattfinden. *Meine* Welt wird geformt durch *die* Welt und ist ein Teil von ihr. Mein Verhalten ereignet sich in der Welt; sie selbst oder ein Teil von ihr reagiert darauf. Meine Hervorbringungen (also meine Handlungen, Objekte und Gedanken, sofern ich sie nach außen treten lasse) existieren in der Welt als Ereignisse, auf die andere reagieren. Von der Geschichte etwas als privates Verhalten abtrennen zu wollen oder eine Reihe von Ereignissen als im eigentlichen Sinn historisch zu bezeichnen und eine andere nicht, ist eine künstliche Unterscheidung. Kulturell verpflichtende Darstellungen sind ebensosehr historische Ereignisse wie Weltkriege und Präsidentschaftswahlen. Das Ziel einer psychoanalytischen Deutung besteht darin, sich auf einen Gegenstand zu konzentrieren, der uns zutiefst angeht, der – wie die Theorie das nennt – hochbesetzt ist. Die Möglichkeiten der Repräsentation sind unbegrenzt, und die Geschichte kann auf vielerlei Wegen in derart besetzte Objekte Eingang finden. Sie repräsentieren Ereignisse, die für alle von Bedeutung sind und an denen diese Objekte selbst teilhaben. Gerade sie können darum die Möglichkeit einer Verbindung von Psychischem und Historischem bieten und beiden Wege zeigen, sich aufeinander zu beziehen.

Meine These von der Anwendbarkeit der Psychoanalyse als Ergänzung zur Geschichte der Kunst beruht auf dem grundlegenden universalen Material, mit dem sich die psychoanalytische

Theorie befaßt: der Entwicklung als solcher, dem dynamischen Vorgang des Heranwachsens, der jedes Individuum zwingt, sein ganzes Leben über mit Objekten in einer dynamischen und ständiger Veränderung unterliegenden Weise fertigzuwerden. Jeder von uns hat eine Tradition internalisiert, ob er sie nun ererbt oder sich absichtsvoll angeeignet hat. Insofern lebt auch jeder ein Kunst-Leben, das in seiner Totalität stets mehr oder weniger originell oder jenen beispielhaften Fällen ähnlich ist, welche die Künstler schaffen. Die psychoanalytische Theorie verkörpert in sich selbst die Konzeption eines Kunst-Lebens, welches durch die vielen Beispiele der vorliegenden Untersuchung illustriert worden ist. Durch ihren eigenen Beitrag zum Kunst-Leben bereicherte die Psychoanalyse den historischen Idealismus Hegels um ein tieferes Verständnis jener Reifungsmöglichkeiten, die jeder von uns entfalten könnte. Genau an diesem Punkt hatte unsere Untersuchung begonnen.

Da sie nunmehr an ihr Ende gelangt ist, möchte ich betonen, daß sich das Historische und das Psychologische gegenseitig in ihren Beiträgen ergänzen. Die Geschichte der Kunst, die sich üblicherweise mit der evolutionären Entwicklung von Formen befaßt, hat die Tendenz, ihre Gegenstände im Hinblick auf deren Beziehung zum Künstler und zum Betrachter geringschätzig zu behandeln. Die psychoanalytisch verfahrende Psychologie dagegen richtet ihr Augenmerk gerade auf die Beziehungen von Gegenständen zu Personen. Auch dies ist ein Teil der Geschichte, und gerade über ihn kann die Psychoanalyse zu einer überaus nützlichen Verständigung gelangen.

Ein weiterer Vorzug ergibt sich aus der psychoanalytischen Theorie der Kunst; er hängt eng mit jenen Vorzügen zusammen, die die Philosophie uns verschafft, wenn sie uns wirklich aufklärt. Die Psychoanalyse beschäftigte sich zunächst mit der Heilung seelischer Leiden. Ursprünglich wurde sie als Therapie und nur eher beiläufig als Kulturtheorie konzipiert. Aber ihre Anwendbarkeit auf die Kultur wurde von Freud früh erkannt, und gerade dieser Aspekt wurde im Verlauf ihrer Entwicklung Gegenstand vielfacher Spekulationen. Doch auch in ihren kulturtheoretischen Anwendungen ist die therapeutische Kraft der Psychoanalyse evident. Denn die psychoanalytische Theorie der Kultur beseitigt Wahnvorstellungen, die sich auf unsere Gesundheit als Kulturwesen lähmend oder gar gefährlich auswirken können. Indem sie die Überzeugungen und Verhaltensweisen der Vergangenheit überprüft, versetzt sie uns zurück in jene humane Tradition, an deren Genese, Kontinuität und Wertorientierung wir uns erinnern müssen.

Emily Dickinson zwingt uns zu der Erkenntnis, daß das jedem von uns verliehene *eine* Leben uns vor die Wahl stellt, uns entweder dem Töten oder dem Sterben zu überantworten. »Philosophieren heißt sterben lernen.« Das galt der Tradition als einer ihrer Vorzüge. Vielleicht ist dieser Glaube auch jetzt noch nicht vergeblich, wenn er sich auf Bemühungen richtet, die nicht mehr als philosophisch angesehen werden, auf Überlegungen, die sich uns bei der Betrachtung von *King Lear* aufdrängen. Dennoch brauchen wir nicht diese besondere kulturell verpflichtende Darstellung, um die vulkanische Lust zu empfinden, die die Jagd uns zu Bewußtsein bringt. Gerade die Hingabe an die Jagd macht die Kreativität aus und bestimmt das letzte Urteil über das Leben. Damit erinnert uns die psychoanalytische Kulturtheorie an jene Dinge, die wir schätzen sollten. Diese Theorie entstammt dem philosophisch reifen Denken der Moderne. Sie hat dazu beigetragen, die besten Bestandteile unserer Tradition nicht in Richtung der Naturwissenschaften zu konzipieren, welche sie irrtümlich zu fördern meinte, sondern in Richtung der Humanwissenschaften, deren grundlegenden Bestandteil sie nunmehr bildet.

Anhang

Gedichte von Emily Dickinson, auf die im Text Bezug genommen wird

Deutsch von Klaus Laermann

175

I have never seen ›Volcanoes‹ –
But when Travellers tell
How those old – phlegmatic mountains
Usually so still –

Bear within – appalling Ordnance,
Fire, and smoke, and gun,
Taking Villages for breakfast,
And appalling Men –

If the stillness is Volcanic
In the human face
When upon a pain Titanic
Features keep their place –

If at length the smouldering anguish
Will not overcome –
And the palpitating Vineyard
In the dust, be thrown?

If some loving Antiquary,
On Resumption Morn,
Will not cry with joy ›Pompeii‹!
To the Hills return!

175

›Vulkane‹ hab' ich nie geseh'n –
Doch wenn von Reisenden ich hör'
Wie diese alten Berge voller Phlegma –
Gewöhnlich ganz, ganz still –

Eine geballte Ladung in sich tragen
Von Feuer, Rauch und Pulverdampf,
Daß Dörfer sie zum Frühstück fressen
Und Menschen auf den Tod erschrecken –

Wenn die Stille ein Vulkan ist
In der Menschen Angesicht,
Wenn auch ungeheure Schmerzen ihre Züge
Unverändert hinterlassen –

Wenn schließlich glühende Qual
Nicht überwunden wird –
Und der bebende Weinberg,
Versinkt er im Staub?

Wenn ein Kenner der Antike
An dem Morgen seiner Rückkehr
Nicht aus vollem Hals ›Pompeji‹ schreit,
Dann geh' wieder in die Berge!

601

A still – Volcano – Life –
That flickered in the night –
When it was dark enough to do
Without erasing sight –

A quiet – Earthquake Style –
Too subtle to suspect
By natures this side Naples –
The North cannot detect

The Solemn – Torrid – Symbol –
The lips that never lie –
Whose hissing Corals part – and shut –
And cities – ooze away –

601

Reglose Stille des Vulkans –
Flackerte durch die Nacht –
Als weit genug das Dunkel reichte
Ohne den Blick zu blenden

Ein sanftes Beben nur genügte –
Zu zart, um diesseits von Neapel
Verdacht zu wecken –
Der Norden kann's nicht spüren

Das feierliche – sengende – Symbol –
Die Lippen, die nie lügen –
Deren zischende Korallen auseinandertreten –
und sich schließen –
Und ganze Städte – sind im Schlamm verschwunden –

754

My Life had stood – a Loaded Gun –
In Corners – till a Day
The Owner passed – identified –
And carried Me away –

And now We roam in Sovereign Woods –
And now We hunt the Doe –
And every time I speak for Him –
The Mountains straight reply –

And do I smile, such cordial light
Upon the Valley glow –
It is as a Vesuvian face
Had let its pleasure through –

And when at Night – Our good Day done –
I guard My Master's Head –
'Tis better than the Eider-Duck's
Deep Pillow – to have shared –

To foe of His – I'm deadly foe –
None stir the second time –
On whom I lay a Yellow Eye –
Or an emphatic Thumb –

Though I than He – may longer live
He longer must – than I –
For I have but the power to kill,
Without – the power to die –

754

Mein Leben stand – eine gelad'ne Flinte
Im Eck – bis eines Tags
Mein Herr mich fand – erkannte –
Und dann mitnahm –

Jetzt zieh'n wir in tiefen Wäldern umher –
Jetzt sind wir auf der Jagd –
Und immer wenn ich für ihn sprech' –
Antworten gleich die Berge –

Und wenn ich lächle, glüht ein Licht
Ganz freundlich übers Tal –
Als hätten auf dem Antlitz des Vesuv
Lust und Vergnügen sich gezeigt –

Und wenn des Nachts – nach einem langen Tag –
Ich meines Meisters Kopf bewach' –
Ist's sichrer als der Eiderenten
Tiefe Kissen – die wir teilten –

Für seine Feinde – bin ich der Todfeind –
Es rühre keiner sich ein zweites Mal –
Auf den mein gelbes Aug' oder voll Nachdruck
Meinen Daumen ich gerichtet –

Obwohl ich länger leb' als er
Müßt länger leben er als ich
Denn ich hab nur die Kraft zu töten
Und nicht zu sterben jämmerlich –

1146

When Etna basks and purrs
Naples is more afraid

Than when she shows her Garnet Tooth –
Security is loud –

1677

On my volcano grows the Grass
A meditative spot –
An acre for a Bird to choose
Would be the General thought –

How red the Fire rocks below –
How insecure the sod
Did I disclose
Would populate with awe my solitude.

1705

Volcanoes be in Sicily
And South America
I judge from my Geography –
Volcanoes nearer here
A Lava step at any time
Am I inclined to climb –
A Crater I may contemplate
Vesuvius at Home.

1146

Wenn der Ätna sich sonnt und behaglich schnurrt
Ängstigt Neapel sich mehr
Als wenn er blutrot die Zähne bleckt –
Denn Sicherheit ist laut –

1677

Auf meinem Vulkan wächst schon das Gras
Ein ganz beschaulicher Ort –
Ein Flecken für ein Vögelchen
So möchte mancher meinen –

Wie rot die Feuerfelsen drunten sind –
Wie unsicher das Gras
Wenn ich's verriete, würde
Heilge Ehrfurcht meine Einsamkeit erfüllen.

1705

Laß Vulkane in Sizilien
Und Südamerika sein
Ich denk', daß mir in meiner Welt –
Vulkane näher sind
Zu jeder Zeit bin ich bereit
Die Lava zu erklimmen –
Betrachten kann ich auch zu Haus
Den Krater, den Vesuv.

1748

The reticent volcano keeps
His never slumbering plan –
Confided are his projects pink
To no precarious man.

If nature will not tell the tale
Jehovah told to her
Can human nature not survive
Without a listener?

Admonished by her buckled lips
Let every babbler be
The only secret people keep
Is Immortality.

1748

Der schweigende Vulkan bewahrt
Den niemals schlafenden Plan –
Rot ist sein Sinn, doch unvertraut
Jedem gefährdeten Mann.

Wenn die Natur nun nicht erzählt,
Was Gott ihr offenbart
Wie soll der Mensch dann überdauern
Ohne Widerpart?

Verschloßne Lippen der Natur
Tun allen Schwätzern jetzt Bescheid
Es kennt die Welt nur *ein* Geheimnis:
Die Unsterblichkeit.

Anmerkungen

I. Einleitung: Der Ort der psychoanalytischen Theorie in einer Philosophie der Kunst

1 Über Freuds Stil siehe Peter Gay, »Sigmund Freud: A German and His Discontents«, in: *Freud, Jews, and Other Germans,* besonders S. 50-52.

2 Siehe hierzu Karl Mannheim, »On the Interpretation of Weltanschauung«. Über Freuds Auffassung zu dieser Frage siehe die »Neue Folge der Vorlesungen zur Einführung in die Psychoanalyse«, 35. Vorlesung, »Über eine Weltanschauung«, *GW* XV, S. 170-197. Die Frage wird auf Seite 55 wiederaufgenommen. Für die Kunstgeschichte wird das Problem bei Ernst Gombrich, »The Logic of Vanity Fair«, erörtert.

3 Sigmund Freud, *Aus den Anfängen der Psychoanalyse,* Brief Nr. 71.

4 G. W. F. Hegel, *Vorlesungen über die Ästhetik.*

5 Ebd., Teil 2, 3. Abschnitt, Kapitel 3, § 3.

II. Die theoretische Struktur einer Philosophie der Kunst

1 Sigmund Freud, *Die Traumdeutung, GW* II/III, S. 150ff.

2 Ebd., S. 616.

3 Ebd., S. 617.

4 Ebd., S. 617ff. (kursiv im Original).

5 Ebd., S. 510ff., Anm. 2.

6 Ebd., S. 510.

7 Ebd., S. 511.

8 Siehe Merton M. Gill, *Analysis of Transference,* Bd. 1: »Theory and Technique«.

9 Vgl. etwa Freuds frühe Schrift »Der Dichter und das Phantasieren«, *GW* VII, S. 213-223, und *Der Mann Moses und die monotheistische Religion, GW* XVI, S. 103-246.

10 Sigmund Freud, »Die Verdrängung«, *GW* X, S. 250.

11 Der Versuch einer Rekonstruktion frühkindlicher Erfahrungen findet sich in Martha Wolfensteins »The Image of the Lost Parent«.

12 Sigmund Freud, »Zur Geschichte der psychoanalytischen Bewegung«, *GW* X, S. 54.

13 Ders., »Die Verdrängung«, *GW* X, S. 248.

14 Ders., »Die Verneinung«, *GW* XIV, S. 11-15.
15 Ders., »Die Verdrängung«, *GW* X, S. 251 ff.
16 Ders., »Abriß der Psychoanalyse«, *GW* XVII, S. 86.
17 Eine weitere Erklärung des Primär- und Sekundärprozesses ließe sich im Aufsatz »Das Unbewußte«, *GW* X, insbesondere S. 285 f., finden. Dieser Abschnitt ist im Anhang zu diesem Kapitel abgedruckt.
18 Ders., »Nachschrift 1935 zur ›Selbstdarstellung‹«, *GW* XVI, S. 32 ff.

III. Die psychoanalytische Theorie der Kultur

1 Aus »The Location of Cultural Experience«, wo Winnicott sich selbst zitiert.
2 Sigmund Freud, »Neue Folge der Vorlesungen zur Einführung in die Psychoanalyse«, *GW* XV, S. 170.
3 Sigmund Freud, *Totem und Tabu, GW* IX, S. 110.
4 Siehe ders., »Drei Abhandlungen zur Sexualtheorie«, *GW* V, S. 27 bis 145.
5 Ders., »Zur Einführung des Narzißmus«, *GW* X, S. 169.
6 Die Kategorie der »kulturell verpflichtenden Darstellungen« umfaßt sowohl Gedanken als auch offensichtlichere kulturelle Gegenstände. Philosophische Systeme, Theorien der Natur, Gesellschaft und Kultur müssen daher ebenso unter diesen Begriff gefaßt werden wie die psychoanalytische Theorie selbst. Die Implikationen dieses Sachverhalts sind für die Philosophie von zentraler Bedeutung. Denn die Philosophie präsentiert und repräsentiert sich in der Weise, daß sie eine Theorie solcher Darstellungen enthält. Das könnte ihr spezifisches Merkmal als kulturell verpflichtende Darstellung sein: sie ist selbst ein Beispiel für jene Theorie, die sie zu formulieren sucht.
7 Der Begriff »Übergangsobjekt« stammt von Donald W. Winnicott; siehe in diesem Band, S. 74 ff.
8 Heinz Hartmann, *Ich-Psychologie und Anpassungsproblem,* S. 64.
9 Ebd., S. 66.
10 Donald W. Winnicott, »The Location of Cultural Experience«.
11 Ebd., S. 370 (kursiv im Original).
12 Roy Schafer, *Aspects of Internalization,* S. 225. Schafer bemerkt ferner, daß zu den wichtigsten Vorstellungen die des eigenen Selbst gehören. Man kann beobachten, in wievielerlei Gestalt die Übergangsobjekte Kindern zur Identifikation dienen und wie »unerschütterlich die libidinöse Bindung an die Vorstellung des Selbst« ist (S. 255).

13 Otto Kernberg, »The Dynamic Unconscious and the Self«, unveröffentlichter Aufsatz, zitiert mit Erlaubnis des Autors.
14 Ebd.
15 Ebd.
16 Ebd.
17 Adrian Stokes, »The Luxury and Necessity of Painting«, in: *Three Essays on the Painting of Our Time,* S. 10f.
18 Maurice Merleau-Ponty, »The Metaphysical in Man«, in: *Sense and Nonsense,* Evanston, Ill. 1964, S. 94.
19 »Das ökonomische Problem des Masochismus«, *GW* XIII, S. 380.
20 Siehe meine Aufsätze »Modernity and Death«, in: *Structures of Experience,* und: »The Beautiful and the Sublime«.
21 Donald W. Winnicott, »Die Frage des Mitteilens und des Nicht-Mitteilens führt zu einer Untersuchung gewisser Gegensätze«, in: *Reifungsprozesse und fördernde Umwelt,* S. 245 (kursiv im Original).
22 Anna Freud, *Das Ich und die Abwehrmechanismen,* in: *Schriften,* Bd. 1, München 1980, S. 343.
23 Heinz Hartmann, *Ich-Psychologie und Anpassungsproblem,* S. 50.
24 Ebd., S. 62.
25 Ebd., S. 66.

IV. Die psychoanalytische Theorie in der Praxis:
Stil, Ausdruck, Wahrheit

1 Ernst Kris, »Ein geisteskranker Bildhauer des 18. Jahrhunderts«, in: ders., *Die ästhetische Illusion. Phänomene der Kunst in der Sicht der Psychoanalyse,* Frankfurt/M. 1977, S. 139-141; Rudolf und Margot Wittkower, *Born under Saturn,* S. 124-132.
2 Vgl. in diesem Band, S. 40f. Ich habe den Begriff der »Ikonographie des Mediums« erörtert in meinem Aufsatz »Semantics for Literary Languages«.
3 Rudolf und Margot Wittkower, *Born under Saturn,* S. 129.
4 Zu diesen klinischen Beobachtungen vgl. Sigmund Freud, »Das Unheimliche«, *GW* X, S. 263-305, und *Die Traumdeutung, GW* II/III, Kapitel 7.
5 Boccioni, »Preface. The First Exhibition of Futurist Sculpture«, in: Robert L. Herbert (Hg.), *Modern Artists on Art,* S. 55.
6 Norman Holland, *Psychoanalysis and Shakespeare,* S. 31f.
7 Sigmund Freud, *Die Traumdeutung, GW* II/III, S. 106ff. (kursiv im Original).
8 Ders., »Der Moses des Michelangelo«, *GW* X, S. 185.
9 Martha Wolfensteins Untersuchung eines Bildes von Magritte bietet

ein gutes Beispiel dafür, wie das Offensichtliche zugleich als geheimnisvoll betrachtet werden kann. Die in der Kunst von Magritte häufig auftretende geheimnisvolle Zweideutigkeit der Bilder zwingt uns, zur Erklärung seiner surrealistischen Gestaltungen nach einem zusammenhängenden System der Einbildungskraft zu suchen. Wolfenstein analysiert die Gemälde im Hinblick auf die Themen Anwesenheit/Abwesenheit, Leben/Tod und bezieht Magrittes Beschäftigung mit Gegensätzen auf dessen Anstrengung, mit einer nach dem Verlust eines Elternteils aufgetretenen Melancholie fertig zu werden. Die Gemälde selbst beschäftigen sich offenbar mit Problemen der Maltechnik, also mit Schein/Wirklichkeit, der Durchdringung von Vergangenheit und Gegenwart in der Erinnerung usw. Darüber hinaus sind die Gemälde durch und durch privater Natur. Sie beziehen sich auf ein allgemeines klinisches Bild ebenso wie auf Magrittes Leiden als Kind nach dem Verlust seiner Mutter.

10 Sigmund Freud, »Das Motiv der Kästchenwahl«, *GW* X, S. 23-37.

11 Für eine weitergehende Erörterung dieses Themas in der modernen Literatur siehe meinen Aufsatz »Modernity and Death: The Leopard of Lampedusa«, in: *Structures of Experience;* ebenso den Band *Literature and Philosophy.*

12 Vgl. hierzu auch Paul Ricoeur, *Die Interpretation. Versuch über Freud;* ferner Sigmund Freud, »Der Wahn und die Träume in W. Jensens ›Gradiva‹«, *GW* VII, S. 29-125. Wichtige Erörterungen finden sich in: ders., »Psychopathische Personen auf der Bühne«, in: *Studienausgabe in zehn Bänden,* Bd. 10, S. 161, und »Der Realitätsverlust bei Neurose und Psychose«, *GW* XIII, S. 361-367.

13 Zu den politischen Implikationen der Teilung des Königreichs durch Lear siehe Allan Bloom/Harry V. Jaffa, *Shakespeare's Politics.* Auf diese Untersuchung stützen sich meine folgenden Überlegungen.

14 Sigmund Freud, »Das Unbehagen in der Kultur«, *GW* XIV, S. 445.

15 Ebd., S. 502.

16 Siehe meine Erörterung in *The House, the City, and the Judge,* Kapitel 5.

17 Winnicott entwickelt seine Überlegungen zum Problem kultureller Gegenstände in »The Location of Cultural Experience«.

18 Sigmund Freud, »Abriß der Psychoanalyse«, *GW* XVII, S. 125-135; ders., »Die Ichspaltung im Abwehrvorgang«, ebd., S. 57-62.

19 Ders., »Abriß der Psychoanalyse«, ebd., S. 132-135.

20 Ders., »Die Ichspaltung im Abwehrvorgang«, ebd., S. 59-61.

21 Ders., »Aus der Geschichte einer infantilen Neurose«, *GW* XII, und »Der Realitätsverlust bei Neurose und Psychose«, *GW* XVII.

22 Ebd., S. 368.

23 Siehe Peter Gay, *Art and Act;* H. R. Graetz, *The Symbolic Language*

of Vincent Van Gogh; George Painter, *Marcel Proust;* Jean-Paul Sartre, *Der Idiot der Familie;* Meyer Schapiro, »The Apples of Cézanne«.

24 Sigmund Freud, »Eine Kindheitserinnerung des Leonardo da Vinci«, *GW* VIII, S. 128-211.

25 Vgl. Meyer Schapiro, »Leonardo and Freud«; ebenso Kurt R. Eissler, *Leonardo da Vinci.*

26 Sigmund Freud, »Eine Erinnerungsstörung auf der Akropolis«, *GW* XVI, S. 253.

27 Ebd., S. 255.

28 Sigmund Freud, »Das Unheimliche«, *GW* X, S. 263 (kursiv im Original).

V. Psychoanalytische Theorie und Geschichte der Kunst

1 Ludwig Wittgenstein, *Tagebücher 1914-1916,* in: *Schriften,* Bd. 1, Frankfurt/M. ²1969, S. 175.

2 Vgl. zur Erörterung dieses Versuchs einer Wiedererlangung des Sinns meine Arbeit »Deletion and Compression in Poetry«. Dort wird auf die Entstehung einer Technik zur Aufdeckung von Material verwiesen, das wir als »verdrängt« ansehen könnten. Im folgenden wird auf diese Auseinandersetzung näher eingegangen.

3 Die Erörterung findet sich bei S. Levin, »The Analysis of Compression in Poetry«, in: *Foundations of Language* 7 (1971), S. 38-55.

4 Emily Dickinson, *The Complete Poems of Emily Dickinson,* S. 513. Die Gedichte, auf die ich Bezug genommen habe, finden sich im Anhang.

5 Ralph Waldo Emerson, *The Complete Essays and Other Writings of Ralph Waldo Emerson,* S. 59.

Bibliographie

Barthes, Roland, *S/Z*, Frankfurt/M. 1975.

Bloom, Allan, und Harry V. Jaffa, *Shakespeare's Politics*, New York 1964.

Bowie, Theodore, Cornelia Christenson, *Studies in Erotic Art*, New York 1970.

Brenner, Charles, *Grundzüge der Psychoanalyse*, Frankfurt/M. 1974.

Brown, Norman O., *Life Against Death: The Psychoanalytic Meaning of History*, Middletown, Conn. 1959.

Carrier, David, »Adrian Stokes and the Theory of Painting«, in: *British Journal of Aesthetics* 13 (1973), S. 133-145.

Chasseguet-Smirgel, Janine, *Pour une psychoanalyse de l'art et de la créativité*, Paris 1971.

Cixous, Hélène, »Fiction and Its Phantoms: A Reading of Freud's Das Unheimliche«, in: *New Literary History* 7 (1976), S. 525-548.

Cody, John, *After Great Pain: The Inner Life of Emily Dickinson*, Cambridge 1971.

Dalton, Elizabeth, *Unconscious Structure in the Idiot: A Study in Literature and Psychoanalysis*, Princeton 1978.

Derrida, Jacques, *Die Schrift und die Differenz*, Frankfurt/M. 1972.

–, *Grammatologie*, Frankfurt/M. 1974.

Dickinson, Emily, *The Complete Poems of Emily Dickinson*, hg. von H. Johnson, Boston 1960.

Douglas, Mary, *Ritual, Tabu und Körpersymbolik*, Frankfurt/M. 1974.

–, *Implicit Meanings*, London 1975.

–, *Reinheit und Gefährdung*, Berlin 1985.

Edel, Leon, *Henry James*, Bd. 1-5, Philadelphia 1953-1972.

Edelson, Marshall, *Language and Interpretation in Psychoanalysis*, New York 1975.

Eissler, Kurt R., *Leonardo da Vinci: Psychoanalytic Notes on an Enigma*, New York 1961.

–, *Discourse on Hamlet and »Hamlet«*, New York 1971.

Emerson, Ralph Waldo, *The Complete Essays and Other Writings of Ralph Waldo Emerson*, hg. von Brooks Atkinson, New York 1940.

Firth, Raymond, *Elements of Social Organization*, Boston 1963.

Fox, Robin, »Ein neuer Blick auf *Totem und Tabu*«, in: Edmund Leach

(Hg.), *Mythos und Totemismus. Zur Kritik der strukturalen Analyse,* Frankfurt/M. 1973.
Freud, Sigmund, *Gesammelte Werke (GW),* hg. von Anna Freud, E. Bilsing, W. Hofer, E. Kris, Isakower, Frankfurt/M. 1951 ff.
–, *Studienausgabe,* Frankfurt/M. 1982.
–, *Aus den Anfängen der Psychoanalyse. Briefe an Wilhelm Fliess. Abhandlungen und Notizen,* London 1950.

Gay, Peter, *Art and Act: On Causes in History – Manet, Gropius, Mondrian,* New York 1976.
–, *Freud, Jews, and Other Germans,* New York 1978.
Gill, Merton, »The Primary Process«, in: *Psychological Issues* 5 (1967), S. 2-3, monograph 18/19, S. 259-298.
–, *Analysis of Transference,* Band 1: *Theory and Technique,* New York 1982.
Gombrich, Ernst, *Meditationen über ein Steckenpferd. Von den Wurzeln und Grenzen der Kunst,* Frankfurt/M. 1978.
–, »The Use of Art for the Study of Symbols«, in: *American Psychologist* 20 (1965), S. 34-50.
–, »The Logic of Vanity Fair«, in: P. A. Schilpp (Hg.), *The Philosophy of Karl Popper,* Bd. 2, La Salle 1974, S. 925-957.
Graetz, H. R., *The Symbolic Language of Vincent Van Gogh,* New York 1963.
Greenacre, Phyllis, *Swift and Caroll,* New York 1955.
–, *Emotional Growth,* 2 Bde., New York 1971.
Grolnick, Simon A., und Leonard Barkin (Hg.), *Between Reality and Fantasy: Transitional Objects and Phenomena,* New York 1978.

Habermas, Jürgen, *Erkenntnis und Interesse,* Frankfurt/M. 1968.
–, »On Systematically Distorted Communications«, in: *Inquiry* 13 (1970) 3, S. 205-218.
Hampshire, Stuart, *Freedom of Mind,* Princeton 1971.
Hartmann, Heinz, *Ich-Psychologie und Anpassungsproblem,* Stuttgart 1975.
Hartmann, Heinz, und Ernst Kris, »The Genetic Approach in Psychoanalysis«, in: *The Psychoanalytic Study of the Child* 1 (1946).
Hauser, Arnold, *Sozialgeschichte der Kunst,* München 1958.
Hegel, G. W. F., *Vorlesungen über die Ästhetik,* Bd. 12-14, in: *Sämtliche Werke. Jubiläumsausgabe,* hg. von Hermann Glockner, Stuttgart 1927.
Heiman, Marcel, »Psychoanalytic Observations on the Last Painting and Suicide of Vincent Van Gogh«, in: *International Journal of Psychoanalysis 57* (1976), S. 71.

Henrich, Dieter, »Selbstbewußtsein, kritische Einleitung in eine Theorie«, in: *Hermeneutik und Dialektik,* Festschr. für Hans Georg Gadamer, Tübingen 1970, S. 257-284.

Herbert, Robert L. (Hg.), *Modern Artists on Art,* Englewood Cliffs, N.J. 1964.

Hoffman, Frederick J., *Freudianism and the Literary Mind,* Baton Rouge, Louisiana 1945.

Hofstadter, Albert, und Richard Kuhns, *Philosophies of Art and Beauty,* Chicago 1976.

Holland, Norman N., *Psychoanalysis and Shakespeare,* New York 1966.

–, *The Dynamics of Literary Response,* New York 1968.

Jakobson, Roman, *Grundlagen der Sprache,* Berlin 1960.

Jones, Ernest, *Das Problem des Hamlet und der Ödipus-Komplex,* Nendeln/Liechtenstein 1970.

Katan, M., »A Causerie on Henry James's »The Turn of the Screw«, in: *Psychoanalytic Study of the Child* 17 (1962) und 21 (1966).

Kernberg, Otto, »The Dynamic Unconscious and the Self« (unveröffentlicht).

Klein, Melanie, *Das Seelenleben des Kleinkindes und andere Beiträge zur Psychoanalyse,* Stuttgart 1962.

Kohut, Heinz, »›Death in Venice‹ by Thomas Mann«, in: *Psychoanalytic Quarterly* 26 (1957), S. 206-228.

Kris, Ernst, *Psychoanalytic Explorations in Art,* New York 1952.

Kuhns, Richard, *The House, The City, and the Judge: The Growth of Moral Awareness in the Oresteia,* Indianapolis 1962.

–, *Structures of Experience: Essays on the Affinity Between Philosophy and Literature,* New York 1970.

–, »Hume's Republic and the Universe of Newton«, in: Peter Gay (Hg.), *Eighteenth-Century Studies* (Festschrift für Arthur M. Wilson), Hanover, N.H. 1972, S. 73-95.

–, »Semantics for Literary Languages«, in: *New Literary History* 4 (1972) 1, S. 91-106.

–, »Deletion and Compression in Poetry«, in: *Foundations of Language* 11 (1974), S. 401-407.

–, »That Kant Did Not Complete His Argument Concerning the Relation of Art to Morality and How It Might Be Completed«, in: *Idealistic Studies* 2 (1975), S. 190-206.

–, »Metaphor as Plausible Inference in Poetry and Philosophy«, in: *Philosophy and Literature* 3 (1979) 2, S. 237-255.

–, »Philosophical Anthropology«, in: *Social Research* 47 (1980) 4, S. 721 bis 733.

–, »The Beautiful and the Sublime«, in: *New Literary History* 13 (1981/82), S. 287-307.

Lacan, Jacques, »Das Drängen des Buchstabens im Unbewußten oder die Vernunft seit Freud«, in: *Schriften* II, Olten/Freiburg i. B. 1975.
Laplanche, Jean, und J.-B. Pontalis, *Das Vokabular der Psychoanalyse*, Frankfurt/M. 1972.
Leach, Edmund, *Genesis as Myth and Other Essays*, London 1969.
Lévi-Strauss, Claude, *Strukturale Anthropologie*, Frankfurt/M. 1967.
Liebert, Robert S., *Michelangelo: A Psychoanalytic Study of His Life and Images*, New Haven und London 1983.

Mannheim, Karl, »On the Interpretation of Weltanschauung«, in: Paul Kecskemeti (Hg.), *Essays on the Sociology of Knowledge*, London 1952.
Marcuse, Herbert, *Triebstruktur und Gesellschaft*, Frankfurt/M. 1965.
Meyer, Bernard C., *Joseph Conrad: A Psychoanalytic Biography*, Princeton 1967.
–, »Some Reflections on the Contributions of Psychoanalysis to Biography«, in: Robert B. Holt und Emanuel Peterfreund (Hg.), *Psychoanalysis and Contemporary Science*, Bd. 1, New York 1972.
Muensterberger, Warner, *Man and His Culture: Psychoanalytic Anthropology After »Totem and Taboo«*, New York 1970.
Murray, Henry A., »Introduction« zu Herman Melville, *Pierre, or the Ambiguities*, New York 1949.

Nietzsche, Friedrich, *Die Geburt der Tragödie*, in: *Werke. Kritische Gesamtausgabe*, hg. von Giorgio Colli und Marzino Montinari, Bd. 1, Berlin.
Nolan, Barbara, *The Gothic Visionary Perspective*, Princeton 1977.

Orlando, Francesco, *Toward a Freudian Theory of Literature, with An Analysis of Racine's Phèdre*, Baltimore 1978.

Painter, George D., *Marcel Proust. Eine Biographie*, 2 Bde., Frankfurt/M. 1962/1968.
Phillips, William (Hg.), *Art and Psychoanalysis*, New York 1963.

Rank, Otto, *Das Inzest-Motiv in Dichtung und Sage: Grundzüge einer Psychologie des Dichterischen*, Wien 1912.
–, *Der Doppelgänger: Eine psychoanalytische Studie*, Leipzig, Wien, Zürich 1925.
Rapaport, David, »The Conceptual Model of Psychoanalysis«, in: *The Collected Papers of David Rapaport*, New York 1967, S. 405-431.

Ricoeur, Paul, *Die Interpretation. Ein Versuch über Freud*, Frankfurt/M. 1974.
Rose, Gilbert J., *The Power of Form*, New York 1980.
Rubinstein, Benjamin, »On Metaphor and Related Phenomena«, in: Robert B. Holt und Emanuel Peterfreund (Hg.), *Psychoanalysis and Contemporary Science*, Bd. 1, New York 1972.
Ruitenbeek, Hendrik M. (Hg.), *The Literary Imagination: Psychoanalysis and the Genius of the Writer*, Chicago 1965.

Sandler, Joseph, »On the Concept of the Superego«, in: *Psychoanalytic Study of the Child* 15 (1960), S. 128-162.
Sandler, Joseph, und Anne-Marie Sandler, »On the Development of Object Relations and Affects«, in: *International Journal of Psycho-Analysis* 59 (1978), S. 285-296.
Sartre, Jean-Paul, *Der Idiot der Familie. Gustave Flaubert 1821-1857*, 4 Bde., Reinbek 1977 ff.
–, *Kritik der dialektischen Vernunft*, Bd. 1: *Theorie der gesellschaftlichen Praxis*, Reinbek 1967.
Schafer, Roy, *Aspects of Internalization*, New York 1968.
Schapiro, Meyer, »Two Slips of Leonardo and a Slip of Freud«, in: *Psychoanalysis* 2 (1955/56), S. 3-8.
–, »Leonardo and Freud: An Art-Historical Study«, in: *Journal of the History of Ideas* 17 (1956), S. 147-178.
–, »The Apples of Cézanne«, in: *Art News Annual* 34 (1968), S. 35-53.
Schur, Max, *Das Es und die Regulationsprinzipien des psychischen Geschehens*, Frankfurt/M. 1984.
Sharpe, Ella Freeman, *Collected Papers on Psychoanalysis*, London 1950.
Shope, Robert K., »Freud's Concept of Meaning«, in: Benjamin R. Rubinstein (Hg.), *Psychoanalysis and Contemporary Science*, Bd. 2, S. 276-303, New York 1973.
Simmel, Georg, »Exkurs über das Problem: Wie ist Gesellschaft möglich«, in: *Soziologie. Untersuchungen über die Formen der Vergesellschaftungen*, Berlin [5]1968, S. 21-30.
Smith, Joseph (Hg.), *Psychoanalysis and Language*, Bd. 3: *Psychiatry and the Humanities*, New Haven 1978.
Sommerhof, G., *Analytical Biology*, London 1950.
Spector, Jack J., *Freud und die Ästhetik*, München 1973.
–, *Delacroix: The Death of Sardanapalus*, New York 1974.
Stokes, Adrian, *Three Essays on the Painting of Our Time*, London 1961.
–, *The Invitation in Art*, New York 1965.
–, *Selected Writings*, hg. von Richard Wollheim, London 1972.

Winnicott, Donald W., »The Location of Cultural Experience«, in: *International Journal of Psychoanalysis* 48 (1966), S. 368-372.

–, »Übergangsobjekte und Übergangsphänomene«, in: *Von der Kinderheilkunde zur Psychoanalyse,* München 1976.
–, *Reifungsprozesse und fördernde Umwelt,* München 1974.
Wittkower, Rudolf und Margot, *Born under Saturn,* New York 1963.
Wolfenstein, Martha, »The Image of the Lost Parent«, in: *Psychoanalytic Study of the Child* 28 (1973), S. 433-456.
Wolff, Cynthia Griffin, *A Feast of Words: The Triumph of Edith Wharton,* New York 1977.
Wollheim, Richard, *Sigmund Freud,* New York 1971.
–, *On Art and the Mind,* Cambridge, Mass. 1974.

In den folgenden Zeitschriften und Serien finden sich nützliche Aufsätze zur psychoanalytischen Kunsttheorie und -interpretation.

–, *Imago, Zeitschrift für Anwendung der Psychoanalyse auf die Geisteswissenschaften,* 1912-1917/19; 1921-36.
–, *American Imago. A Psychoanalytical Journal for the Arts and Sciences,* seit 1939.
–, *The Psychoanalytic Study of the Child.*
–, *Psychoanalysis and Contemporary Science.*
–, *Psychoanalysis and the Social Sciences.*
–, *Yale French Studies.*

Register

Michel Foucault
Sexualität und Wahrheit

Zweiter Band
Der Gebrauch der Lüste
Übersetzt von Ulrich Raulff und Walter Seitter
Gebunden. Etwa 308 Seiten

Dritter Band
Die Sorge um sich
Übersetzt von Ulrich Raulff und Walter Seitter
Gebunden. Etwa 298 Seiten

Um die Entwicklung der Sexualität seit dem 18. Jahrhundert zu analysieren, schien es Foucault erforderlich, *eine Genealogie des begehrenden Subjekts* in Angriff zu nehmen – wiederum nicht als Historie der aufeinanderfolgenden Konzeptionen der Begehrlichkeit und der Libido, sondern als Analyse der Praktiken, durch die die Individuen dazu gebracht worden sind, auf sich selbst zu achten, über sich und die anderen eine »Hermeneutik des Begehrens« auszuüben. Eine solche Genealogie bedeutete zwar eine Abänderung des ursprünglichen Plans, fügt sich aber in Foucaults globales Unternehmen. Nicht einer Geschichte dessen, was es Wahres in den Erkenntnissen geben mag, sondern eine Analyse der »Wahrheitsspiele«, der Formen, in denen der Mensch sich selbst erfährt, wenn er sich als Kranken, als Irren, als Kriminellen oder eben als begehrendes Subjekt wahrnimmt. Dann aber ist es notwendig, durch das Christentum hindurch zur Antike zurückzusteigen und sich zu fragen: Warum ist das sexuelle Verhalten, warum sind die sexuellen Betätigungen und Genüsse Gegenstand moralischer Sorge und Beunruhigung, die zu gewissen Zeiten und in gewissen Gesellschaften intensiver waren als die moralische Aufmerksamkeit, die man anderen Bereichen gewidmet hat? Der Hinweis auf die Verbote, mit denen jene Betätigungen und Genüsse belegt sind, gibt ja nur die Frage selbst als Antwort (denn warum gerade diese Verbote), und zudem ist die moralische Beunruhigung dort intensiv, wo gerade keine Verpflichtungen oder Verbote herrschen? Foucaults leitende Frage ist also die: Wie, warum und in welcher Form ist die sexuelle Aktivität als moralischer Bereich konstituiert worden? Warum diese nachdrückliche ethische Sorge, warum diese Problematisierung?

Arthur O. Lovejoy
Die große Kette der Wesen

Geschichte eines Gedankens
Übersetzt von Dieter Turck
Etwa 420 Seiten. Leinen

In diesem aus einer 1933 an der Harvard University gehaltenen Vorlesung hervorgegangenen Buch untersucht Lovejoy die Entstehung, Entfaltung und Auflösung eines philosophischen, genauer: eines kosmologischen Gedankens, der das westliche Denken mehr als zwei Jahrtausende lang entscheidend beeinflußt hat. Seine weiteste Verbreitung verdankt dieser Gedanke allerdings nicht der Philosophie, aus der er ursprünglich stammt, sondern der Literatur, Popularwissenschaft und Populartheologie des 18. Jahrhunderts. Alexander Popes *Essay on Man* – ein philosophisches Gedicht, das sich weniger durch gedankliche Originalität als durch die stupende Fähigkeit auszeichnet, weithin gehegte Überzeugungen so trefflich zu artikulieren, daß der gebildete Leser dort wie in einem Spiegel seine eigene Weltanschauung erkennt – liefert die Formulierung, unter dem der Gedanke seither bekannt ist und die Lovejoy als Titel über sein Buch setzte: The Great Chain of Being. In Deutschland, wo diese Vorstellung zur gleichen Zeit nicht weniger verbreitet war, sprach man analog von einer »Kette der Wesen«. Diese Vorstellung ist ursprünglich die Antwort auf die Frage nach dem Ursprung der Ordnung (griechisch: Kosmos) und der Bestimmung der Welt im ganzen und in ihren einzelnen Gliedern: das Bild eines von allen nur denkbaren Wesen restlos erfüllten Universums, dessen systematische Einheit in der lückenlosen Über- und Unterordnung aller Dinge besteht. Das obere Ende dieser Kette (oder auch Leiter) bilden die geistigen, Gott zunächst stehenden Wesen, während am unteren Ende die gerade noch existierenden und an das Nichts grenzenden Dinge stehen.

Klaus Christian Köhnke
Entstehung und Aufstieg des Neukantianismus

Die deutsche Universitätsphilosophie zwischen Idealismus und Positivismus

Etwa 620 Seiten. Gebunden

In seiner Darstellung von Entstehung und Ausbreitung des Neukantianismus geht es Klaus Christian Köhnke nicht um Kritik oder Aktualisierung neukantianischer Theorien, sondern um ein *historisches* Verständnis des Kant-Interesses im 19. Jahrhundert; er wendet sich ebenso gegen neukantianische Mystifikationen wie gegen eine bloß marginale Behandlung von dessen Entwicklung.
Köhnkes Buch läßt sich am besten als Ergänzung und Gegenentwurf zu Karl Löwiths berühmter Studie *Von Hegel zu Nietzsche* charakterisieren. Es geht der weithin vernachlässigten Entwicklung der Universitätsphilosophie nach: der von Trendelenburg gestifteten wissenschaftstheoretischen Tradition, der Entwicklung der nachkantischen Erkenntnistheorie von Schleiermacher bis zum neukantianischen Szientismus, den politisch-gesellschaftlichen Bedingungen für dessen Entstehen in der nachmärzlichen Reaktionsperiode, wie etwa auch dem parallelen Wachstum von Neukantianismus und Liberalismus überhaupt. Köhnke schreibt Philosophiegeschichte als Wissenschaftsgeschichte, die nicht an die Fortschritte des Denkens glaubt, sondern dessen Bedingungen zu rekonstruieren sucht: durch Rückgriffe auf Wissenschafts-, Universitäts-, Kirchen- und Realgeschichte, wobei sie sich neben geistes- auch sozialwissenschaftlicher Methoden und Darstellungsweisen bedient. So kann sichtbar werden, wie sehr Kulturkampf, Abwehr sowohl pessimistischer Modernitätskritik als auch gründerzeitlicher Fortschrittseuphorie, den Neukantianismus begünstigten.

Adam Ferguson
Ein Versuch über die Geschichte der bürgerlichen Gesellschaft

Herausgegeben von Zwi Batscha und Hans Medick
Übersetzt von Hans Medick
Etwa 360 Seiten. Gebunden

Diese neue Edition von Adam Fergusons *An Essay on the History of Civil Society* (1767) in einer neuen Übersetzung macht eine zentrale Schrift aus der Vor- und Frühgeschichte der Sozialwissenschaften wieder zugänglich.
Fergusons Schrift entstand in einer entscheidenden Gründungsphase der modernen Sozialwissenschaften in der zweiten Hälfte des 18. Jahrhunderts. Die Sozialwissenschaften hatten damals ihren Gegenstand – die moderne, arbeitsteilige, warenproduzierende kapitalistische Gesellschaft – zwar bereits entdeckt, sie hatten sich aber als Einzeldisziplinen – Ökonomie, Politik, Soziologie, Psychologie, Ethnologie – erst in Ansätzen voneinander getrennt.
Fergusons *Versuch* enthält zentrale und originelle »soziologische Leitgedanken«. Das Zusammenleben der Menschen in Gruppen, ihre gesellschaftlichen Verhaltensweisen, die sozialen Normen, Verhältnisse und Prozesse werden als »Grundtatsachen« der menschlichen Geschichte begriffen. Doch die soziologischen Einsichten haben für Ferguson ihren Sinn nicht in sich selbst. Sie sind Vorstufe und Teil einer ebenso umfassenden wie differenzierten Kritik an der »verfeinerten« Kommerzgesellschaft seiner Zeit. Gegen sie führt Ferguson die politisch-moralischen Maßstäbe antiken Republikanismus und Humanismus ins Feld, zeitgemäß zu modifizierende Grundlagen einer wahren »bürgerlichen Gesellschaft« (civil society), und untersucht Unterschiede und Gemeinsamkeiten der verschiedensten Gesellschaften. Die »wilden« und »barbarischen« Gesellschaften geraten hierbei ebenso in den Blick wie die »verfeinerten« und »kommerzialisierten« Gesellschaften in seinem eigenen Umfeld.

Eric Robertson Dodds
Heiden und Christen in einem Zeitalter der Angst

Aspekte religiöser Erfahrung von Mark Aurel bis Konstantin
Mit einem Vorwort von Georges Devereux
Übersetzt von Hinrich Fink-Eitel
Etwa 180 Seiten. Kartoniert

Der Oxforder Graezist E. R. Dodds ist in Deutschland vor allem durch seine Studie *Die Griechen und das Irrationale* bekannt geworden. Mit seinem ausgefeilten philologischen Instrumentarium hatte er eine psychologische und eine psychoanalytische Deutung der griechischen Kultur gewagt, die ein wissenschaftliches Tabu brach, vergleichbar nur noch mit der Arbeit *Träume in der griechischen Tragödie* des Ethnopsychoanalytikers Georges Devereux.
Das Buch *Heiden und Christen in einem Zeitalter der Angst*, zu dessen französischer Ausgabe Georges Devereux das Vorwort schrieb, basiert auf Vorlesungen, die Dodds 1963 gehalten hat. Sein Thema ist der Wandel der Weltanschauung, der das Christentum in der Spätantike zum Sieg führte. Dodds zeigt, wie tiefsitzende Schuldgefühle entweder zum Prozeß religiöser Verinnerlichung und einer Abwertung der äußeren Welt, der Sinne und des eigenen Leibes führten oder gar zu einer Weltflucht in ein Jenseits, das nur noch mystischer Empfindsamkeit zugänglich ist. Damit stellt er der Zeit des Niedergangs des römischen Reiches von Mark Aurel bis zur Bekehrung Konstantins die Diagnose einer allgemeinen Angstneurose, wobei er sich nicht nur auf mythologische oder literarische Quellen, sondern auch auf eine Fülle von Zeugnissen des praktischen Lebens stützt.